남북 체육 교류와 한반도 평화

남북 체육 교류와 한반도 평화

이학래 지음

nos vos

책을 펴내며

스포츠의 감동 에너지로 남북평화의 새 길을 열자

스포츠는 때로 그 어떤 예술적 창작물보다 더 큰 감동을 줍니다. 선수 한 명의 성공에 가족, 그가 속한 지역사회, 더 넓게는 국가와 때로는 인류가 눈물과 환희를 공유합니다. 어찌 보면 인간이 창조한 문명의 산물 가운데 이처럼 엄청난 감동과 정서적 영향력을 발휘하는 아이템은 없을 것입니다. 무엇이 이 같은 거대한 감동과 공감을 가져올까요. 짧게 생각하면 그 감동은 우승의 영광이나 신기록의 명예, 승리의 격정에서 온다고 생각하기 쉽습니다. 그러나 조금 더 길게 본다면 스포츠의 감동은 개인이나 팀의 승패를 벗어나 개인과 단체, 그 사회와 국가, 그 민족이 직면한 한계를 돌파하는 데서 비롯됨을 알 수 있습니다.

근대올림픽은 보불전쟁의 참극 속에서 황폐해진 인간상을 되찾아 새로운 평화 제체를 만들자는 인간회복운동의 일환으로 재탄생하였습니다. 전쟁의 비극적 한계를 극복하는데 스포츠 정신이 우리를 하나로 묶은 셈입니다. 우리나라 현대사에서도 스포츠는 큰 힘을 발휘했습니다. 손기정 선생님은 베를린 올림픽 마라톤 우승이라는 쾌거로 일제강점기에 식민지 백성으로 겪어야 했던 민족적 설움을 위로해 주었습니다. 세상에 가려진 식민지 한반도, 누구도 몰라주던 한국민의 아픔과 한계를 이겨낸 '손기정의 승리'는 그 자체로 억눌린 민족적 자부심을 되살리는 감동으로 남아있습니다.

남북분단이라는 비극적 상황에서도 스포츠는 전쟁과 냉전으로 얼어붙은 한국인의 마음에 '민족적 동질감, 통일에 대한 공감'의 싹을 틔우는 기능을 해왔습니다. 특히, 1989년 3월부터 1990년 2월까지 9차례에 걸쳐 열린 〈남북체육회담〉은 남북한의 스포츠 교류에 필요한 기본체계를 구축하는 데 큰 기여를 했습니다. 이때 합의를 이룬 단일팀 단기(團旗), 선수단 단가(團歌) 등은 이후 30년에 가까운 오늘에 이르기까지 그대로 활용되고 있습니다. 이어서 '90 베이징 아시아경기대회에서 남북한 선수들이 함께 응원하는 화합의 열기가 남북체육장관회담으로까지 이어지면서 급기야 해방 후 최초로 남북통일축구대회가 성사되었습니다. 1990년 10월에 서울과 평양을 오가며 열린 남북통일축구대회는 순식간에 양쪽 국민들의 마음에 뜨거운 정서적 공감을 안겨주었습니다.

이러한 화해의 분위기 속에서 남북체육회담이 1990년 11월 29일 판문점에서 다시 개최되어 제41회 세계 탁구선수권대회와 리스본 세계청소년축구경기에 단일팀을 구성 출전시키기로 합의하는 쾌거를 이뤘습니다. 1991년 세계탁구대회에서 남한의 현정화 선수와 북한의 이분희 선수 복식조가 중국의 아성을 무너뜨리고 우승을 차지했을 때, 청소년 축구 단일팀이 우승 후보 아르헨티나를 이기고 8강에 진출하여 세계를 놀라게 했을 때 온 국민이 눈물로 환호하던 감격은 지금도 우리 마음속에 자리하고 있을 것입니다. 최근에는 북한 핵 문제로 전쟁에 대한 공포가 한반도를 덮고 있을 때 2018 평창동계올림픽에 북한 선수단이 참가하고, 남북한 공동입장, 여자 아이스하키 단일팀 구성 등을 통해 극적인 화해 분위기가 조성되었습니다. 이어서 정상회담이 열리면서 얼음장 같던 긴장 상태에 새로운 반전의 계기가 생기기도 했습니다.

스포츠에는 인간 개인의 한계를 돌파하는 극적 감동에 더해 민족과 국가의 한계를 뛰어넘어 갈등을 화합으로, 전쟁을 평화로 반전시키는 힘이 있으며 이를 민족애, 인류애로 승화시키는 강력한 에너지가 있습니다. 따라서 우리는 '스포츠의 정치화'는 지양해야 하지만 '정치적 갈등의 스포츠를 통한 완화 혹은 해소'는 적극적으로 추구해야 합니다.

제가 체육계 일선에서 물러난 지 십여 년이 흘렀음에도 이 책을 펴내는 까닭이 바로 여기에 있습니다. 1990년도 남북 체육회담, 이후 단일팀 구성을 위한 체육회담에서 저는 장충식 수석대표를 보좌하며 차석대표로 참가했습니다. 스포츠를 통해 조국 통일의 실마리를 열어보자는 장충식 수석대표의 열정을 곁에서 지켜보며 미력하나마 함께 고민하고 땀 흘린 경험은 지금도 잊지 못한 보람찬 추억입니다. 저는 체육학자로서 이 같은 일련의 회담과 뒤따르는 성과를 지켜보면서 남북한 구성원 모두의 체력증진과 건전한 정신 함양, 그리고 진정한 의미의 민족 복지를 이루어나갈 민족체육의 당위성과 그 실천방안을 모색하는 데 중점을 두고 연구를 하기도 했습니다.

이 책은 과거 저의 경험과 연구를 통해 얻은 체육회담의 성공과 실패 원인, 체육 교류를 통해 한반도에 평화를 정착시키는 데 필요한 과제들을 점검하고, 해결 방안도 제안하고자 했습니다. 이 책을 처음 기획하고 원고를 마감할 무렵은 남북한의 화해 분위기에 북미간 비핵화 협상도 상당히 긍정적인 진행을 보이고 있었습니다. 불행히도 간행을 앞둔 지금의 한반도 환경을 다시 긴장 국면으로 빠지고 있습니다. 그러나 화해와 평화의 가치는 그 어떤 갈등 국면에서도 우리가 놓치지 말아야 할 절대적 가치입니다. 이 가치를 실현하는 데 가장 유효한 경로 역시 스포츠입니다. 남북체육교류가 더 크고, 더 넓게 이뤄지고 동시에 체육시설의 공동사용, 세계적 스포츠 파크의 조성 등으로 확산되어 평화체제를 구축하는 데 단단한 기반이 되기를 염원하면서 장충식 단국대 이사장님께 이 책을 헌정합니다.

2020년 1월

남북 체육 교류 50년의 발자취

우리나라는 광복 후 1947년 IOC에 가입하고, 1948년 런던올림픽에 첫 참가했다. 7개 종목 선수 52명, 지도자 및 임원 15명 등 총 67명이 출전했다. 사진은 올림픽선수촌 입촌식 모습으로 태극기가 선명하다.

東京올림픽大會에 南北韓單一팀出戰

—24日「로잔느」會談서合意—

노래는「아리랑」·國旗選定만未定

出戰選手 많은側서 團長을選出

選手選拔은獨逸式採擇

國旗選定 IOC에委囑

來7日執行委서決定

1963년 남북은 스위스 로잔에서 단일팀 구성을 위한 첫 번째 회담을 열었다. 한국전쟁의 상처가 아직 깊이 남아 있던 시기였지만 남북은 단일팀에 원칙적으로 합의했다.

서울올림픽을 앞두고 북한은 남북한 공동개최를 주장하였다. 1985년 10월 8일 스위스 로잔에서 열린 남북체육회담에 참석한 남측 차석대표 장충식(우측 세 번째)

1985년 10월 8일부터 스위스 로잔에서 시작된 남북한올림픽위원회와 국제올림픽위원회(IOC)의 대표들이 참가한 회담은 국내는 물론 국제적으로도 큰 주목을 받았다.

1984년 LA올림픽 남북한 단일팀 구성을 위한 체육회담이 세 차례에 걸쳐 열렸으나 성과 없이 끝났다. 사진은 4월 9일 첫 회담 장면

우리나라는 서울올림픽대회를 성공적으로 개최한 것은 물론 종합 순위 4위를 차지하며 스포츠 강국의 면모를 전 세계에 과시했다.

1989년 3월 9일 개최된 제1차 남북체육회담은 순조로운 분위기를 반영하듯 수많은 국내외 취재진이 몰렸다. 1990년 베이징 아시안게임 남북한 단일팀 구성을 위한 체육회담은 1989년 3월 9일을 시작으로 1990년 2월 7일까지 본회담 9차례, 실무대표 접촉 6차례를 거쳐 진행되었다.

남측 수석대표 장충식(우측 두 번째)이 판문점 남측 지역 '자유의 집' 앞에서 1990년 베이징 아시안게임 선수단기로 북측에 제시할 도안에 대해 설명하는 모습

1989년 10월 제3차 회담에서 남북은 선수단 단기에 합의했다. 흰색 바탕에 하늘색 한반도 지도를 넣기로 했다.

제4차 회담은 1989년 11월 16일 판문점 북측 지역 '통일각'에서 열렸다. 사진은 체육회담을 앞두고 통일각 앞에서 결의를 다지는 남측 대표단의 모습(사진 가운데 장충식 수석대표, 좌측 두 번째 이학래 차석대표)

제7차 회담은 1990년 1월 18일 판문점 남측 지역 '평화의 집'에서 열렸다. 회담 시작 전 남측 수석대표 장충식과 북측 수석대표 김형진이 반갑게 악수를 나누고 있다.

1990년 2월 7일 판문점 남측 지역 '평화의 집'에서 열린 9차 회담은 그동안의 합의가 무색하게 이견을 좁히지 못하고 언성이 높아지기도 했다.

1990년 9월 베이징 아시안게임 개회식에 입장하는 대한민국 선수단. 이 대회에서 대한민국 선수단은 금메달 54, 은 54, 동 73으로 종합 성적 2위를 기록하였다.

베이징 아시안게임의 대한민국 선수단을 이끈 장충식 단장(좌)과 이를 격려하기 위해 방문한 정주영 현대그룹명예회장(우)의 환담 모습

1990년 9월 베이징 아시안게임 중 남측 대표단과 북측 대표단이 만나 기념 촬영한 모습(사진 가운데 북측 대표 장웅, 우측 두 번째 한국선수단 남자 감독 이학래)

1990년 10월 11일 남북통일축구가 열린 북한 평양의 능라도 5.1경기장에서 남북 여자축구 대표팀이 기념 촬영한 모습. 분단 이후 최초로 남북한 체육교류가 실현되는 역사적 순간이었다.

1990년 10월 23일 잠실올림픽경기장에서 열린 남북통일축구 경기는 7만 관중이 운집한 가운데 성공적으로 치러졌다. 사진은 경기 전 관중을 향해 인사하는 남측의 주장 정용환(좌)과 북측의 윤정수(우)

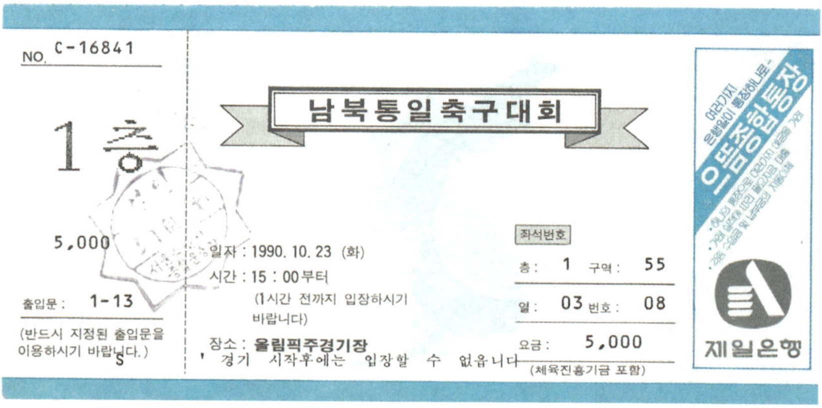

1990년 10월 23일 잠실올림픽경기장에서 열린 '남북통일축구대회' 경기 입장권

체육장관 공동합의문에 따라 남북은 단일팀 구성을 위한 협상을 시작해 나갔다. 1990년 11월 29일 판문점 북측 '통일각'에서 제1차 회담이 열렸다. 남측 수석대표 장충식(좌)과 북측 수석대표 김형진(우)

남측 수석대표 장충식(좌)과 북측 수석대표 김형진(우)은 지난 2년에 걸쳐 수많은 회담을 겪으며 친숙한 사이가 되었다. 1991년 1월 15일 판문점 남측 '평화의 집'에서 열린 제2차 남북체육회담

1991년 1월 15일 판문점 남측 '평화의 집'에서 열린 제2차 남북체육회담. 뚜렷한 합의사항은 없었지만 양측은 서로의 입장을 이해하고 단일팀 성사에 대한 강한 의지를 보였다.

제3차 남북체육회담은 1991년 1월 30일 판문점 통일각에서 열렸다. 남북체육회담에 앞서 남측 수석대표 장충식(우)과 북측 수석대표 김형진(좌)가 악수를 나누는 모습. 양측은 팽팽한 입장을 주고받으면서도 합의점을 찾으려는 노력을 계속해 나갔다.

1991년 1월 12일 판문점 남측 '평화의 집'에서 열린 제4차 회담에서 남측 수석대표 장충식은 이번 회담에서 결론을 내야겠다는 판단으로 회담에 임했고, 과감한 결단으로 역사적인 '코리아 단일팀' 합의를 이끌어냈다.

1991년 일본지바에서 열린 제41회 세계탁구선수권대회에서 남북 단일팀 코리아는 여자단체전부문 금메달을 수상했다. 왼쪽부터 순서대로 이분희 선수(북), 유순복 선수(북), 이에리사 감독(남), 홍차옥 선수(남), 현정화 선수(남)

세계청소년축구대회 남북 단일팀 출전을 위해 남북한 선수들은 서울과 평양을 오가며 평가전과 훈련을 가졌다. 사진은 평양으로 간 남측 선수단

1999년 9월 평양에서 통일농구대회 첫 대회가 열렸다. 당시 남측의 현대 및 기아(남자), 현대산업개발(여자)이 북한을 방문해 남한 · 북한 남녀팀이 맞대결을 벌인 뒤 혼성팀으로 경기를 가졌다.

2000년 역사적인 남북 정상회담을 계기로 체육 교류도 새로운 전기를 마련하였다. 단일팀 출전은 아니었지만 남북은 올림픽 선수단 동반 입장에 합의했다. 2000년 9월 15일 시드니 올림픽 개막식에서 남북한 선수단은 한반도기를 들고 동반 입장했다.

김대중 정부 시기 남북 화해 무드에 힘입어 2002년 부산 아시아경기대회에 북한은 대규모 선수단과 응원단을 파견했다. 개·폐회식 공동 입장도 성사되었다. 2002년 8월 17일 부산 아시아경기대회 개막식 남북한 동반 입장 모습

북한은 2003년 8월 대구 유니버시아드대회에 선수 및 임원 189명이 참가했고 응원단 303명도 파견했다. 북한 유니버시아드 대표단으로서는 사상 최대 규모였다.

대구 유니버시아드대회에 참가한 북한 응원단의 열띤 응원 모습. 당시 '미녀 응원단'으로 불렸던 북한 응원단은 빼어난 외모와 현란한 응원 동작으로 큰 관심을 받았다.

북한은 2014년 9월 인천 아시안게임에 응원단을 제외한 선수 및 임원 273명이 참가했다.

2018년 평창동계올림픽은 스포츠를 통해 남북 관계가 진일보할 수 있다는 것을 다시 한번 확인한 대회였다. 평창올림픽에서 단일팀과 공동 입장이 성사되었고, 이후 남북 평화 무드가 무르익으며 11년 만에 남북정상회담이 개최되었다.

2018년 2월 남북 체육 역사에 길이 남을 위대한 발걸음이 시작됐다. 평창동계올림픽에서 여자아이스하키 단일팀을 꾸리기로 합의한 것이다. 국제올림픽위원회(IOC), 국제아이스하키연맹(IIHF)의 적극적인 지원을 등에 업은 남북은 올림픽 122년사의 첫 단일팀으로 역사에 기록됐다.

2018년 5월 스웨덴 할름스타드에서 열린 세계탁구선수권대회에서 남북 여자대표팀은 현장에서 단일팀 구성에 합의했다. 남북은 대회 8강전 맞대결이 예정되어 있었지만 다른 국가들의 협조를 얻어 단일팀을 구성하고 8강전 없이 4강에 진출하여 동메달을 차지했다.

2018년 7월 4일 평양에서 열린 남북통일농구대회에서 남북한 선수들이 '평화'와 '번영'팀으로 나눠 승부를 펼쳤다. 이날 친선전 여자 경기에서는 남한이 81-74로 승리했고, 남자 경기에서는 북한이 82-70으로 승리했다.

2018년 8월 자카르타-팔렘방 아시아경기대회에서 남북은 카누 단일팀으로 참가하여 드래건보트 500m 우승을 차지했다.

머리말

기원전 776년부터 열린 올림피아 대회에서 그리스인들은 자신들의 문화적 동질성을 확인하였다. 스파르타, 아테네, 이오니아, 도리아 등 수많은 도시국가들로 나뉘어져 서로 경쟁하며 때로는 전쟁도 마다하지 않았던 이들을 하나로 만든 것은 종교와 스포츠였다. 그들에게 종교와 스포츠는 불가분의 문화 복합체였다. 제우스Zeus 신전이 위치한 올림피아에 스타디움을 지었다. 이곳에서 4년마다 열린 스포츠 대회는 제우스를 추앙하는 제전이기도 했다.

2018년 평창 동계올림픽은 남북한이 다시 만나는 계기가 되었다. 북한 핵 문제로 막혀 있던 남북 관계에 해빙의 기운이 돌기 시작하였다. 국제사회도 분단국에서 열리는 올림픽이 평화의 기운을 조성하는 데 기여하기를 희망하였다. UN 에서는 평창 동계올림픽 휴전결의안을 역대 최다인 157개국이 공동 제안하여 만장일치로 채택되었다. 고대 그리스의 에케케이리아Ekecheiria, 올림피아 대회 중 무기를 내려놓음 전통을 본받은 것이었다. 평창선수촌과 강릉선수촌에 올림픽 휴전벽이 설치되어 참가 선수 등 3천여 명이 서명하였다. 한국 정부의 적극적인 설득 노력이 주효하여 북한 선수단 22명이 대회에 참가하였으며, 남북한 선수단의 개·폐회식 공동 입장, 여자 아이스하키 남북 단일팀 구성 등이 성사되었다.

남북한 선수단의 공동 입장과 단일팀 구성 등이 비교적 단기간 내에 성사된 것은 남북한 간 스포츠 교류의 경험이 축적되어 있었기에 가능하였다. 특히 1990년대의 남북 체육 회담과 스포츠 교류의 실적이 매우 값진 경험으로 쌓여 있었던 것이다.

1990년 10월 민족이 분단된 후 처음으로 남북 간 통일축구 경기가 서울과 평양을 오가며 열렸다. 이듬해 4월에는 일본 지바千葉에서 열린 제41회 세계탁구선수권대회에서 남북 단일팀이 여자 단체전 우승을 거두었다. 같은 해 6월 포르투갈 리스본에서 개최된 제6회 세계청소년축구대회에도 남북 단일팀이 참가하였으며 강력한 우승 후보 아르헨티나를 이기고 8강에 진출하였다.

중재 장충식 선생은 이와 같은 본격적인 남북 스포츠 협력을 최초로 성사시킨 분이다. 1989년 3월부터 1991년 2월까지 남북 체육 회담의 우리 측 수석대표로, 리스본 세계청소년축구대회 시에는 남북 단일팀의 단장으로 헌신하였다. 평생 교육계에 몸담아온 선생의 사랑, 화해, 협력의 정신이 남북체육회담의 결실을 맺게 하였다. 획기적인 통일축구경기와 남북 탁구 및 청소년축구 단일팀 구성을 위한 북한의 합의를 이끌어 내었다. 이념과 체제의 장벽을 넘어 민족애로써 남북 스포츠 교류의 새로운 지평을 열었다. 북한 측 협상 대표들도 선생의 이러한 정신과 협상 노력을 높이 평가하였다.

이 책의 목적은 중재 선생이 수석대표로 기여한 남북체육회담과 그 결실로 이어진 스포츠 교류를 중심으로 이 분야에서 남북 관계가 변천, 발전해온 과정을 살펴보는 데 있다. 1990년대 초에 이루어진 성과에 초점을 두고 체육 분야에서 남북 관계가 변화해온 과정을 전반적으로 되돌아보며, 앞으로의 바람직한 정책 방향을 모색해 보고자 한다.

이 책의 제1장과 제2장은 각각 한국과 북한의 체육정책을 논의한다. 남북한 사회가 추구하는 이상이 각기의 체육정책에 반영되고 있다. 한국은 8·15 이후 자유주의적, 계몽주의적 체육정책을 펴왔다. 북한은 그 정치 이념이 체육정책의 방향을 결정하였다. 따라서 남북 간의 스포츠 교류는 서로 다른 체육문화가 만나는 장이기도 하였다. 한국 체육정책의 발전과 북한 체육정책의 형성 과정은 남북체육회담과 스포츠 교류가 이루어지는 배경을 이룬다.

제3장은 남북한 엘리트 스포츠 정책의 전개 과정을 분석한다. 한국은 1960년대에 들어와 스포츠 내셔널리즘의 일환으로 엘리트 스포츠 정책을 체계적으로 추진하기 시작하였다. 특히 1964 도쿄 올림픽을 전후하여 정부와 대한체육회가 중심이 되어 우수 선수 육성을 위한 프로그램이 마련되고 구현되었다. 여러 대학에서 부설 스포츠과학연구소가 개설되었으며, 1966년 태릉선수촌을 설립하여 전천후 훈련이 가능하게 되었다. 1970년대 중 체육학교와 국립체육대학이 개교하였으며, '86 아시안게임과 '88 올림픽을 유치하여 엘리트 스포츠 발전에 박차를 가하였다.

북한은 1960년대에 들어와 IOC 가입과 올림픽 참가 가능성이 높아지면서 출전 종목을 중점적으로 육성하는 엘리트 스포츠 정책을 마련하였다. 이후 '체육의 왕국'이라는 구호를 내걸고 3만 석 규모의 경기장과 실내체육관을 구비한 남포체육촌을 조성하여 국가대표 훈련장으로 활용하였다. 1980년대부터 국제관계의 다변화를 시도하며 체육정책에서도 국제교류의 확대를 강조하였으며, 스포츠 과학 연구에도 힘을 쏟았다.

동유럽 사회주의 국가들의 체제 변환, 김일성의 사망, 경제난 등으로 북한 스포츠의 개방화 노선은 위축될 수밖에 없었으나, 한정된 자원에도 불구하고 국제 대회 참가를 통하여 북한의 존재를 알리기 위해 힘쓰고 있다. 남북한 스포츠 교류는 지금까지는 주로 엘리트 스포츠의 차원에서 이루어지고 있다.

제4장은 남북한 간 체제 경쟁 시기의 체육 회담을 되돌아본다. 오랜 기간 동안 양측 간 체육 관련 접촉과 회담은 상호 경쟁 관계의 성격을 반영하였다. 한국은 국제관계에서의 상대적 우위를 유지하고자 하였고, 북한은 열세를 만회하는 노력의 일환으로 국제 스포츠 무대에서 그 존재를 인정받고자 애썼다.

한국은 1947년 IOC 회원 자격을 획득하였는데 북한은 IOC 가입 신청을 위한 명분을 쌓기 위해 대남 체육 교류를 제의하였다. 북한이 1960 로마올림픽에 참가할 남북 단일팀 구성을 제의한 것도 같은 목적이었다. 1964 도쿄올림픽을 앞두고 스위스 로잔 IOC 본부에서 열린 최초의 남북체육회담은 그 공식적인 목적은 남북 단일팀 구성이었으나 북한의 실제 목표는 회담을 결렬시키고 IOC 회원 자격을 얻어 올림픽에 참가하는 것이었다. 남북 단일팀 구성이 불가능할 경우 남북한이 개별 팀으로 참가할 수 있다는 1962년의 모스크바 IOC 총회 결정이 있어서였다.

1980년대까지 남북 간의 체육 관련 회담은 이런 경쟁적, 외교 전술적 성격을 벗어나지 못하였다. '88 올림픽을 앞두고 열린 로잔 회담도 명목상의 목적은 대회의 서울-평양 분산 개최라고 하였으나, 북한은 대회를 보이콧하기 위한 명분을 찾고 있는 듯하였다.

제5장에서는 동서독의 체육 교류 과정을 평가하며 이 사례가 우리에게 시사하는 바를 생각해 본다. 독일이 분단된 후 동독 정부의 우선적 목표는 자신의 정치적 실체를 국제무대에서 인정받는 것이었다. 서독은 경제적, 외교적 우위를 누리며 자신이 전 독일을 대변하는 유일한 정부임을 주장하였다. 정부의 정통성 문제와 관련한 서독의 이와 같은 주장은 한국이 그 헌법에서 대한민국이 전 한반도를 대변하는 유일한 합법 정부라고 규정한 것에 비견할 수도 있을 것이다.

한편 독일의 상황과 한반도의 상황이 크게 달랐던 점은 동서독이 1956년, 1960년, 1964년 올림픽에 단일팀을 구성하여 출전한 점이다. 즉 분단 초기부터 동서독 간에는, 동독 정부는 달갑게 생각하지 않았으나, 상당한 수준의 스포츠 교류가 계속된 것이다. 동독이 자신의 독자성을 주장하며 별도로 IOC에 가입한 후에는 사회주의 체제의 우월성을 선전하기 위한 수단으로 스포츠를 활용하였다.

1960년대 동서 해빙의 기운 속에 1969년 들어선 브란트Brandt 정부가 신동방정책을 적극 추진하였다. 그 일환으로 동서독 간 스포츠 의정서가 1974년 체결되었으며, 연간 80~100건의 스포츠 교류가 계속되었다. 엘리트 스포츠의 차원에서 뿐만 아니라 학생, 시민이 광범위하게 참여하는 체육 교류가 이루어졌다. 이와 같은 빈번한 체육 교류는 동독 주민들의 의식이 사회주의 틀에만 매이지 않도록 하는 창을 열어 주었다.

제6장은 '88 서울올림픽 이후 열린 남북체육회담의 기록이다. 서울올림픽은 한국이 소련을 비롯한 동구 공산권 국가와 중국과의 관계를 정상화해 나가는 계기가 되었다. 한편 노태우 정부는 1988년 7월 7일 발표한 '민족자존과 통일번영을 위한 특별선언'에서 북한을 선의의 동반자로 여기며 적극적으로 남북 화해 협력을 추구할 것이라고 하였다. 북한은 한

반도를 둘러싼 외교 정세의 변화를 의식하며 같은 해 12월 2년 후에 개최될 베이징아시안게임에 참가할 남북 단일팀을 구성하기 위해 회담을 갖자고 제의하였으며 한국이 이를 수락하였다.

한국의 장충식 대한올림픽위원회 부위원장과 북측의 김형진 북한올림픽위원회 부위원장이 이끄는 마라톤회담이 이듬해 3월부터 약 1년간 계속되었다. 장충식 대표는 전향적인 전략으로 회담에 임하였다. 그는 체육 회담이 정치적 선전, 선동의 차원을 넘어 진정한 남북 관계 개선에 기여해야 한다고 믿었다. 민족애로 북한 체제의 고민과 북한 협상 대표들의 처지를 이해하려고 노력하였다. 정치적 논의를 배제하며 우리가 양보할 수 있는 것은 먼저 양보하면서 북측이 마음의 문을 열고 협력할 수 있도록 분위기를 조성하였다.

그러나 반세기 동안 얼어붙었던 남북 간의 빙벽은 쉽게 녹지 않았다. 회담 의제의 큰 테두리에 대해서는 합의가 이루어졌으나 '합의 사항 이행 보장 장치'에 대한 이견을 좁히지 못하였다. 우리 측은 합의한 사항에 대한 이행을 확실히 보장해 두고자 했다. 그러나 북측은 큰 원칙에는 합의하면서도 장래 자신의 행동을 구속할 수 있는 구체적인 사항에 대해서는 언약을 피하였다. 회담은 약 1년 간 본회담 9차례, 실무회담 6차례를 거치며 진행되었으나 단일팀 구성에는 이르지 못하였다.

제7장은 최초로 남북 간 본격적인 체육 교류가 이루어진 과정을 기술하고 있다. 남북통일축구 개최를 위한 협상 테이블에 장충식 수석대표와 김형진 수석대표가 다시 마주 앉았다. 지난 1년간의 회담을 통하여 서로의 협상에 임하는 자세와 인품을 잘 아는 사이가 된 것이 이번 회담이 빠른 결실을 거두는 데 큰 도움이 되었다. 양측은 1990년 9월 28일 베이징에서 수차례 회담 끝에 남북통일축구를 서울과 평양을 오가며 갖기로 합의하였다.

제8장은 남북통일축구 개최 이후 활성화된 남북 스포츠 교류의 여러 면을 살펴본다. 1990년 10월 12일 통일축구 평양대회가 끝난 후 만난 남북의 체육장관은 1991 지바 세계탁구선수권대회와 리스본 세계청소년축구선수권대회, 1992 바르셀로나올림픽, 삼지연 동계아시아대회 등에 단일팀을 파견하기 위한 남북체육회담을 갖기로 합의하였다. 이 합의를 실현하기 위한 회담이 1990년 11월 29일부터 1991년 2월 12에 걸쳐 열렸다.

판문점에서 다시 회동한 장충식 수석대표와 김형진 수석대표는 지난 2년 간 수많은 회담을 겪으며 친숙해져 인간적인 유대감이 조성돼 있었다. 회담은 비교적 안정된 분위기 속에서 진행되었으며, 장충식 수석대표는 회담의 추동력을 유지하기 위해 노력하였다. 특히 마지막 날의 밀도 높은 회담 끝에 북측의 합의를 이끌어 내었다.

이와 같은 다양한 회담의 결과 남북이 분단된 후 최초로 중요한 국제대회에 단일팀을 구성하여 참가하게 되었다. 이러한 경험이 바탕이 되어 세월이 흐른 후 1999년 남북노동자축구 평양 대회가 열렸으며, 같은 해에 통일농구대회가 평양9월과 서울12월을 오가며 개최되었다. 이어서 2000 시드니 올림픽, 2002 부산아시아경기, 2003 아오모리동계아시아경기, 2003 대구유니버시아드대회에서 남북 선수단이 공동 입장하였다.

제9장은 2018 평창 동계올림픽을 계기로 남북한 관계가 변화하며 스포츠 교류가 재활성화되는 과정을 분석하고 있다. 한국 정부는 평창의 스포츠 무대가 경색된 남북한 관계를 개선하는 장이 될 수 있도록 노력하였다. 북한 측은 핵 문제로 인한 국제적 압박을 완화할 수 있는 돌파구를 평창 대회에서 찾아보고자 하였다. 북한은 비교적 소규모의 선수단을 파견하면서 김영남 최고인민회의 위원장과 김여정 특사를 포함한 고위급 대표단, 올림픽위원회 대표단, 응원단, 예

술단, 참관단, 태권도 시범단 등 대규모의 사절단을 파견하였다.

평창 대회를 앞두고 열린 남북 고위급회담에서 남북한 관계 개선을 위한 포괄적인 합의가 이루어졌다. 김여정 특사는 김정은 위원장의 친서를 문재인 대통령에게 전달하였으며 이는 4월의 판문점 남북정상회담으로 이어졌다. 정상회담 후 채택된 공동선언에 북한의 핵실험 이후 처음으로 '완전한 비핵화'에 대한 약속을 담았다.

평창 올림픽을 전후하여 남북한 스포츠 교류가 재활성화되었다. 2017년 4월 올림픽 전의 테스트 이벤트로 강릉에서 열린 아이스하키 여자선수권대회에 북한 팀이 참가하였다. 평창 대회에는 남북의 선수단이 한반도기를 들고 공동 입장하였으며, 여자 아이스하키 남북 단일팀을 구성하였다.

남북정상회담 이후 스포츠 교류가 더욱 활발해졌다. 2018년 5월 스웨덴 할름스타드 세계탁구선수권대회 현장에서 남북 단일팀이 구성되었다. 1991년의 지바 대회 이후 처음이었다. 27년 전의 단일팀 기억이 좋은 밑거름이 되었다. 7월에는 평양 정주영체육관에서 남북 통일농구대회가 열렸다. 이어서 8월에 열린 2018 자카르타 팔렘방 아시안게임에 남북이 카누 단일팀을 구성하여 드래건보트 500m에서 우승하였다.

제10장은 향후 남북 체육 교류가 나아갈 방향에 대한 제언을 담고 있다. 앞에서의 논의를 배경으로 체육 교류를 탈정치화하는 노력이 중요함을 강조한다. 그리고 엘리트 스포츠 분야에서뿐 아니라 생활체육의 차원으로도 교류를 넓혀가는 데 관련된 여러 법정책적 과제를 검토하고 있다. 또 남북 체육 학술 교류와 스포츠 시설 교류의 현황과 향후 방향을 전망한다. 마지막으로 DMZ 내 평화체육공원 조성에 대한 구상을 밝힌다.

목차

제3장 남북한의 엘리트 스포츠 정책

제4장 남북한 체제 경쟁과 체육 회담

제5장 동서독의 체육 교류 사례

제6장 '88 서울 올림픽과 남북 체육 회담

제7장 남북 체육 교류의 장을 열다

제8장 남북한 체육 교류의 활성화

제9장 평창 동계올림픽과 한반도 정세 변화

제10장 민족 통일 체육의 과제

부록

제 1 장

한국 체육정책의 발전

1. 광복과 신체육 운동

광복 직후 민족체육의 부활과 학교체육의 일신을 위해 일선에서 활동한 체육지도자들은 체육지도자회와 조선체육지도연구회를 조직하였다. 체육지도자회는 일제강점기의 군국주의적 색채를 일소하는 노력의 일환으로 전문위원회를 조직, 그때까지 전부 일본어였던 교련의 호령이나 체조 용어를 우리말로 바꾸는 작업에 착수하였다. 약 2주 후에 성안을 만들고 조선어학회의 수정을 받아 발표하였다. 광복 후 신체육을 모색하는 시발점에서 이루어진 작업이었다.

우리 체육계는 새 시대의 체육이념을 모색하는 과정에서 미국에서 발전한 계몽주의적 체육사상의 영향을 받았다. 이는 듀이John Dewey가 체계화한 진보주의 교육사상과 맥을 같이 하며 형성된 '체육의 민주화', 즉 '신체육New Physical Education'의 사상이었다. 신체육 사상은 개성 존중의 체육, 신체와 정신의 조화를 추구하는 체육을 지향하였다. 체육이 신체의 단련뿐만 아니라 인간의 신체적, 지적, 정서적, 사회적, 정신적으로 조화된 힘을 육성하여 자아를 실현하고 민주사회에 적응하는 능력을 배양하는 것이라고 보았다. 아울러 '체육의 민중화'를 이루고자 하였다. 특정 계급 혹은 선수 위주의 체육에서 탈피하여 국민 모두가 참여하는 체육의 생활화를 추구하였다.

정부 수립기의 한국 체육인들이 신체육의 개념에 공감하고 있었던 것은 당시 조선체조연맹[1] 이병학 위원장의 발언에도 잘 나타난다.

> … 우리는 단연히 체육을 선수의 손으로부터 민중의 손으로 인도하기를 부르짖는 바이다. … 체육이라는 것은 어디까지나 민중 일상의 것이요, 어느 특수한 몇몇 사람의 전유물인 것은 아니다. … 이제 우리나라는 모든 방면으로 민주주의 원칙 하의 새로운 건설을 억세게 추진하고 있다. … 그러면 체육에 있어서의 민주주의 건설은 구체적으로 어떠한 내용을 가질 것인가. … 그것은 일반 민중이 일상생활에 있어서 적극적으로 체육운동에 참가하여 전국민적 입장에서 체력의 향상, 건강의 증진, 위생사상과의 결부, 육체와 정신의 연마를 가장 합리적으로 이행할 수 있는 체제를 확립하는 것이다.[2]

---

[1] 조선체조연맹은 앞에서 언급한 체육지도자회와 조선체육지도연구회를 발전적으로 해체하고 1945년 9월 23일 결성되었다.

[2] 이병학,「체육민주화의 근본이념」,『새교육』1-3, 1948, 33쪽.

여운형

그리고 광복 이후의 신체육운동은 아동과 청년의 개성과 자유를 인정하는 체육, 스포츠를 통하여 사회성을 육성하는 체육, 국민생활을 풍부하게 하는 생활체육, 그리고 일제강점기의 전체주의적 체육을 거부하는 민주주의적 체육이어야 함을 강조하였다.[3]

한편 우리 체육계는 거국적으로 민족체육을 재건하는 길을 모색하였다. 이상백이 중심이 되어 조선체육동지회를 조직하면서 일제강점기에 민족 체육의 보루를 지켜왔던 조선체육회의 재건에 착수하였다. 조선체육회는 3·1 운동 후 1920년 7월에 조직되어 체육을 통한 민족주의 운동의 기치를 드높였었다. 1938년 7월 일제에 의해 강제 해산당하는 비운을 겪었으나 이제 조국의 광복을 맞아 부활한 것이다. 회장으로 추대된 여운형은 1945년 11월 26일 취임하였다.

조선체육회는 좌우익을 망라하는 지도자들로 임원진을 구성하였다. 김규식, 안재홍, 김성수, 오세창, 원한경, 이극로,

---

3 김달우, 「해방 이후 학교 체육의 재편 및 정착 과정에 관한 연구 - 1945-1955년을 중심으로」, 서울대 박사학위논문, 1992, 110쪽.

최규동, 조만식 등을 고문으로 추대하였다. 범국민적 조직으로 체제를 일신한 조선체육회는 1946년 4월 15일 정치적 분란에 물들지 않을 것임을 선언하였다.

> 조선체육회는 3천만 민중의 체육을 지향하는 대표기관인 동시에 우리들의 공기公器다. 그러므로 이는 개인의 체육회도 아니고, 한 단체에 종속된 체육회도 아닌 것이다. 만약 체육회의 회원이나 간부로서 정치적 색채를 가진 사람이 있다면 이는 개인적 문제이고 ... 체육회 자체가 정치적 색채를 갖게 되는 것은 아닌 것이다. 그러므로 조선체육회는 그 불편부당不偏不黨함을 엄명한다.[4]

좌우익의 대립으로 정국이 혼미한 가운데 새 시대의 체육운동이 정치적 영향으로부터 자유로워야 한다는 원칙을 천명한 것이었다. 이 같은 원칙은 미군정 시기 중, 그리고 정부 수립 후에도 유지되었다. 정부 시책에 호응하면서도 정쟁에 휩쓸리지 않는 민족체육의 위상을 지키고자 하였다. 조선체육회의 재건을 시발점으로 각종 체육 단체들이 창립 또는 재조직되었다. 이와 같은 활동을 주도한 체육계 인사들이 광범

4 대한체육회 편,『대한체육회사』, 1965, 241쪽.

1948년 제14회 런던올림픽 참가 경비를 마련하기 위해 발행한 올림픽 후원권. 후원권 속 좌측 인물은 고 전경무 선생으로 IOC 가입을 추진하기 위해 스위스에 가다가 비행기 추락사고로 사망한 체육인이다.

우리나라는 광복 후 1947년 IOC에 가입하고 1948년 런던올림픽에 첫 참가했다. 7개 종목 선수 52명, 지도자 및 임원 15명 등 총 67명이 출전했다. 사진은 올림픽선수촌 입촌식으로 태극기가 선명하다.

위하게 대한체육회에 참여하였다.

유엔총회는 1947년 11월 한반도에서 UN 감시 하에 총선거를 실시하여 정부가 수립되면 미국과 소련의 점령군이 철수하도록 하는 결의안을 채택하였다. 그러나 소련과 이북 공산주의 세력은 이를 거부하였다. 결국 총선거는 이남에서만 실시되었으며 그 결과 1948년 8월 15일 대한민국 정부가 수립되었다. 대한민국이 제정한 헌법은 한국이 자유민주주의 국가임을 선포하였다.

정부 수립기의 체육운동과 체육이념에 민족주의적 요소가 없을 수 없었다. 1948년 런던올림픽 참가 경비를 조달하기 위한 국민성금 모금용 '올림픽후원권'은 100만 장 이상이 팔려 그 수익금 8만 달러가 마련되었다.[5] 신생 독립국으로서 처음 올림픽에 참가하는 민족적 자긍심과 국위 선양을 위한 국민의 염원이 반영된 것이다.

그리고 정부 차원에서는 체육이 민족의 발전을 위한 토대임을 강조하였다. 당시 민정 장관 안재홍의 글은 이와 같은 정책이념을 반영하였다.

> 체육과 문화는 ... 옛날 옛적부터 우리 조상들이 잘 알고 실천하여 온 바이다. ... 부여 조선의 영고놀이, 고구려의 한몽大會, 마한인의 제천의식 등의 모든 신앙적 제전적인 의식을 겹드린 체육경기적인 대회는 우리의 선민들이 '몸'과 '마음'이 함께하는 ... 체육문화를 주축으로 자아自我인 '나'를 중핵으로 또 기점으로 삼어서 국가인 '나라'를 수호하고 발전시

[5] 대한체육회, 『대한체육회70년사』, 247쪽.

키고 또 강화하여 가면서 어떻게 그들의 생활생존, 번영발전을 도모하였는가를 잘 알 수 있다.[6]

해방 후의 혼란기를 겪으며 정부를 수립한 한국은 민주적 독립국가의 건설이라는 시대적 과제를 안고 있었다. 분단 상황에서 민족체육의 부활 사업과 학교체육의 일신 작업에 국가주의적 이념이 강하게 투영되었다.

2. 스포츠내셔널리즘

박정희 정부가 들어선 이후 한국 체육의 민족주의적·국가주의적 성격이 더욱 분명해지고 정부는 본격적인 체육정책을 펼친다. 5·16 직후 대한체육회가 재조직되면서 정부는 '체력은 국력'이라는 표어를 내걸었다. '강건한 국민정신의 함양', '국민 체위의 향상', 그리고 '스포츠 한국이라는 국위의 선양'을 강조하였다.

---

[6] 안재홍, 「체육문화와 민족문화」, 『체육문화』 창간호, 1948, 12-13쪽.

1972년 10월에 열린 제53회 전국체전에서 박정희 대통령은 스포츠를 통한 국력배양이라는 스포츠 육성 정책의 방향을 강조했다.

한편 스포츠내셔널리즘의 발전이 국민통합에 기여할 수 있을 것으로 기대하였다. 남북한 체제경쟁에서 스포츠가 갖는 중요성도 강조하였다. 박정희 대통령의 제53회 전국체육대회 1972. 10. 6 개회식 치사에 이와 같은 이념이 담겨 있다.

> 체력과 정신력은 곧 국력 배양의 기본이 된다는 사실을 모든 국민은 이 기회에 다시 한 번 마음속 깊이 명심해야 하겠습니다. … 지금 남북의 대화가 시작된 이 시점에서처럼 우리에게 국민총화에 의한 국력 배양이 절실히 요청된 때는 일찍이 없었으며, 그렇기 때문이 또한 오늘처럼 체육의 중요성

이 강조된 때도 없었습니다. 나는 ... 이 난국을 영예롭게 타개하고 우리 앞에 닥치는 어떠한 고난과 시련도 이겨낼 수 있는 강건한 국민을 형성하기 위해 다시 한 번 명실상부한 체육한국의 중흥을 강조하는 바입니다. ... 이에 무엇보다도 중요한 것은 국가와 시대가 요청하는 바람직한 체육관을 정립하여 ... 국가 발전에 적극 기여할 수 있는 의욕적이고 진취적인 국민을 형성하는 체육, 산업개발의 기조가 되는 체육, 국토방위를 위한 체육, 그리고 나아가서 국제스포츠문화에 공헌하는 한국체육의 건설에 새 전기를 마련해야 할 것입니다. ... 국민체육의 활성화를 기하고 규칙을 준수하는 스포츠 정신의 함양을 통해 사회 기강을 확립하고 국민이 서로 협동 단결하는 기풍을 진작해야 하겠습니다. 이처럼 우리가 체육진흥을 통해서 국력을 증강하고 사회 기강과 기풍을 일으켜 나아간다면 그것은 남북대화를 성공적으로 이끌어 나아갈 수 있는 큰 힘이 될 수 있다고 확신합니다.[7]

당시 박정희 대통령이 강조한 체육의 생활화는 체제의 안정과 지속적인 경제발전을 위한 대국민 동원기제였다. 한편 국민단합에 기여할 수 있는 엘리트스 포츠의 중요성에 착안하였다. 엘리트스 포츠가 스포츠 내셔널리즘과 불가분의 관

[7] 대한체육회,『체육청서』, 1973, 3-4쪽.

계인 것은 일반적인 현상이지만 이와 관련한 당시 한국 체육계의 문제의식을 대한체육회 김택수 회장이 대변하였다.

> 베를린올림픽을 계기로 해서 일기 시작한 스포츠 내셔널리즘은 뮌헨올림픽을 정점으로 하여 이제 전 세계를 열풍과 같이 휩쓸고 있고, 더욱이 사회주의 국가군은 국력의 상당한 부분을 경기력 향상에 경주하여 박차를 가하고 있다. 지난 제7회 아시아경기대회에서는 이러한 추세에 정치적 선풍까지 가세하여 중공이라는 새로운 거물이 등장하기에 이르렀고 이의 여파는 우리의 스포츠 전도에 더욱 가중된 책임과 분발을 촉구하게끔 만들었다.[8]

박정희 정부는 체육을 국가발전의 기본으로 인식하는 건민체육과 국위선양을 위한 엘리트스포츠의 발전을 위하여 체육시설의 확장과 선수들의 경기력 향상을 체계적으로 지원하였다.[9] 국민체육진흥법을 제정하고 국민체육진흥재단을 설립하여 정책적 지원을 위한 법적, 제도적 장치를 마련하였다. 이와 같은 바탕 위에 국민의 체위 향상을 위한 체육활동

---

[8] 김택수, 「스포츠대중화의 전기로－제13회 체육주간을 맞으며」, 『체육 101』 4 · 5월호, 1975, 6-7쪽.

[9] 이학래, 『한국근대체육사연구』, 지식산업사, 1990, 224쪽.

참가 독려, 민족의 역량을 과시하는 우수 선수 집중 육성 등의 정책이 구체화되었다.

이렇게 조성된 스포츠 내셔널리즘은 전두환 정부 시절 더욱 강화되었다. 1980년 7월 대한체육회와 대한올림픽위원회의 조직이 개편되었다. 같은 해 11월 대한올림픽위원회 긴급확대상임위원회가 열려 제24회 올림픽 유치의 타당성과 시의성을 검토하였다. 위원회는 올림픽 유치는 국가의 이미지 개선과 대공산권 외교에 결정적 계기를 마련할 것이라는 결론을 내렸다. 정부도 올림픽 유치가 국민통합과 체제 안정에 기여할 것이며 유치 활동 자체가 국가 이익에 도움이 될 것으로 보았다.[10] 박정희 대통령의 서거로 주춤하였던 올림픽 유치 사업이 다시 활기를 되찾았다.

1981년 9월 '88 올림픽 유치에 성공한 데 이어 '86 아시안게임도 유치하여 한국 스포츠 발전을 위한 획기적 전기가 마련되었다. 그리고 국가의 위상을 제고할 수 있는 큰 계기가 주어졌다. 전두환 대통령은 향후의 정책 방향을 다음과 같이 제시하였다.

조직위원회와 문공부가 협조하여 매스컴 등을 활용, 올림

---

[10] 체육청소년부,『체육청소년행정10년사』, 1992, 480-481쪽.

1981년 9월 30일, 독일 바덴바덴에서 열린 IOC 총회에서 서울이 제24회 하계올림픽 개최지로 선정되었다. 한국은 개발도상국가 가운데서는 처음, 아시아에서는 두 번 째 올림픽 개최국이 되었다.

픽 및 아시안 게임의 의의와 효과를 꾸준히 홍보토록 하며 대회의 성공적인 개최 후 선진국이 된다는 기대감을 부여하고 국제신용 향상 및 상품 수출 증대 등을 통하여 역사 도약의 계기로 삼아야 할 것임. 또한 국민에 대한 민족 주체성 확립 교육을 통하여 외국인에 대한 열등감을 불식하며 … 당당한 한국인상을 정립하도록 할 것[11]

[11] 대통령비서실,「대통령 각하 지시사항」, 1981, 123쪽.

전두환 정부는 스포츠 내셔널리즘을 체육이념의 우선적 요소로 삼았다. 1983년 발표된 제5차 경제사회발전 5개년계획에서 정부는 체육정책의 목표를 수정하여 제1목표를 체육을 통한 국위 선양, 제2목표를 범국민적 차원의 체육진흥에 두었다. 그리고 제2목표에서도 '국민 속에 잠재되어 있는 체육 역량을 개발'하고 양대 행사, 즉 '86 아시안게임과 '88 올림픽에 대비하면서 '체육을 통한 화합과 국력 신장의 기반을 다진다'고 하였다.[12] 이러한 정책기조는 계속 유지되었다. 1985년 발간된 행정백서에서 밝힌 체육정책의 주요 목표는 경기력 수준 향상, 스포츠 강국으로서의 선진 체육 입국 기틀 확립, 우수한 인재 발굴 등이었다.[13]

스포츠에서 민족주의적 요소는 무시될 수 없는 문화적 현상이다. 또 올림픽 유치와 성공적 개최는 한국 엘리트 스포츠의 획기적 발전을 이루어내고 한국의 국제적 위상을 제고하였다. 그런데 국위 선양을 강조하는 체육정책 탓에 엘리트 스포츠 쪽으로 한정된 재원이 집중되는 문제도 있었다.

---

12 체육부, 「체육부문수정계획(1984-1986)」, 『제5차 경제사회개발5개년계획』, 1983, 2-3쪽.

13 이종원, 「제5공화국의 체육정책」, 서울대 박사학위논문, 2002, 93쪽.

3. 생활체육 진흥 정책

'88 올림픽은 한국의 외교 지평을 넓히는 좋은 계기가 되었다. 노태우 정부의 '북방정책'이 펼쳐질 수 있는 환경이 조성돼 가고 있었나. 그때까지 외교관계가 수립되지 않았던 동유럽, 러시아, 중국 등과 관계를 개선, 발전시켜 남북한 관계에도 유리한 여건을 마련하고자 한 정부의 역점 사업에 성과가 나타나고 있었다.

서울올림픽의 성공적 개최 이후 1989년 2월에 헝가리와 외교관계를 개설한 것을 시작으로 동유럽 여러 나라와 관계를 열어나갔다. 소련과의 공식 외교 관계는 1990년 9월 수립되었다. 중국과는 같은 해 10월, 통상대표부를 교환하기로 합의하였다.

노태우 정부의 체육이념은 스포츠 내셔널리즘을 기조로 하면서도 '88 올림픽의 성공, 국제환경의 호전, 새로운 민주질서에 대한 희망을 반영하며 '다양성의 조화' 등 개념을 포함하여 미래지향적 정책 비전을 제시하였다. 노태우 대통령이 1990년 전국체전에서 행한 연설에 그런 분위기가 느껴진다.

> 스포츠는 운동경기의 차원을 넘어 온 국민을 하나의 마음으로 뭉치는 위대한 창조적 힘을 발휘한다는 것을 우리는 이번 북경 아시아경기대회를 통해서도 체험했습니다. 우리 선수들의 선전은 11억 중국 국민과 온 아시아인들에게 우리 국민의 뛰어난 역량을 보여주었습니다. 아시아는 자유와 번영 속에 뻗어가는 한국의 넘치는 기상을 보았으며 우리는 더 큰 자신과 긍지를 얻었습니다. 가장 훌륭한 인류 화합의 축제로 치른 서울올림픽을 계기로 우리는 닫혀 있던 북방 세계의 문을 활짝 열어 놓았습니다. … 이제 격동의 전환기를 거쳐 온 우리 사회도 국민의 이해와 공감대를 바탕으로 새로운 민주 질서를 세워야 합니다. 다양성이 조화를 이루는 질서는 스포츠에서뿐 아니라 사회와 나라를 밝고 건강하게 하며 힘찬 전진을 가능하게 하는 것입니다[14]

노태우 정부의 출범으로 민주화, 개방화, 자율화 시대가 열렸다. 정부는 올림픽 이후 국민의 스포츠 활동이 증대되자 기존의 엘리트 스포츠 위주 정책에서 생활체육을 진흥하는 방향으로 정책의 변화를 시도하였다. 1990년 3월 국민생활체육진흥종합계획, 이른바 '호돌이 계획'을 마련하였다. 이렇게 국민적 요구에 적극 호응하는 체육정책을 추진하였다.

[14] 공보처, 『제6공화국실록』 4, 1992, 427-428쪽.

1990년 10월 19일, 제71회 전국체전 개막식에서 선수단을 격려하는 노태우 대통령 내외. 노태우 대통령은 제5공화국 초대 체육부장관을 역임했다.

국민생활체육을 진흥하는 목표로서 첫째 건전한 복지사회를 실현하고, 둘째 축적된 국민의 에너지를 활용하여 국가사회의 발전을 가속화하며, 셋째 건전한 여가생활의 기반을 조성하여 바람직한 청소년을 육성하는 것을 들었다.[15] 국가주의 · 민족주의적 가치관을 반영하면서도 체육정책의 의의와 대상 범위를 국민 복지, 국가 발전, 건전한 여가생활, 청소년 육성 등으로 넓혀 가고 있었다.

---

[15] 공보처, 『제6공화국실록』 4, 1992, 427-428쪽.

4. 체육정책과 시장경제

국민생활체육에 중점을 두는 정책은 김영삼 정부가 들어서며 한층 더 부각되었다. 제1차 국민체육진흥5개년계획에서 엘리트 체육과 생활체육을 균형 있게 육성하는 정책방향을 제시하였다.[16] 김영삼 대통령은 1995년 전국체육대회 개막연설에서 이와 같은 정책기조를 밝혔다.

> 스포츠는 건강과 즐거움을 줄 뿐 아니라 사회를 건전하게 만들고 산업의 생산성을 높여 줍니다. 그렇기 때문에 선진국에서는 체육을 국민복지의 중요한 분야로 여기고 있습니다. ... 전 국민이 즐거이 참여하여 심신을 단련하는 생활체육을 더욱 보급하고 발전시켜야 합니다. 생활체육 기반시설에 대한 공공투자를 확충하고 직장과 가정에서 더 많은 사람들이 스포츠 활동에 참여토록 해야 하겠습니다. 자라나는 2세 국민들의 체육활동도 더욱 권장해야 할 것입니다. 이들을 위한 보다 내실 있는 학교체육교육이 이루어져야 하겠습니다. 정부는 생활체육과 학교체육의 중장기적 발전계획을 마련하여

[16] 박혜란, 「김영삼 정권의 체육정책에 관한 연구」, 한양대 박사학위논문, 2005, 68-69쪽.

1995년 10월 26일, 제76회 전국체전 개막식에서 선수단을 격려하는 김영삼 대통령. 김영삼 정부는 국가 위주의 체육 육성정책을 민간 중심으로 전환하고자 했다.

추진하고 이 분야에 대한 지원을 강화해 나갈 것입니다.[17]

그런데 1990년대는 세계적으로 신자유주의적 정책 사조가 대세를 이루면서 행정개혁, 국가주도 사업의 민영화가 광범위하게 진행된 시기였다. 김영삼 정부도 행정조직의 축소, 민영화, 규제완화를 추진하였다. 체육정책에는 체육행정기구의 축소와 중앙정부에 집중된 체육행정의 지방정부 이전으로 나타났다.

그리고 정부예산에서 체육예산이 차지하는 비중이 대폭 감소되었다. 1997년의 0.21%를 제외하곤 0.1% 내외로 노태우 정부의 평균 0.18%보다 낮은 수준이었다. 1993년부터 생

[17] 김영삼, 「제76회 전국체육대회연설」, 1995. 10. 2.

활체육 진흥을 목표로 국민체육진흥5개년계획이 수립 추진되었으나 체육예산의 비중이 오히려 낮아진 것은 김영삼 정부가 민간 부문의 기능을 확대하려는 정책 기조를 체육 분야에 적용한 결과였다.

사실 김영삼 정부는 체육정책에도 시장경제적 이념을 도입하였다. 종래 체육예산은 대부분 국민체육진흥공단 등 체육관련 기구의 기금과 국고에서 충당하였다. 그러나 김영삼 정부는 생활체육 부문에 소요되는 예산의 상당 부분을 민간자본을 적극 유치하여 충당한다는 계획이었다. 또한 공공체육시설의 운영도 관官 주도에서 민간 위탁 경영으로 전환토록했다. 운영의 합리화와 활용의 극대화를 도모한다는 취지였다.

이러한 정책으로 체육행정조직은 축소되고 체육예산은 줄어들었다. 체육에 국가의 개입을 최소화한다는 명분을 유지하면서 민간 부문의 역할을 제고하는 데는 큰 성과를 내지 못하였다. 오히려 정책 결정과 집행 과정에 혼란이 생겼다. 체육에 대한 올바른 인식과 이념적 바탕이 마련되지 못한 채 신자유주의를 무비판적으로 도입하여 체육정책에 시장경제적 접근 방식을 적용한 것이 아직 자생적인 토대가 취약했던 한국 체육의 근간을 흔들어 놓았다. 김영삼 정부의 체육정책

1997년 12월 3일, 임창렬 재경원 장관과 캉드쉬 IMF 총재의 긴급 협조융자 조인식. 이후 김대중 정부는 외환위기 극복을 위해 강도 높은 신자유주의 정책을 추진하였고, 스포츠 산업 측면에서도 국세경생력 강화가 화두로 떠올랐다.

은 체육의 본질적 가치보다는 그 수단에 중점을 두었다는 지적을 면하기 어렵다.

김대중 정부는 출범 직후 IMF 위기를 극복하기 위한 강도 높은 신자유주의적 개혁을 추진해야 했다. 체육정책도 이러한 여건에서 마련되었다. 체육 업무의 분권화와 민간 주도화를 추진하였다. 정부의 종합적 청사진은 제2차 국민체육진흥 5개년계획으로 나타났다.

여기서 제시된 정책 방향은 첫째 국가 발전의 촉진을 위한 능동적 역할의 수행, 둘째 평생체육활동의 정착으로 삶의 질 향상과 체육복지사회 실현, 셋째 균등한 체육활동의 기회 부여, 넷째 체육활동을 통한 성숙하고 건전한 시민사회 건설, 다섯째 공급자 중심에서 수요자 중심의 체육 발전 등이었다.

이러한 정책을 구현하기 위해 지역공동체 중심의 생활체

육체제를 마련하고 생활체육과 엘리트 스포츠 간의 연계성을 강화하여 국민체육 진흥과 체육의 전문화, 과학·정보화를 적극 추진하도록 했다. 이와 함께 지역사회에서 체육의 기능을 제고하는 방안을 강구하고 체육 발전을 위한 민간 역량을 확대해 나가기로 하였다.[18]

김대중 정부의 이러한 체육 발전 전략으로 체육정책이 국가 주도형에서 지역사회 주도형으로 전환될 수 있는 여건이 마련되었다. 지역 실정에 맞는 자치단체 위주의 생활체육 활성화라는 분권형 체육정책이 추진되었다. 체육정책도 김대중 정부의 민주적 개혁 기조에 따라 시민사회의 욕구를 반영하면서 민간 부문의 자율성을 확대하는 방향으로 나아갔다.

1990년대 이래 민간체육 서비스가 크게 늘어났다. 가계소득의 증가와 노동시간의 감소로 체육 여가 산업이 연평균 16%의 성장세를 보였다. 민간체육산업, 체육용품산업, 체육시설업의 원활한 발전을 위해 정부의 지원책이 요구되고 있었다. 이와 같은 시대적 요구에 대하여 김대중 대통령도 인식을 같이 하였다.

> 지난 2년 동안 6·25 동란 이후 최대의 국난인 IMF 경제위

[18] 문화관광부, 「국민체육진흥5개년계획」, 1998, 30쪽.

기로 인해 여러분도 고통을 참아 내야만 했습니다. 체육에 대한 관심과 투자가 줄어들어 많은 팀이 해체되고 우수 선수들이 훈련에 어려움을 겪어야 했습니다. ... 우리가 맞이한 21세기는 문화와 관광 · 스포츠와 레저 등이 더욱 중요시되는 시대입니다. 이러한 분야는 국민의 삶의 질을 높이는 잣대가 될 뿐만 아니라 국가경제에도 크게 이바지하는 기간산업이 될 것입니다. 소득수준의 향상에 따라 체육 수요는 더욱 증가되고 한층 다양화될 것입니다. 체육산업은 갈수록 과학화, 고도화되어 엄청난 부가가치를 창출하는 산업으로 발전할 것입니다.[19]

이 같은 인식에서 정부는 스포츠 산업의 국제경쟁력 강화, 민간 스포츠산업의 성장을 위한 진입규제 완화 등을 통해 생산과 소비를 촉진하고자 했다. 특히 2002 월드컵을 계기로 약 5조 4000억 원의 경제유발효과를 거두어 스포츠산업의 내수시장을 확대하고 성장 잠재력과 경쟁력을 강화하고자 했다.

당시 정책의 이와 같은 긍정적인 측면에도 불구하고 시장경제적 접근방식은 많은 문제점을 안고 있었다. 우선 김영삼 정부 기간 동안 체육행정조직이 체육활동 인구의 급증에도

[19] 김대중,「태릉선수촌 대표선수훈련 개소식 연설」, 2000. 1. 17.

불구하고 크게 위축되었다. 기존 문화체육부가 문화관광부로 개편되면서 체육행정 부서는 체육국만 남았다. 그나마 개편 당시의 체육정책과, 체육지원과, 생활체육과, 체육교류과 등 4개 과도 1년 만에 체육지원과와 생활체육과가 체육진흥과로 통합 개편되어 3개과로 축소되었다.

그리고 체육행정을 지방화하는 정책은 우리나라 지방자치단체의 재정자립도가 매우 낮다는 현실을 충분히 고려하지 않은 문제가 있었다. 지방분권을 위한 제도적, 재정적 여건이 마련되지 않은 상황에서 체육행정조직이 축소됨으로써 지난 수십 년간 이룩한 엘리트스포츠의 발전을 정체시키는 결과를 가져왔다.

5. 남북 스포츠 교류와 긴장 완화

1990년 10월 민족이 분단된 후 처음으로 남·북한 팀 간의 통일축구경기가 서울과 평양을 오가며 열렸다. 이듬해 4월에는 일본 지바에서 열린 세계탁구선수권대회에서 남북단일팀이 여자 단

1987년 7월 14일, 스위스 로잔에서 열린 제4차 남북체육회담에서 남측 장충식 대표(좌)와 북측 김형진 대표(우)가 반갑게 악수를 나누고 있다.

체전에서 우승을 거두었다. 같은 해 6월 포르투갈 리스본에서 열린 세계청소년축구대회에도 남북단일팀이 참가하였으며, 강력한 우승 후보 아르헨티나를 이기고 8강에 진출하여 세계를 놀라게 하였다.

1990년대 초기의 이와 같은 분위기 속에서 남북한 간의 보다 정치적인 협상에서도 획기적인 성과들이 나왔다. 1991년 12월 〈남북 사이의 화해와 불가침 및 교류·협력에 관한 합의서〉에 이어 〈한반도의 비핵화에 관한 공동선언〉이 발표되었다. 세계정치에서 동서 냉전 구조가 해체되는 가운데 한반도에서도 남북 간 화해와 협력의 시대를 열어갈 수 있다는 기대가 높았다.

이와 같은 시대적 변화를 반영하여 김영삼 정부의 스포츠 내셔널리즘은 체육이 남북 교류와 민족 화합을 도모하는 데 기여해야 한다는 희망을 담았다. 냉전기의 스포츠 외교가 체제 경쟁의 도구이기도 했던 단계를 벗어나고 있었다. 이렇게 스포츠가 남북 간의 화해 협력 관계 발전에 기여할 수 있기를 바라는 정책 기조는 김대중 정부에 들어와 더욱 분명해졌다. 김 대통령의 다음과 같은 발언에 이와 같은 남북 체육 교류에 관한 기대가 실려 있다.

> 한반도는 아직도 세계에서 유일한 냉전의 땅으로 남아 있습니다. 여러분이 보시는 바와 같이 남북 분단 반세기가 지난

김대중 대통령이 1999년 6월 12일 서울에서 열린 제109차 IOC 총회 개회식에서 치사를 하는 장면. 김 대통령은 "올림픽운동이 21세기 평화로운 세계를 구현하는 데 큰 힘이 되기를 바란다"고 역설했다.

> 지금도 긴장과 대결이 지속되고 있습니다. 나는 이와 같은 한반도에 평화를 정착시키고 교류·협력의 길을 열기 위해 대통령 취임 이후 대북 포용정책을 일관되게 추진해 오고 있습니다. 우리의 이러한 노력에 대해 주변의 주요 4대국은 물론 전 세계가 성원을 보내고 적극 지원하고 있습니다. 그 결과 남북 사이에도 많은 변화가 있었습니다. ... IOC도 그동안 북한의 올림픽 참가를 비롯한 다양한 스포츠 교류를 실현하기 위해 많은 노력을 기울인 것으로 알고 있습니다. 스포츠 분야에 있어서 남북한 사이의 활발한 교류가 이루어질 수 있도록 앞으로도 지속적인 관심을 기울여 주시기 바랍니다.[20]

김대중 정부의 이와 같은 정책은 상당을 성과를 거두었다. 부산아시안게임과 대구유니버시아드 대회에 북한 선수단이 참가하여 남북 간 긴장 완화와 화해의 분위기가 조성되는 듯 하였다.

---

[20] 김대중,「제109차 IOC 총회 개회식 연설」, 1999. 6. 16.

코리아
KOREA

제2장

북한의 정치이념과 체육정책

1. 혁명, 생산, 국방을 위한 체육

소련과 김일성은 확고한 전략으로 38선 이북의 공산화를 도모하였다. 소련 점령군은 평양 진주와 더불어 이북의 정치 판도를 구성하는 데 주도적인 역할을 하였다. 1946년 2월 임시인민위원회가 구성되어 실질적 중앙행정기구로 작동하였으며, 이어 토지개혁이 단행되었다.

이남에서 대한민국이 출범한 이후 이승만 대통령은 총선을 통해 탄생한 한국 정부의 정통성과 유일 합법성을 주장하였다. 그러나 이북 쪽은 공산주의 혁명이념으로써 자신의 존재 이유를 내세웠다. 한반도 전역에서 공산주의 혁명을 완수하여 '민주주의 인민 공화국'을 건설한다는 목표를 내걸었다. 1948년 9월 10일 북한 정권의 공식 수립을 선포한 이후 대남전략의 기본 구도를 제시하였다. 북한을 통일 국가 건설을 위한 기지로 삼아 남북한의 모든 정당과 사회단체들을 동원하는 통일전선을 구축하여 한반도의 공산화를 완수한다는 것이었다.

김일성은 혁명적 군중 노선을 펴 나갔다. "대중을 교양 개조하여 묶어 세우며 광범한 대중을 동원하여 혁명 과업을 수행하는 것"이었다.[1] 인민의 모든 활동이 혁명 완수의 목표를 향해야 했다. 체육 활동도 예외일 수 없었다. 일찍이 북한의 체육 정책은 노동과 국방에 연계되었다. 북한 정부가 공식적으로 수립되기 전부터 김일성은 이러한 노선을 명확히 하였다.

> 청소년들 속에서 체육 사업을 군중적으로 힘 있게 벌려 젊은 세대를 정신적으로 뿐만 아니라 육체적으로 끊임없이 단련하여 그들을 로동과 국방에 더욱 믿음직하게 준비시켜야 하겠습니다.[2]

김일성이 1946년 8월의 조선로동당 제1차 대회에서 한 발언이다. 김일성은 한 걸음 더 나가 전 한반도의 공산화를 이루기 위해서 체육의 역할이 중요하다고 하였다.

> 북조선 인민들은 ... 통일전선의 기치아래 ... 반동분자들의 음모 책동을 짓부시고 하루바삐 ... 통일정부를 세우기 위하여 투쟁하여야 하겠습니다. 그러기 위하여 이러한 건국사업을 얼마든지 맡아 할 수 있는 건강하고 씩씩한 일군들을 키워내는 것이 매우 간절하며 여기에서 체육이 큰 역할을 하여

---

[1] 김성철, 『주체사상의 이론적 변화』, 민족통일연구원, 1993, 21쪽.

[2] 로동신문, 1969. 10. 12.

야 합니다.[3]

북한은 1949년 7월 조국보위후원회를 조직하여 군사훈련 위주의 체육을 실시하도록 하였다. 조국보위후원회는 중앙위원회를 두고, 그 아래 군사훈련부, 선전후원부, 간부과 등을 두었다. 각 도에는 도위원회, 시와 군에는 시·군위원회 본부를 두고 기층 조직으로 면과 리, 공장, 기업소, 학교 등에 초급 단체를 두었다. 초급 단체에는 최대 1,000명 이상의 회원이 등록되기도 하였다. 조국보위후원회 결성준비위원회가 조직된 지 한 달여 만에 전국적으로 25,000여 개의 초급 단체에 269만여 명의 회원이 등록되었다.

2. 주체사상과 체육

북한 정권은 6·25 전쟁 이후 김일성 유일 체제를 굳혀 나갔

---

3 김일성의 1946년 10월 전국체육인대회에서의 연설 '체육을 대중화하기 위하여' (『김일성저작집』 2, 469-470쪽)

다. 정치 판도에서 소련이나 중국의 후원을 받고 있는 세력들을 거세하였다. 남로당 출신의 박헌영도 숙청되었다. 이 과정에서 체제를 떠받치는 명분으로 주체사상이 체계화되었다. 사상에서의 주체, 경제에서의 자립, 정치에서의 자주, 국방에서의 자위를 내세웠다.

사상에서의 주체는 마르크스·레닌의 사회주의 혁명사상을 북한의 실정에 맞게 응용한다는 것이었다. 경제에서의 자립은 중공업 우선, 경공업·농업 병행 발전을 추구하는 정책 개념이었다. 북한도 소련이나 동유럽 국가들처럼 중공업을 일으키고 소비재 공업과 농업을 함께 발전시켜 북한을 자족적인 경제 체제로 만들어야 한다는 것이었다.

정치에서의 자립은 소련, 중국의 입김에 좌우되지 않는 독자적인 정치 체제를 다진다는 것이었다. 국방에서의 자위는 한국의 5·16 이후 특히 강조되었다. 소련이 중국과 인도 간 국경분쟁이 벌어진 상황에서 비사회주의 국가인 인도를 지원한 사실이 김일성의 정책에 영향을 미쳤다. 북한 자체의 국방력을 강화하는 방향으로 기울었다.

국방에서의 자위는 4대 군사노선으로 구체화되었다. 즉 전 인민의 무장화, 전 국토의 요새화, 전 군의 간부화, 무장의 현대화를 밀고 나가며 북한 전체를 하나의 거대한 군사 조직으로 키우는 사업이었다.

1960년대 초 주체사상이 체계화되면서 체육정책에 대한 논의에도 '주체'의 개념이 등장하였다. 내각 직속 체육지도위원회 김기수 위원장이 1961년 10월, 체육절을 맞아 행한 연설이 그 한 예이다.

> 체육기술을 급속히 제고함에 있어서 선차적으로 제기되는 것은 체육인들 속에서 당적 사상체계를 더욱 확립하여, 그 대열을 당의 지시라면 물불을 가리지 않고 나아가는 붉은 집단으로 튼튼히 꾸리며, 교수 훈련에서 주체를 확립하고 훈련에서 땀을 많이 흘리라는 당의 의도를 철저히 관철시키는 것이다.
>
> .....
>
> 모든 체육지도기관들과 체육단체들에서는 ... 혁명전통 교양을 더욱 강화하며 ... 당 대회의 문헌과 당 정책 학습을 강화하여야 한다. 그리하여 체육인들을 당과 혁명에 대한 무한한 충성심으로 교양함으로써 그들을 김일성 동지를 수반으로 하는 당 중앙위원회 주위에 철석같이 단결하며, 항상 당과 함께 숨쉬며 행동하는 붉은 전사로 육성해야 한다.
>
> .....
>
> 선수들이 달성한 좋은 성과와 경험들을 연구 발전시켜 우

> 리에게 알맞은 훈련방법과 전술체계를 확립하는 동시에 우리나라에서의 체육과학 리론을 더욱 풍부히 하여야 한다.[4]

체육인들에게 우선 요구되는 것이 '당적 사상체계의 확립'이며 이를 위해 사상 교양의 중요성을 강조했다. 체육인들이 당, 혁명, 김일성에 충성을 받치는 투사가 되도록 강조했다. 그리고 '땀을 많이 흘리라는 당의 의도'에 따라 '체육기술을 급속히 제고'해야 한다. 그리고 교수 훈련에서 주체를 확립하는 일이란 북한 실정에 맞는 나름대로의 훈련방법과 전술체계 및 체육과학 이론을 발전시켜야 한다는 것이었다.

1960년대 중 김일성 유일 체제가 굳어지면서 주체사상은 북한 사회의 전 영역을 관철하는 이념 체계로 다져졌다. 체육정책에 관한 언술에서도 주체의 개념이 지배적이었다. 평양시 인민위원회 정성일 부위원장의 1969년 10월 발언에 이와 같은 변화가 여실히 나타난다.

> 체육의 모든 종목들을 더욱 발전시키며 경기에서 백전백승하기 위해서는 우리나라 사람들의 체질에 맞는 주체적인 전술체계를 세우는 것이 또한 중요합니다. 지금까지 체육을 발

[4] 로동신문, 1961. 10. 8.

> 전시키는 데서 우리가 얻은 성과들은 중요하게는 사대주의와 교조주의를 하지 않고 주체를 세운 결과라고 말할 수 있습니다. ... 어떤 일에서나 사대주의와 교조주의를 하여서는 안 됩니다. ... 오늘 우리가 체육을 더 발전시키는가 못시키는가 하는 것은 전적으로 우리의 체육인들과 체육부문 지도일군들이 우리 당의 주체사상을 체육사업에 어떻게 구현하는가 하는 데 달려있습니다. 모든 체육인들은 우리 당의 주체사상으로 튼튼히 무장하여 체육 사업에서 나서는 모든 문제를 자주적 립장에서 풀어나가도록 하여야 하겠습니다.[5]

이와 같은 주장을 관통하는 논리는 주체사상이 우선이고 체육 활동은 이 주체사상을 구현하는 데 의미가 있다는 것이다. 이는 당초에 혁명, 노동, 국방을 위한 체육을 강조한 것과 일맥상통한다. 주체사상이 혁명을 지도하는 이념으로 섰으므로 북한 체제 내의 모든 활동은 주체의 기준에 따라 평가될 것이었다.

---

[5] 「체육을 대중화하여 전체 인민들을 로동과 국방에 튼튼히 준비시키자」, 『김일성저작집』 24, 1983, 300쪽.

3. '주체체육'의 확립

그럼 주체사상을 어떻게 체육 활동에 구현할 수 있을 것인가? 김정일이 그 방안을 제시하였다. 북한의 체육은 '주체체육'이어야 하며 이를 속도전, 사상전, 투지전, 기술전을 유기적으로 엮어 실현해야 한다고 하였다.

'속도전'은 원래 6 · 25 전쟁 후 단기간에 복구와 발전을 이루려는 목표로 사용된 용어였다. 이 용어가 체육에 원용되었다는 것은 조속히 체육 기술을 발전시켜 경기를 통하여 북한의 국위를 높여야 한다는 것이었다. '사상전'과 '투지전'은 주체사상으로 무장하여 북한의 우수성을 최대한 발양하며 세계패권자가 되겠다는 야심을 가지고 훈련과 경기에 완강히

북한 김일성-김정일 부자는 주체사상을 체육 활동에 구현하고자 했다.

임할 것을 요구한 것이다. '기술전'은 이렇게 연마한 높은 기술과 전술로 경기를 진행하면 경기에서 주도권을 쥐고 상대방을 압도할 수 있다는 것이었다.[6]

1970년대 초 김정일이 '당 중앙'으로 등장하던 시기에 이와 같은 체육활동 지도 이념이 이미 그 윤곽을 드러냈다.

> 4 · 25 체육선수단 앞에 나서는 몇 가지 과업에 대하여 말하겠습니다. 첫째로, 4 · 25 체육선수단 성원들은 당의 유일사상체계를 튼튼히 세우고 어떤 바람이 불어도 오직 수령님만을 믿고 따르며 당의 명령과 지시를 무조건 끝까지 관철하여야 하겠습니다. … 둘째로, 대오의 사상의 지적인 단합을 이루어야 하겠습니다. 위대한 수령님의 혁명사상으로 튼튼히 무장하고 그에 기초하여 대오의 사상의지적 단합을 이룩하는 것은 경기에서 승리를 쟁취하기 위한 중요한 담보입니다. … 셋째로, 완강한 투지와 인내력을 키워야 하겠습니다. … 투지와 인내력을 키우는 문제만 해결하면 경기에서 얼마든지 속도전을 벌릴 수 있고 어떤 강자들과 맞다들어도 이길 수 있습니다. 넷째로 개인기술을 높이기 위하여 적극 노력하야야 하겠습니다. … 선수들의 개인기술을 완성하는 것은 경

[6] 「체육을 대중화하며 체육기술을 빨리 발전시킬 데 대하여」, 『김정일선집』 8, 1998, 408-414쪽.

> 기에서 승리하기 위한 담보로 됩니다. 개인기술을 높이기 위하여서는 지도원들이 훈련지도에서 요구성을 높여야 합니다.[7]

이와 같은 말에서 볼 수 있듯이 북한의 체육은 정치의 불가분의 일부가 되었다. 김일성 유일 체계에 대한 충성과 복종, 주체 개념을 중심으로 한 사상적 단합이 경기를 승리로 이끌 수 있는 전제조건이라고 하였다. 그리고 선수들이 투지와 인내심으로 개인기술 수준을 높여 경기에 승리할 것을 요구한다. 경기의 목적이 북한 체제의 우수성을 과시하는 데 있기 때문이다.

이런 맥락에서 체육 활동은 김일성 우상화와 분리될 수 없다. 김일성 사후에는 충성을 바칠 대상이 당연히 김정일이 되었다. 다음 로동신문 기사를 보자.

> 오늘 우리 앞에는 어버이 수령님께서 체육부문에 주신 유훈을 끝까지 관철하며 경애하는 장군님김정일의 체육방침을 충성으로 받들어 나가야 할 영예로운 과업이 나서고 있다. … 위대한 수령 김일성동지께서 체육발전에 쌓으신 업적과

7 「4 · 25 체육선수단 앞에 나서는 과제에 대하여」, 『김정일선집』 2, 1993, 388-391쪽.

유훈은 오늘 위대한 령도자 김정일동지의 탁월한 령도에 의하여 전면적으로 꽃펴나고 있다. ... 체육부문의 모든 일군들과 체육인들은 경애하는 장군님께서 이끄시는 한 우리의 주체체육은 언제나 승승장구하며 그 미래는 휘황찬란하다는 확고한 립장과 관점을 가지고 당의 체육방침 관철을 위하여 헌신적으로 투쟁해야 한다.[8]

4. 체육의 대중화와 조직화

북한 정권 초기의 체육정책은 6 · 25 전쟁 후의 경제 복구 정책과 연계하여 구체화되었다. 전후의 복구 사업을 반년 내지 1 년 동안의 준비 기간, 다음 3년간의 경제 복구 기간, 그 후 공업화를 위한 5개년계획 기간 등으로 나누어 단계적으로 추진하였다. 이에 따라 체육 분야의 복구사업도 단계별로 진행되었다.

1954년 6월 내각직속 체육지도위원회가 인민 체력 향상을

---

8 로동신문, 1995. 11. 12.

위한 대책을 마련하였다. 전쟁 때 파괴된 체육시설을 복구 · 확장할 것, 자체 실정에 맞게 운동시설을 갖출 것, 휴일을 이용하여 운동회, 등산, 수영 등을 집단적으로 실시하여 심신단련의 효과를 높일 것 등의 방침이 학교, 공장, 농촌으로 시달되었다.[9]

같은 해 8월 '공화국 체육발전사업을 위한 안'이 마련되었다. 향후 1년 간 3단계로 진행할 사업을 구체적으로 제시하였다.[10] 첫 단계는 1954년 9월부터 1955년 2월까지로 보다 많은 근로대중을 체육 사업에 동원하여 인민의 체력 향상을 꾀하고자 하였다. 각급 체육지도위원회는 1954년 11월 중순까지 중앙 및 각 도 · 시 · 군에 종목별 협회와 체육단체들을 조직하고 그 대열을 확대, 강화하게 하였다.

이 단계에서는 인민체력검정 사업에 중점을 두었다. 수검준비는 노동시간 외의 휴식시간을 이용하게 하고 일요일과 휴식일, 기념일 등에 인민체력검정 종목을 포함하여 체육대회를 열도록 하였다. 각 공장, 광산, 기업소, 학교, 인민군 부대 및 농촌에서 경기장과 체육시설, 기자재 등을 시급히 재정비하고 확장하도록 하였다.

9 로동신문, 1954. 7. 22.

10 로동신문, 1954. 9. 15.

둘째 단계는 1955년 3월부터 5월까지 체육전문가들을 각 체육단체에 파견하여 우수한 선수를 선발하게 하였다. 각 종목별 우수 단체와 지도자들을 지방에 파견하여 순회 지도하게 하고 리, 시, 군, 도에 이르는 각 행정단위마다 각종 경기대회를 조직하여 우수선수를 선발하게 하였다.

이 단계에서는 매스게임도 광범위하게 조직되었는데, 그 내용은 '조국의 평화적 통일을 위한 투쟁'과 전후 '인민경제 복구발전 3개년 계획의 실행을 위한 전 인민적 투쟁' 모습이 반영되도록 하였다. 특히 집체성과 조직성을 구현하고, 각 마을, 시, 군, 도 단위의 경쟁을 통해 군중적인 운동으로 전개되도록 하였다.

셋째 단계는 1955년 6월부터 8월까지 전 단계에서 선발된 선수를 훈련하고 운동경기 기술과 경기 지도 방식을 향상시켜 8·15 해방 10주년 전국체육축전에 준비토록 하였다. 선수들을 집체 훈련시키고 심판원, 기술지도원, 간부들의 강습회를 조직하여 지도 수준을 높이게 하였다.

이와 같은 1년간의 기초 작업은 대체로 무난하게 마무리되었다. 이를 바탕으로 체육의 대중화, 조직화 사업에 박차를 가하였다. 1956년 2월 '체육 및 스포츠사업을 개선 강화할 데 대하여'라는 내각명령이 하달되었다. 이 명령은 "인민의 체력을 향상시키고 인민들을 애국주의 사상으로 교양하며, 불요불굴의 인내성과 강인성을 배양함으로써 조국보위를 위한 사업과 인민경제의 급속한 복구 발전을 위한 노력투쟁에 그 목적이 있다"고 하였다.[11]

구체적으로는 첫째, 각 기관, 기업소, 협동조합 및 농촌에서 체력 향상을 위한 보건체조를 보급, 장려하여 생활화하도록 하였다. 둘째, 각급 학교에서 체육교양사업을 개선 강화하고 매주 1일 이상을 체육일로 정하여 과외로 매일 1, 2시간을 체육에 할애하여 학생들에게 체육, 스포츠 및 운동, 유희들을 광범위하게 보급 발전시키도록 하였다. 또 여름방학을 이용하여 수영, 야영, 행군, 명승지 및 고적 이른바 혁명유적지 및 생가 등 김일성 혹은 그 가계와 연관된 곳을 탐방토록 하였다.

셋째, 각 도, 시, 군 소재지들의 경기장과 운동장을 정비하고 평양시 대동강 가에 정규 수영장을 설치하도록 하였다. 넷째, 민족 체육 및 스포츠의 보급, 발전을 위해 봄 · 가을에 민족체육경기대회를 조직하도록 하였다. 다섯째, 농어촌 청년들을 대상으로 한 체육 및 스포츠 사업을 강화하기 위한 대책과 인민체육일꾼에 대한 국가적 대우의 개선 방안을 마련토록 하였다.

[11] 로동신문, 1956. 3. 1.

이러한 체육 대중화 작업이 진행되면서 체육지도자 양성 체제도 수립되었다. 1958년 3월 공포된 내각결정 '체육 및 스포츠 보급과 체육 간부 양성 사업을 개선할 데 대하여'를 통하여 근로자들을 인민체력검정에 적극 참가시키고 1,000명 이상의 공장과 기업마다 체육사업 지도를 책임지는 전임 체육지도원 1명을 배치하도록 하였다.

1959년 2월 채택된 내각결정 '군중체육사업을 발전시키며 스포츠기술수준을 제고할 데 대하여'는 체육정책의 기본 방향과 구체적 추진 방안, 그리고 이의 실현을 위한 제도적 장치 등을 22개 항에 걸쳐 종합적으로 제시하였다. 그 내용은 지금까지도 북한 체육정책의 핵심을 이룬다.

1~4항은 체육 대중화 정책의 기본 방향을 제시하였다. 모든 근로자들이 매일 1시간 이상 체육운동을 실시할 것과 인민체력검정사업의 강화, 생산, 건설 및 사무직장, 노동협동조합을 비롯한 모든 주민지구기초 행정단위에 체육단을 조직하여 군중을 광범위하게 망라할 것, 그리고 이를 위해 각 지구 책임자들과 간부들이 지도 · 솔선수범할 것 등이 포함되어 있다.

5, 6항은 학교체육의 강화에 관한 내용이다. 체육 수업을 늘리고 학생들에게 의료검사를 실시하도록 지시하고 있다.

특히 주목할 만한 것은 체육교육에서도 교조주의와 형식주의를 타파하고 사상 및 과학성을 제고할 것을 요구하고 있는 점이다.

7항에서는 체육 사업에서 거둔 성과를 근로자의 사회주의 경쟁 종목의 하나로 포함시켜 평가하도록 하였다. 8항은 기본 종목을 더욱 대중화하고, 대중적 체육 행사를 광범위하게 조직하는 것과 더불어 국방체육을 발전시키도록 하였다. 9항에서는 1960년까지 체육야영장을 백두산과 부전호수, 백암 등지에 설치하도록 하였다.

10~15항에는 체육기술을 향상시키기 위해 1959년 내에 취해야 할 조치들이 들어 있다. 스포츠 교수 및 훈련 체계의 확립, 체육의료사업과 경기지도원 육성에 관한 대책을 강구할 것, 선수 육성과 청소년 팀에 대한 교수 훈련 체계의 확립 및 전문선수층의 확대, 각 전문학교 및 대학, 2급 이상 기업소 및 농협조합에 주요 종목의 선수단을 구성할 것, 중요한 생산 및 건설 직장과 시 · 군 소재지에 청소년 스포츠학교 200교를 세울 것, 각 종목별 연맹전대회를 만들고 국가대표팀을 1959년 내에 조직할 것, 선수등급 2급 이상 선수와 청소년스포츠학교 학생들에게 기본 임무 외에 매일 2시간 이상의 체육훈련을 보장할 것 등이 그것이다.

16~19항은 체육사업의 체계를 확립하기 위한 방안들을 제시하였다. 각 부문의 체육협회와 종목별 분과위원회의 조직, 정비 및 기능을 제고하기 위한 대책을 강구하도록 하였다. 체육사업을 통일적으로 지도, 강화할 대책을 마련하여 실시할 것, 체육 규정 및 기술 지도를 단일화할 것, 체육지도위원회가 체육 및 스포츠시설들을 통일적으로 관리·운영할 것 등을 지시하였다. 아울러 체육 간부 양성을 위한 평양체육대학을 설립하고 그 운영대책을 마련하도록 하였다.

20항은 1959년 6월 말까지 체육과학연구소를 설치할 것을 규정하였다. 이 연구소의 활동과 연계하여 의료 사업을 발전시킬 중앙체육의료소를 1959년 4월까지 설치하도록 하였다. 21, 22항에서는 규모가 큰 기업이나 학교를 세울 경우 반드시 체육시설을 갖추도록 하였고, 평양종합체육관에 대한 기본 건설 계획을 1960년까지 준비하도록 하였다.

이와 같은 일련의 내각 결정을 통해 북한은 체육정책에서도 전체주의적 이념을 철저히 구현하려고 하였다. 체육을 통하여 전 주민을 일체화하고 체육 활동을 조직화하는 과정에서 집단주의 체제를 다지고자 하였다. 또한 체육 인재 발굴에도 나서 엘리트 체육 발전을 위한 자원을 확보하는 데 힘을 쏟았다.

5. 군중체육의 개념

북한에서 생활체육에 해당하는 개념이 군중체육이다. 군중체육을 "광범한 군중이 다 참가하여 일상적으로 체력을 단련할 수 있는 대중적인 체육"으로 정의하였다. 김일성의 다음 발언 속에 이 개념의 윤곽이 드러난다.

> 북조선의 체육은 인민대중의 물질문화생활 향상과 아울러 중요한 사회생활의 일면으로 확대되고 있다. 과거 일부 특권 계층의 전유물로 되었던 체육 운동경기는 전 인민들에게 돌아왔다. 오늘 어느 공장, 어느 농촌, 어느 개인을 물론하고 전 근로인민들은 자유롭게 체육에 참가하여 체력 향상과 문화적 생활의 향유에로 나아가고 있다. 지난날의 일부 시민을 중심한 선수중심주의적인 스포츠 세력은 해소되고 전 직장, 전 농촌, 전 학원을 통트른 군중체육의 규모로 확대 발전되었다.[12]

그러나 군중체육도 본질적으로는 노동과 국방을 위한 대중 동원 체제의 일환이었다. 이러한 점은 군중체육의 개념을

[12] 『조선중앙년감』, 1949, 149쪽.

보급하면서 인민체력검정제도를 도입한 데서도 나타난다. 이 검정제도는 일상생활과 노동생활에 필요한 집중력, 인내력, 투척력, 운반력 또는 원행력 등을 측정하는 것으로서 소련의 제도를 모방한 것이었다. 점차 북한의 실정에 맞게 검정 내용을 개정하였는데 그 기본 목적을 다음과 같이 밝히고 있다.

> 인민체력검정은 인민들을 체육과 스포츠에 계통적으로 인입하여 그들의 건강증진과 육체적 기능의 전면적 발전 및 체육 스포츠의 보급과 기술 향상을 도모하며 부강한 조국 건설을 위한 투쟁에서 온갖 곤난을 극복 타개할 수 있는 건강하고 인내성 있는 애국자들을 육성함으로써 그들의 노력과 조국보위에 튼튼히 준비시킴을 목적으로 한다.[13]

북한의 체육은 김일성의 혁명이념 및 주체사상을 기반으로 하여 전 사회를 혁명화, 노동계급화하는 과정으로서 의미가 있었다. 따라서 군중체육 활동 중에서 집단달리기나 집단체조처럼 대규모 군중이 동원되는 종목들을 사상 교육의 수단으로 중요시하였다. 특히 집단체조는 북한의 독특한 체육

---

[13] 『백과전서』(I), 과학백과사전출판사, 1984, 215쪽.

종목으로서 북한의 사상, 정책, 제도적 특성을 구현한 종목이며 국가적 행사 때 자주 공연된다. 북한 당국은 집단체조를 "청소년과 근로자들을 ... 주체사상으로 튼튼히 무장시키며 조직성, 규율성, 집단주의 정신으로 교양하는 동시에 그들의 몸을 튼튼히 단련하는 효과적인 수단의 하나"로 규정하고 있다.

대외적으로는 집단체조를 북한 체제의 우월성을 선전하는 도구로까지 활용한다. 특히 김정일은 집단체조의 내용과 형식이 "시대적 요구와 미적 감각에 맞게 개선되어야 한다"고 하면서 세가지 방향을 제시하였다. 첫째 김일성의 영도력과 업적, 공산주의적 덕성을 형상화할 것, 둘째 주체사상과 김일성의 교시를 잘 반영할 것, 셋째 당과 수령을 중심으로 뭉쳐 투쟁하는 인민의 모습을 실감 있게 묘사할 것 등이었다.[14]

[14] 「집단체조를 더욱 발전시킬 데 대하여」, 『김정일선집』 9, 1-21쪽.

6. 국방체육의 개념

1970년대에 들어와 체육 활동의 일부를 군사훈련화하는 정책이 강화되었다. 1970년부터 공장, 기업소, 사무직장에서 작업반 단위로 토요일과 일요일에도 국방체육 훈련을 실시하였다. 기존 국방체육구락부뿐만 아니라 일반체육구락부도 국방체육구락부로 개편하여 각 소조별로 행군, 사격, 장애물 돌파, 격검, 활쏘기, 모형항공, 자동차 및 트랙터 운전, 무선통신, 모터사이클 훈련을 강화하도록 하였다.

그러다가 1975년 4월 '국방체육 강화 지침'이 하달되었다.

북한은 체육 활동의 일부를 군사훈련화하는 정책을 강화했다. 사진은 새해 첫 체육의 날을 맞아 평양에서 열린 집단달리기 행사

이는 당시 남베트남이 붕괴되는 것을 보고 북한의 남한 점령을 내다보며 국방체육을 강화할 목적에서 나온 정책이었다. 이 지침은 첫째 청소년 학생들이 '보위사업'을 성공적으로 수행하도록 체력을 키워줄 것, 둘째 키크기 운동과 달리기를 잘 하도록 축구, 농구, 권투, 사격 등을 다양하게 가르칠 것, 셋째 노동자들에게 생산과 국방을 결합시킨 체육을 지도하고 특히 아침체조와 달리기를 시킬 것, 넷째 전투적인 군중체육 행사를 모든 기관, 기업소에서 벌일 것, 다섯째 체육시설과 기구를 마련하고 씨름, 궁술 등 전투적인 체육을 권장할 것 등을 주요 내용으로 하였다.

한마디로 국방체육은 순수한 스포츠 활동이라기보다는 주민들에게 군사적인 기초지식과 기술을 신체단련이라는 명목으로 습득 · 훈련시킴으로써 유사시 누구나 유능한 전투원이 되게 하는 데 목적이 있었다. 이렇게 군사훈련적 성격을 지닌 체육이었으며 군인만이 아니라 학생, 근로자들도 참여토록 하였다.

제3장

남북한의 엘리트 스포츠 정책

1. 한국의 엘리트 스포츠 정책

1) 광복 후의 한국 체육계

1947년 6월 20일 대한올림픽위원회KOC가 국제올림픽위원회IOC에 가입하여 한국이 1948년 생모리츠 동계올림픽과 런던 하계올림픽에 참가할 수 있는 발판이 마련되었다. 이러한 활동은 일제 때 민족운동의 차원에서 이루어졌던 선수 위주의 체육, 즉 엘리트 스포츠의 부활을 예고하였다.

광복 후 체육 활동에 종사한 이들은 일본의 체육전문학교 출신이거나 학교 운동부 소속 선수들이 대부분이었다.[1] 정부 차원에서는 문교부 문화국 내 체육과를 두어 체육행정을 총괄토록 하였다. 그러나 내외 여건의 한계로 체계적인 체육정책의 입안, 추진은 이루어지지 못하였다. 특히 6 · 25 전쟁으로 인적, 물적 토대가 붕괴되어 정상적 체육정책의 환경이 마련되기까지 상당한 기간이 소요되었다.

정부 수립 이후 1950년대에 걸쳐 정부 차원에서보다는 대

---

1 김달우, 「해방이후 학교체육의 재편 및 정착과정에 관한 연구」, 서울대 박사학위논문, 1992, 130쪽.

우리나라는 광복 후 처음으로 태극 마크를 달고 1948년 런던올림픽에 출전했다. 사진은 멕시코와의 축구경기로 우리나라가 5-3으로 승리했다.

한체육회를 비롯한 단체들이 주체가 되어 경기대회를 개최하거나 국제대회에 참가하였다.

2) 초기의 엘리트 스포츠 정책

정부 차원에서 체계적인 엘리트 스포츠 정책이 마련된 것은 박정희 정부에 들어와서이다. 1962년 국민체육진흥법이 제정되고 이듬해에 그 시행령이 반포되어 체계적인 정책 추진을 위한 기반이 마련되었다. 국민체육진흥법 제10조는 "국가는 국민체육진흥을 위한 지도자의 양성과 그 자질의 향상

박정희 정부가 들어선 후 정부 차원의 본격적인 엘리트 스포츠 정책이 마련되었다. 사진은 1964년 도쿄 올림픽에 참가한 선수단이 청와대를 방문한 모습.

을 위하여 필요한 대책을 강구해야 한다"고 명시했고, 제14조는 "국가대표선수와 지도자에 대한 보호조치를 강구한다"고 하였다. 동법 시행령 제17조는 경기 지도자의 양성을 위한 구체적 방안으로서 국내외에서의 위탁교육, 외국 체육지도자의 초빙강습, 외국 체육계 시찰, 직장 알선 등을 제시하였다. 또 18조는 체육 지도자의 보호를 위해 기업체 및 단체에 고용된 체육 지도자는 가급적 신분을 보호하도록 하였다. 제19조에선 국가대표선수에 대하여 장려금을 지급하고 표창을 수여토록 하였다.

점차 대한체육회를 중심으로 우수 선수 육성을 위한 장

기 훈련 계획이 수립되고 그 법적 기반도 마련되었다. 우선 1964년 도쿄 올림픽에 대비하여 선수강화훈련단을 조직하였다.[2] 1963년 1월 임원 63명, 선수 233명으로 구성된 우수선수강화훈련단 결성식을 가졌다. 그러나 이와 같은 노력이 그 이듬해의 올림픽에서 바로 큰 성과를 거두기는 어려웠다.

도쿄 올림픽 후 1965년 대한체육회는 6개년 장기훈련계획을 수립하였다. 이 계획은 엘리트 스포츠 전반에 걸친 기반 조성에 목표를 두었다. 선수강화위원회를 확대 개편하여 전체위원회와 상임위원회를 두었다. 상임위원회에는 기획조사부, 훈련감독부, 스포츠과학연구부가 있었다.

6개년 장기훈련계획은 1965년 착수하여 2개년씩 3단계로 이루어졌다. 그 5대 중점사업은 지도자의 자질 향상, 선수 강화 훈련, 훈련의 과학화, 신인 선수의 발굴, 훈련 시설 확충 등이었다. 신인 선수 발굴 사업으로는 선천적 소질과 신체적 조건을 갖춘 예비 선수를 발굴하여 훈련시킨 후 최종 선발된 신인 선수에게 장학금 지급, 전 · 입학 및 취업 알선 등의 혜택을 주었다. 그 결과 1965년부터 1971년까지 11개 시도에서 예비 선수 14,762명 중 350명을 선발했다.

효율적인 선수 훈련을 위해 체력 육성에 중점을 두고 훈

---

[2] 대한체육회,『체육백서』, 1972, 212쪽.

련 참가 규정을 마련하였다. 방콕 아시안게임 대비 훈련, 청소년 훈련 등을 포함하여 매년 최소 106일에서 최대 221일에 걸친 훈련이 이루어졌다.

지도자 자질 향상을 위해 코치 제도 확립, 연구·협의·발표회 조직, 외국 코치 초청, 국내 코치의 외국 파견 등의 방침이 마련되었다. 이에 따라 1964년 코치강습회가 시작되어 1965년 254명, 1966년 236명이 수료했다. 외국 코치는 1965년부터 1971년까지 총 19개 종목에 걸쳐 9개국으로부터 초빙하였다.

6개년 훈련계획에는 스포츠과학에 대한 새로워진 인식이 반영되었다. 도쿄 올림픽에 참가한 한국 선수단은 외국의 훈련 방법과 그 결과를 직접 체험하면서 스포츠과학의 중요성을 절감하였다. 1968년 3월 스포츠과학위원회를 출범시켰다. 위원회의 사업 내용은 선수 체력 측정, 정밀 신체검사 등 각종 검사, 트레이닝 현장에서 나타나는 문제점 연구, 학술연구와 그 결과의 활용 문제, 스포츠과학 정보의 입수, 스포츠과학 세미나 개최, 과학적 훈련과 선수 관리 등이었다.[3]

스포츠과학에 대한 인식이 제고되면서 대학부설 스포츠과학연구소들이 설립되었다. 1964년 4월 경희대 체육과학연

---

3 대한체육회, 『대한체육회70년사』, 457쪽.

구소가 개설되었다. 같은 해 7월 연세대 스포츠과학연구소, 1965년 서울대 의과대학 국민체력과학연구소, 1966년 한양대 체육과학연구소, 1968년 고려대 행동과학연구소 등의 설립이 잇달았다.

6개년 훈련계획은 제5, 6회 아시안게임, 멕시코 올림픽, 도쿄 유니버시아드게임, 그리고 제6회 아시안게임의 서울 유치를 내다보며 세워진 것이었다. 그러나 서울 아시안게임 개최권을 반납하게 됨에 따라 한국 엘리트 스포츠 발전을 위한 장기종합계획에 차질이 빚어지기도 하였다.[4]

태릉선수촌의 건립은 엘리트 스포츠 발전의 획기적인 계기가 되었다. 1964년 1월 취임한 민관식 대한체육회장은 "합숙과 훈련이 한 곳에서 가능한 종합적인 선수촌 없이는 성공적인 경기력 향상이 불가능하다"는 인식 하에 박정희 대통령을 설득하여 1966년 6월 선수촌 개촌을 보게 되었다.[5] 연말에 이르러 220평 규모의 실내체육관도 완성되어 전천후 훈련이 가능하게 되었다.

선수촌의 시설이 계속 확충되었다. 국제수영장, 국제스케이트장, 테니스 케미컬 코트, 역도장, 실내아이스링크 등과

4 대한체육회, 『체육백서』, 213쪽.

5 『체육』, 1990년 1월호, 90쪽.

1966년 6월 태릉선수촌의 건립은 엘리트 스포츠가 발전하는 획기적인 계기였다. 집중 합숙 방식의 선수촌 훈련으로 선수들의 경기력 향상에 큰 도움이 되었다.

선수회관, 선수 숙소와 식당 등을 갖추게 되어 한국 체육 발전의 터전이 되었다.

한편 군 체육부대를 창설하였다. 장병들의 군 복무 기간을 국민체력 향상과 엘리트 스포츠 육성을 위한 한 과정으로 간주하였다. 부대 간 체육대회를 준비하면서 우수 선수를 발굴, 육성하는 등 차츰 체계적인 체육 훈련이 이루어졌다. 군 체육 조직은 국방부를 정점으로 하여 육·해·공군의 독자성이 유지되었다. 국방부 체육진흥담당관실이 군 체육의 조정 기능을 맡고 국제군인체육회 한국본부로서의 기능도 수행하였다.

3) 엘리트 스포츠 정책의 확립

체육 조직도 단계적으로 강화되었다. 1968년 3월 대한올림픽위원회, 대한학교체육회, 대한체육회를 사단법인 대한체육회로 통합하여 '경기 단체를 통할 지도하고 우수한 경기사를 양성하여 국위 선양을 노보'하노록 하였다.[6] 그리고 엘리트 스포츠 지원 체제를 확립하기 위하여 체육행정 기구가 확대되었다. 정부의 체육행정은 그때까지 문교부 사회교육국 내의 한 개 과가 담당하고 있었다. 이를 1970년 8월 체육국제국으로 확대 개편하면서 국민체육과와 학교체육과로 기능이 분화되었다.

대한체육회는 체육 현황과 진흥 방안을 마련하여 정부의 지원을 요청하고 문교부는 지원책을 강구하는 구도가 되었다. 이렇게 대한체육회가 아마추어 경기 단체의 통괄 지도, 우수 선수 양성, 코치 및 심판원의 육성, 각종 국내 경기 대회 개최, 국제경기 개최 및 참가, 국제회의 대표 파견, 훈련 시설의 관리와 운영을 맡게 되면서 엘리트 스포츠 정책의 입안과 추진을 위한 중추적인 기구가 되었다.

대한체육회는 1972년 체육진흥 5개년계획을 수립하였다.

---

[6] 대한체육회,『체육백서』, 78쪽.

첫째 세계 제패와 북한 제압이 가능한 종목을 우선으로 하고, 둘째 긍지와 투철한 사명감으로 선수들을 단련하며, 셋째 경기 지도자는 기술의 창안과 개발 및 지도에 전념할 수 있도록 하며, 넷째 스포츠 과학화를 철저히 실천하여 체력과 기술을 제고하고, 다섯째 선수와 지도자가 최대한 잠재력을 발휘할 수 있도록 여건을 조성한다는 방향을 제시하였다.

한편 엘리트 스포츠 진흥을 위한 법적 토대가 정비되었다. 1971년 1월 개정된 국민체육진흥법에서 국가와 지방자치단체 및 국영기업체가 우수 선수들을 고용하도록 규정하여 이들이 경기 생활을 지속할 수 있도록 하였다.[7]

그리고 엘리트 스포츠 진흥을 위한 재정적 기반을 확충할 수 있도록 체육진흥기금을 별도의 법인을 통해 설치, 운용할 수 있게 하였다. 기금 조성을 위한 국유 및 공유시설과 물품의 무상사용 및 대부 등을 가능하게 하였다. 이어 1972년 8월 국민체육진흥기금에 관한 법률이 제정되어 담배 포장지 광고에 의한 수입으로 엘리트 스포츠 진흥을 위한 재원을 마련할 수 있게 되었다.

같은 해 9월 '국민체육진흥기금의 관리법인과 그 기금의 설치 및 관리 운영에 관한 규정'이 대통령령으로 공포되었다.

---

[7] 한국법제연구원,『대한민국법률연혁집』13, 2004, 302-303쪽.

이에 따라 설립된 국민체육진흥재단이 체육 활동뿐만 아니라 체육 시설의 확장, 우수 선수의 발굴, 양성 및 장학, 체육 지도자의 양성 등의 사업을 지원하도록 하였다. 1974년 10월부터 대한체육회 회장이 재단이사장을 겸임하게 되어 대한체육회는 명실상부한 엘리트 스포츠 진흥을 위한 기구로 자리잡게 되었다. 국민체육진흥기금에 관한 법률은 1975년 개정되어 기금 조성의 방법이 국가의 출연금과 대통령령이 정하는 수입으로 확대되었다.

4) 체육학교와 국립체육대학

서울시는 1971년 우수한 국가대표선수를 육성하고 유능한 체육지도자를 양성할 목적으로 서울체육학교를 개설하였다. 동일계 진학이 가능하도록 중학교와 고등학교를 두었다. 정원은 360명으로 운동 종목별로 반을 나누었다. 선발 원칙은 전국을 대상으로 종목별로 전국 또는 시, 도 대회 입상자로서 체육단체 및 소속 학교장이 추천한 자 중에서 전형을 실시했다. 학생들은 전원 기숙사에 수용했으며 모든 비용은 서울시의 예산으로 충당하였다. 1973년에는 부산, 충남, 전북,

전남, 경북 등 5개도에서도 체육중학교가 설립되었으며 시·도 교육위원회가 재정 지원을 하도록 하였다.

스포츠 엘리트를 육성하기 위한 전문교육기관으로서 체육중·고등학교는 일반 학교에서 설치 운영되고 있던 운동부와는 그 성격이 달랐다. 일반 학교에서 대체로 육성을 기피하는 수영, 육상, 체조 등 낙후된 종목이나 국제무대에서 국위를 선양할 수 있는 유도, 역도, 레슬링, 복싱 등과 같은 전략 종목, 그리고 전통적으로 강세를 보여 지속적으로 육성해야 하는 양궁, 사격 등의 종목을 중점적으로 육성하였다.[8]

체육특기자제도의 도입도 우수 선수를 양성하기 위한 획기적인 조치였다. 1972년 제정된 교육법 시행령대통령령 제6377호에 따라 체육 기량이 우수한 선수를 학교 급별로 연계하여 육성할 수 있게 되었다. 체육특기자의 중·고등학교 및 대학 입학을 중앙교육평가원이 대한체육회가 제출한 자료를 기초로 심사하여 입학고사와 관계없이 허가할 수 있도록 하였다. 이렇게 체육특기자에 대하여 상급학교 진학에 관한 특례를 인정함으로써 학교 운동부를 활성화하고 선수들의 경기력을 지속적으로 향상시키고자 하였다.

---

[8] 이강우, 「한국 스포츠의 지배 이데올로기적 기능에 관한 연구」, 성균관대 박사학위논문, 1994, 148쪽.

한편 체육특기자에 대한 병역 특혜를 법제화하였다. '병역의무의 특례 규제에 관한 법률'을 제정하여 체육특기자들이 현역 복무 대신 체육 분야에서 5년간 종사하면 병역의무를 마칠 수 있도록 한 것이다. 기량이 우수한 선수의 학교 급별 육성 체제가 현역 복무로 인하여 지장을 받지 않도록 한다는 취지였다.

1977년 3월 국내 최초의 국립체육대학이 개교하였다. 4년제 정규대학으로 설치되었으며 정원 120명으로 출발한 학교는 모든 학생에 대해 입학금과 수업료를 면제하고 전원 기숙사에 입사하여 생활훈련을 받도록 하였다. 초대 학장으로 한양대 체육대학장으로 재직 중이던 유근석 박사가 취임하였다.

한국체육대학의 개교는 마침 서울체육고등학교 졸업생이 배출되는 시기와 일치하였다. 1971년 문을 열었던 체육중학교의 첫 졸업생이 배출된 1974년 체육고등학교가 개교하였고, 이제 체육대학이 설립되어 우수선수 및 체육지도자의 양성을 위한 국가적 교육 체제가 정비되었다.

한국체육대학은 개교 당시 도봉구 공릉동에 소재한 서울공대의 교사를 빌려 사용하였으나 1년 만에 태릉선수촌 옆 신교사로 이전하였다. 불과 8명의 교수진으로 출발하였으나 점차 교수진을 보강하여 진용을 갖추어 나갔다. 1977년 2학기부터 교직 과정을 설치하여 졸업생들의 진로를 열었다. 1979년 한국체육대학 논문집 창간호를 발간하여 체육학 발전의 기틀을 마련하였으며, 1980년 체육과학연구소를 설립하여 스포츠과학 분야의 학문적 기반 확충에 노력하였다.[9]

첫 졸업생이 나온 1981년 국가대표선수 및 상비군 63명이 배출되었으며 이후 계속 증가하면서 이 대학 출신이 국가대표선수의 약 30%를 차지하였다. 특히 1992년 바르셀로나 올림픽에서 재학생 38명, 졸업생 28명이 참가하여 금 7개, 은 1개, 동 1개를 획득하여 한국이 종합성적 7위금 12, 은 5, 동 5를 차지한 데 중심적 역할을 하였다.

5) 1986 아시안게임－1988 올림픽

한국은 1986 아시안게임과 1988 올림픽을 유치하여 엘리트 스포츠 발전에 박차를 가하게 된다. 정부 내 체육행정 조직이 확대되어 체육부가 신설되었으며 노태우 정무장관이 1982년 3월 초대 체육부장관으로 취임하였다. 노태우 장관

---

9 한국체육대학교, 『한국체육대학교20년사』, 1997, 30; 93쪽.

우리나라는 1986년 아시안게임과 1988년 올림픽을 잇따라 유치하며 국제 위상을 과시하였다. 사진은 1986년 서울 아시안게임 개막식 장면

의 다음 발언에서와 같이 '체육입국'이라는 구호는 정부의 적극적 자세를 대변하였다.

> '86 아시안게임, '88 올림픽 준비에 만전을 기하고 체육입국의 획기적 계기를 마련하기 위하여 체육부를 신설하게 되었다. 이를 위해 앞으로 우수 선수의 확보와 양성, 체육지도자의 양성, 체육의 과학화, 낙후된 체육시설의 확장, 대한체육회와 가맹 경기단체의 조직 강화, 학교 · 사회 · 군체육의 강화에 힘을 쓸 것이다.[10]

[10] 정홍진, 『5공의 체육정책 공과』, 동아일보사, 1993, 2쪽.

우리나라는 서울올림픽대회를 성공적으로 개최한 것은 물론 종합순위 4위를 차지하며 스포츠 강국의 면모를 전 세계에 과시했다.

체육부는 1982년 6월, 아시안게임과 올림픽에 대비하여 전국의 10~19세 남녀 600만 명을 대상으로 한 신인 선수 발굴 및 육성 계획을 발표하였다. 이에 따라 초 · 중 · 고교생 중 최종적으로 4,359명이 선발되었다. 이들 꿈나무들은 동 · 하계 방학 기간 중 합숙훈련을 통해 정예화 과정을 밟았으며, 우수 인재의 지속적 발굴을 위해 매년 두 차례 추가 선발하였다. 우수 선수의 육성책으로 선발된 유망주의 해당 종목 육성지정교 체육 중 · 고 · 대학교 포함로의 전학, 체육특기자에 대한 장학금 혜택 부여 등도 포함하였다.

1982년 12월 국민체육진흥법을 개정하여 우수 선수에 대한 재정 지원 범위를 확대하였다. 그때까지 선수에 한하여 표창, 고용, 생활보조 등의 보호 · 육성 조치를 취하도록 한 것을 경기지도자 등에게도 혜택이 돌아가도록 하였고, 올림픽에서 입상한 선수에 제한했던 은퇴 시 생활비 보조금 지급을 세계선수권대회, 아시안게임, 유니버시아드대회 및 기타 공인대회 입상자와 그 지도자로 확대하였다. 또 국민체육진흥기금법을 이 법에 포함하고 그 재원도 운동장 입장료에 대한 부가 모금으로 확대하였다. 또한 국민체육진흥기금을 서울아시안게임, 서울올림픽게임 기금에 출연할 수 있도록 하는 동시에 사단법인 대한체육회 및 재단법인 국민체육진흥재단을 특수법인으로 하여 이를 국가가 적극 지원하도록 하였다.

체육부가 신설된 1982년부터 체육학교 설립이 전국적으로 확산되었다. 경남체육고등학교, 충북체육고등학교, 충남체육고등학교, 강원체육고등학교 등이 설립되었다.[11] 체육중 · 고등학교는 특히 비인기 종목의 우수 선수를 육성하는 요람이 되어 엘리트 스포츠 육성의 견인차 역할을 하였다.

한편 군체육을 활성화하기 위해 국군체육부대를 창설하였

---

[11] 체육청소년부, 『체육청소년행정10년사』, 1992, 251쪽.

다. 첫째 '86 아시안게임과 '88 올림픽에 대비하여 체육 발전에 기여하고, 둘째 군 복무 우수선수를 발굴하여 집중 지도하며, 셋째 사격 등 군 특성에 부합되는 종목을 중점 관리하고, 넷째 군체육 및 장병들의 체력 향상을 도모하며, 다섯째 군 · 관 · 민 체육 유대를 강화하는 데 목적을 두었다. 국군체육부대는 각종 국내외 경기대회뿐 아니라 국제군인체육대회 등에 지속적으로 참가하여 군사외교의 일익을 담당하였다. 국군체육부대 상무팀은 '86 아시안게임에서 한국이 차지한 금메달 93개 중 15개를 획득하였고 '88 서울올림픽에선 한국의 금메달 12개 가운데 3개를 차지하였다.

'86 아시안게임과 '88 올림픽을 앞두고 스포츠과학이 진흥기를 맞았다. 먼저 대한체육회는 스포츠과학위원회를 확대 개편하여 1980년 12월 태릉선수촌 내에 스포츠과학연구소를 개설하였다. 연구소는 연구 · 개발, 교육 및 현장적용 등 세 분야로 나누어 활동을 펼치며 국가대표선수와 상비군선수에 대한 과학적 지원에 크게 기여하였다.

'88 올림픽 후에는 이 연구소가 대한체육회로부터 분리되어 재단법인 한국체육과학연구원으로 발전하게 된다. 독립법인으로서의 지위를 확보하면서 연구 기능을 확대할 수 있는 새로운 계기가 되었다. 한편 1980년대 중 무려 22개의 대학부설 스포츠과학연구소가 설립되었다. 이들은 선수들의 체력과 기술 향상을 위한 과학적 연구를 선도하면서 체육 관련 연구인력 양성에 공헌하였다.

6) 스포츠와 시장경제

'88 올림픽 후 엘리트 스포츠 위주의 정책에 대한 반성과 함께 생활체육에 대한 국민적 관심이 제고되었다. 그러나 스포츠 내셔널리즘은 세계적으로 일반화된 현상이며, 특히 한국 외교가 그 지평을 넓혀나가는 시기에 스포츠를 통한 국위 선양의 목표는 여전이 중요하였다. 정부는 국민의 체육활동에 대한 의욕을 고취하는 동시에 체육강국의 위치를 견지하고자 하였다. 이와 같은 정책기조는 1991년 제7차 경제사회발전 5개년계획에 포함된 엘리트 스포츠 발전을 위한 종합대책에서 읽을 수 있다.[12]

김영삼 정부가 들어서며 체육정책의 새로운 방향을 모색하였다. 당시 신자유주의라는 세계적 조류에 호응한다는 취지로 정부기구가 축소되면서 체육청소년부가 문화체육부

---

[12] 체육청소년부, 『제7차경제사회개발5개년계획-체육부문계획(1992-1996)』, 19쪽.

로 통합 · 개편되었다. 기존 체육청소년부 조직이 일부 축소되었어도 기본적인 업무 영역은 보장되었다. 그러다가 1994년 12월 체육지원국이 폐지됨으로써 엘리트 스포츠 정책 기능이 부실해졌다. 이러한 행정기구의 축소는 1993년 7월 정부가 내놓은 '체육단체의 자율성 제고'라는 정책기조 하에 이루어졌다. 이같은 조치는 엘리트 스포츠에 대한 국가 지원의 축소를 선언한 동시에 이 분야의 발전을 민간의 자율에 맡긴다는 취지에서 나왔다.

그러나 정부는 세계 10위 이내의 경기력을 유지한다는 엘리트 스포츠 육성 목표를 버리지는 않았다. 세계화 시대의 국제사회에서 엘리트 스포츠는 국가 홍보, 국민 사기 진작과 일체감 조성을 위해 여전히 중요했기 때문이다. 그러나 엘리트 스포츠의 근간이라고 할 수 있는 우수 선수 육성을 민간 자본에 크게 의존하면서 정부의 체육예산 규모가 줄고 국민들의 관심과 체육인들의 사기가 저하되었다.

1998년에 이르러 체육행정기구는 더욱 축소되었다. 문화체육부가 문화관광부로 개편되어 체육이 정부정책의 대상에서 제외된 듯하였다. 게다가 엘리트 스포츠 담당 부서인 지원육성과는 체육시설과와 합쳐졌다. 이로서 체육 담당 부서는 1국 4과로 축소되었으며, 이마저도 1999년 5월 체육지원과와 생활체육과가 체육진흥과로 통합되어 1국 3과 40명의 조직으로 축소되었다.

이와 같은 변화는 엘리트 스포츠를 민간자본을 동원하여 활성화한다는 정책과 궤를 같이 하였다. 경기지도자 양성을 위한 국고 지원의 비중을 10% 정도로 줄이고 나머지는 민간자본에 의존하고자 하였다. 2002 월드컵축구대회에 내비하여 조직된 청소년상비군의 운영을 위해서도 총투자금의 50%를 민간자본에서 마련하고자 하였다.[13] 월드컵대회 경기장 건설이나 대회 운영비 대부분을 지방비와 민자로 해결하고자 하였듯이[14] 시장경제주의가 엘리트 스포츠 정책의 새로운 대세를 이루는 듯하였다.

[13] 문화관광부,『국민체육진흥5개년계획』, 1998, 222쪽.

[14] 위의 책, 274쪽.

2. 북한의 엘리트 스포츠 정책

1) 체육 대중화 노선과 엘리트 스포츠

북한은 정권 초기에 체육대중화를 기본 정책으로 삼았기에 엘리트 스포츠에는 다소 소극적이었다. 그러나 국제 경기대회 참가를 통하여 국위를 선양할 수 있다는 스포츠내셔널리즘적 인식이 없었던 것은 아니다. 점차 주민 보건의 향상과 체제 선전의 목적을 동시에 이루고자 체육 대중화 노선과 엘리트 스포츠 양성 정책을 배합하게 된다. 다음 로동신문 기사에 이런 정책 방향이 나타났다.

> 인민체력검정과 인민보건체조가 광범한 군중들 속에서 그들의 문화적 생활의 중요 부분의 하나로 되고 있으며 ... 각종 체육경기들에서 우리의 체육인들은 일부 경기종목에서 선진 국가들의 기술수준에까지 도달하였으며 전반적 종목에서 그를 따라가고 있다. 특히 수차에 걸쳐 우리 체육대표단은 국제무대에서 우리의 발전 향상되고 있는 체육문화와 스포츠의 기술적 성과를 과시하였으며 ... 이러한 일련의 제 성과들

> 은 곧 인민들의 물질문화수준의 향상과 복리 증진을 자기의 최고 지침으로 삼고 있는 우리 당과 공화국 정부의 인민적 시책의 결과이며 우리나라 인민민주주의 제도의 우월성과 그의 위력을 말해주는 또 하나의 명백한 표시로 된다.[15]

이후 전문체육선수를 본격적으로 양성하기 위하여 1958년 3월 내각 결정 '체육 및 스포츠 보급과 체육간부 양성사업을 개선할 것에 대하여'가 채택되었다. 이 결정에서 선수 육성을 위해 스포츠구락부를 청소년스포츠학교로 개편하기로 함에 따라 1959-1960년간에 걸쳐 중요 생산 및 건설 직장과 시 소재지 등에 200개의 학교가 세워졌다. 이들 청소년스포츠 학교는 이후 최대의 선수 선발 및 육성 기관으로 자리 잡게 된다. 또한 평양사범대학 체육학과와 신의주교원대학 체육과를 통합한 평양체육대학을 설립하여 체육지도자 양성을 위한 교육체제도 정비하였다.

우수 선수 양성과 체계적 훈련을 위하여 1959년 4월말까지 각 전문학교와 대학, 기업소, 노동협동조합 등에 체조, 육상, 수영, 사격, 축구, 농구, 배구 등 주요 경기 종목 선수단을 조직토록 하였다. 1962년에는 국가대표선수를 훈련시키는

[15] 로동신문, 1956. 4. 1.

국가종합선수단이 세워졌다.[16] 스포츠의 과학화를 위한 지침도 제시되었다. 이에 따라 1959년 4월 중앙체육의료소가, 6월에는 체육과학연구소가 설치되었다.

한편 우수 체육인을 대우하는 제도를 마련하였다. 1954년 8월 '체육명수' 칭호가, 이후 1960년 11월 '공훈체육인' 칭호가 제정되었다. 공훈체육인은 1966년 제정된 '인민체육인' 다음가는 명예칭호로서 1년에 2회 이상 신기록을 세우거나 각종 국제대회에서 우수한 성과를 낸 선수, 아시안게임 우승자 등에 수여하였다. 이들에게는 은퇴 시 일정액의 연금도 지급한다.

2) 스포츠 외교에 대한 인식 변화

북한은 1952년 헬싱키올림픽 이후 스포츠 외교의 중요성을 인식하여 올림픽 출전 방안을 모색하였다. 1955년 동독이 동서독 단일팀 구성을 조건으로 IOC에 가입한 사례를 보고 이듬해 열린 조선로동당대회에서 남북 체육 교류 문제를 거론하였다. 그러다가 1962년 모스크바에서 열린 제59차 국제

---

[16] 로동신문, 1962. 11. 4.

올림픽위원회 총회에서 1964년 도쿄올림픽에 남북한이 단일팀으로 출전한다는 조건하에 IOC 가입을 승인받았다.

IOC 가입과 올림픽 참가 가능성이 높아지면서 출전 종목을 중점 육성하는 엘리트 스포츠 정책이 마련되었다. 1970년대에 들어와 1972 뮌헨올림픽의 성과에 고무되어 '체육의 왕국'이라는 구호를 내걸고 엘리트 스포츠 정책을 강화하였나. 이에 따라 1974년 3만 석 규모의 경기장을 비롯하여 수영장과 야구장, 정구장, 실내체육관 등을 구비한 남포체육촌을 세워 국가대표 훈련장으로 활용하기에 이르렀다. 주체사상이 체계화되면서 체육 활동이 주체사상과 연계되고, 훈련에서 사상전 · 속도전 · 기술전 · 투지전을 통한 기술향상을 강조한 것도 이 무렵의 일이었다.

3) 외교 다변화와 스포츠 교류

1980년대는 북한이 대외정책에서 다변화를 시도한 시기이다. 그런 만큼 체육정책에서도 국제교류의 확대를 강조하였다. 1980년 김일성의 후계자로 공식 지명된 김정일은 체육 부문 간부들을 대상으로 다음과 같은 정책 방향을 제시하였다.

조국의 영예를 빛내며 세계 여러 나라들과의 친선관계를 발전시키기 위해서도 체육사업을 발전시켜야 합니다. 오늘 국제적으로 체육에 대한 관심이 높아지고 세계적 범위에서 체육활동과 체육교류가 널리 진행되고 있습니다. 이런 조건에서 우리의 체육인들이 국제경기에 많이 나가 우수한 성과를 이룩하고 공화국 기발을 휘날리면 조국의 영예와 민족의 슬기를 세계에 떨칠 수 있습니다. 체육기술을 발전시켜 체육교류를 널리 하면 세계 여러 나라들과의 친선관계를 발전시키는 데도 이바지할 수 있습니다.[17]

김정일은 체육 수준 향상을 위한 세부적이며 구체적인 방안도 논의하였다. 체육기술을 국제적 수준으로 끌어올리기 위한 단계별 계획을 수립하고 이에 따라 체육과학 연구를 진행시킬 것을 지시하였다. 스포츠의학 분야에서도 의학의 최신 성과를 수렴할 것을 주문하면서 이를 위한 인적 자원의 확보 방안도 언급하였다. 체육과학연구소와 체육과학도서관 등 연구지원시설의 정비도 요구하였다.

이와 같은 지침에 따라 체육과학연구소는 축구 · 배구 등의 구기 종목, 육상 · 수영 등의 기록 종목, 레슬링 및 유도와

[17] 「체육을 대중화하며 체육기술을 빨리 발전시킬 데 대하여」, 『김정일선집』 8, 402쪽.

같은 중경기 종목별로 전담부서를 두고 과학적 훈련기법과 기술개발에 힘썼다. 아울러 학교 및 군중 체육의 과학적 발전과 체육교육을 위한 각종 교재도 개발하였다.[18] 또 20여 개의 대학부설 연구소와 연계하여 정보를 교환하였다. 세계 체육의 발전상을 보여주는 과학영화를 촬영, 편집하여 각 선수단과 교육기관에서 활용토록 하였다.[19]

이 같은 스포츠 과학에 대한 연구 투자는 일정한 성과를 이룬 것으로 보인다. 1999년 제7회 세계육상선수권대회 마라톤 경기에서 북한의 정성옥 선수가 우승하였는데, 로동신문은 이를 체육과학연구소의 성과라고 소개하였다.[20]

체육 지도자 및 간부 양성 과정도 과학화하고자 하였다. 중앙체육간부양성소에서는 체육 선수단과 체육 구락부의 종목별 훈련지도원들에게 종목별 기술 발전 추세를 반영하는 과학기술적 지식도 교육하였다. 1988년 1월 이 양성소는 중앙체육간부학교로 개편되었으며 체육 간부들의 외국어 교육도 담당하고 있다.

북한 엘리트 스포츠의 국제화 정책은 1990년대에 들어서

---

18 로동신문, 1989. 3. 20; 1989. 3. 22.

19 로동신문, 1989. 3. 20; 1990. 3. 27.

20 로동신문, 2001. 3. 13.

1999년 第7회 세계육상선수권대회에서 북한의 정성옥 선수가 마라톤 우승을 차지했다. 북한은 이를 기념하여 우표를 발행했다.

도 유지되었다. 그러나 동유럽 사회주의 국가들의 체제 변환, 김일성의 사망1994, 경제난 등으로 개방화 노선은 위축될 수밖에 없었다. 그러나 한정된 자원에도 불구하고 변화하는 여건에 적응하고자 노력하였다. 농구와 권투 등 일부 종목에서는 프로화가 진행되는 등 새로운 변화를 모색하였다. 국제대회에 적극 참가하며 남측과의 친선경기에도 적극적으로 나섰다.

제4장

남북한 체제 경쟁과 체육회담

1. 국제무대에서의 체제 경쟁

유엔총회의 결의에 따라 한반도에서 최초의 총선거가 38선 이남에서 실시되고 그 결과 대한민국 정부가 탄생하였다. 이와 같은 새 정부 출범의 과정은 대한민국이 정치적 정통성을 주장하는 근거가 되었다. 이런 배경에서 한국이 국제 외교무대에서 북한 정권에 비하여 상대적 우위에 서게 된다. 6·25 전쟁이 발발하였을 때 유엔이 북한을 '침략자'로 규정하여 북한의 외교적 열세는 더욱 굳어지게 되었다. 6·25 전쟁이 끝난 후에도 유엔은 한국을 정치적으로 지원하였다. 전쟁 와중에 조직된 유엔한국통일부흥위원단UN Commission for the Unification and Rehabilitation of Korea, UNCURK의 연례보고서가 매년 자동적으로 유엔총회에 올라가고 이에 대한 토의에는 북한은 배제된 채 한국 측 대표만이 발언할 수 있는 기회가 주어졌다. 서방이 유엔 무대에서 압도적인 우세를 유지하고 있어 한국에 대한 이 같은 지원이 가능하였다.

그러나 북한도 국제사회에서 자신의 정치적 실체를 인정받기 위하여 부단히 노력하였다. 1960년대 초부터 달라지기 시작한 국제 상황이 북한에게 기회를 제공하였다. 비동맹운동이 1955년의 반둥회의The Bandung Conference 이후 계속 성장하여 국제무대에서 새로운 세력으로 등장한 것이 유엔 무대에서의 남북한의 상대적 위상에도 영향을 미쳤다. 신생 독립국들이 대거 유엔 회원국이 되고, 북한 외교가 공산권에만 의존하던 상황을 벗어나 이들 비동맹권에도 접근해 가면서 남북한 간 외교 경쟁이 새로운 양상을 띠게 되었다. 1958년 9월, 북한이 알제리아와 외교관계를 개설한 것은 이러한 변화의 한 이정표로 기록되고 있다.

남북한 간 외교경쟁의 주 무대는 유엔이었다. 북한은 비동맹권 국가들과의 외교관계를 넓혀 나가며 유엔총회에서의 한반도 관련 토의에서 외교적 열세를 만회할 수 있는 여건을 조성하고자 하였다. 비동맹운동에 동조하는 유엔 회원국이 대폭 늘어나면서 서방 측은 1966년에 이르러 매년 한반도 통일문제에 관한 토의에서 한국 측을 전폭적으로 지지하는 결의안을 통과시키던 관례를 재고하게 된다. 비동맹권의 다수를 이루고 있는 소위 제3세계 국가들에게는 동서 진영 간의 갈등, 그리고 남북한 간의 외교적 경쟁은 주요 관심사가 아니었다. 이들이 국제사회에서 이루고자 한 것은 선후진국 간의 경제 불균형 해소였다.

동서 해빙의 기운 속에 유엔 무대에서의 남북한 간 외교

경쟁이 복잡 미묘하게 되었다. 1971년 대만이 유엔에서 축출되고 중화인민공화국이 중국 대표권을 행사하게 되면서 유엔안전보장이사회의 상임이사국 지위를 얻었다. 미국이 중국에 대한 봉쇄정책을 버리고 상호 조정을 통하여 동아시아 안보질서의 안정을 도모하는 정책으로 선회함에 따라 남북한 당국자 간의 정치적 접촉도 이루어지게 되었다.

국제환경이 변화하는 가운데 박정희 대통령은 1970년 8월 15일 광복절 경축사에서 북한이 유엔의 권능을 인정한다면 유엔의 한반도 문제 토의에 참여하는 것을 반대하지 않는다는 입장을 밝혔다. '긴장완화'와 '평화공존'의 개념을 도입하여 남북한 관계를 논의하였다. 닉슨 대통령의 중국 방문 계획이 1971년 7월 발표된 이후 대한적십자사는 북측에게 남

1972년 7월 4일 남과 북은 분단 이후 최초로 공동 성명을 발표했다. 자주, 평화, 민족 대단결이라는 통일의 기본 원칙을 담았다.

북한 이산가족 문제를 비정치적, 인도적 차원에서 협의할 것을 제의하였다. 이에 북한이 응하여 양측 간의 협상이 8월 20일 분단 이후 처음으로 판문점에서 열렸다. 적십자회담이 진행되는 가운데 보다 정치적 성격의 남북한 비밀 접촉이 이루어져 1972년 7 · 4 공동성명이 나왔다.

공동성명에서 양측은 사상과 이념, 제도의 차이를 초월하여 민족 대단결을 도모할 것이며, 긴장을 완화하고 신뢰를 조성하기 위해 중상 · 비방, 무력 도발을 하지 않을 것이며, 상호 이해를 증진하고 통일을 촉진시키기 위해 다방면에서 교류를 추진할 것이라고 선언하였다. 그러나 이 공동성명을 통하여 남북 관계의 본질이 변했다기보다는 계속돼온 경쟁관계의 양상이 달라졌다고 보는 것이 옳을 것이다. 남측은 현존하는 안보 질서를 유지하면서 경제, 문화, 인도적인 분야에서 점진적으로 남북 관계를 개선해 나갈 수 있는 가능성을 모색하고자 하였다. 반면 북한은 그 본래의 '통일전선' 전략을 펼칠 수 있는 기회로 변화하는 내외의 여건을 활용하고자 하였다. 이와 같은 입장의 차이는 공동성명 이후 열린 남북조절위원회 회의에서 여실히 드러났다.

1970년대 초반의 동서해빙 분위기 속에서 북한은 자신의 외교경로를 다변화하기 위해 힘을 쏟았다. 1973년 북유럽 5

개국을 포함한 유럽 국가들과 외교관계를 수립한 것은 국제 여건과 북한 외교의 변화를 단적으로 보여준 것이었다. 북한과 외교관계를 수립한 나라가 1970년 33개국이었던 것이 1975년엔 88개국으로 늘었다. 북한은 국제기구들에도 적극적으로 접근하여 1973년 세계보건기구World Health Organization, WHO에 가입하면서 유엔에 상주 대표부를 개설할 수 있게 되었다. 북한은 이후 2년간에 걸쳐 5개의 유엔 전문기구, 4개의 정부 간 기구에 가입하였다.

중국이 유엔안전보장이사회의 상임이사국이 된 이후 한국과 서방측은 친북한 세력과 타협을 이루어 유엔에서의 한반도 문제에 대한 토의를 연기할 것에 합의하였다. 1971년 중반 이후 남북한 간 직접 접촉이 이루어지며 유엔 무대에서의 남북한 대결이 그 명분을 잃어가고 있었다. 유엔 총회에서의 표 대결은 1974년 재개되었으나 그 결과는 유엔에서의 한반도 문제에 대한 토론이 한계에 이른 것을 보여주었다. 그 어느 쪽도 상대방을 압도하며 절대적인 국제사회의 지지를 얻을 수 없었다. 유엔총회에서의 표결 경합을 거듭한다는 것이 남북한 양쪽에게 모두 외교적 부담을 지우는 비생산적인 것임을 인식하고 1976년부터 이와 같은 경쟁을 지양하게 된다.

2. 체제 경쟁 시기의 남북체육회담

1) 북한의 IOC 가입을 위한 전술

남북한 간 체육 관련 접촉과 회담은 남북 경쟁 관계의 성격을 반영하였다. 남측은 국제무대에서의 상대적 우위를 유지하고자 하였고 북측은 열세를 만회하는 노력의 일환으로 국제 스포츠 무대에서 그 존재를 나타내고자 애썼다.

1947년 스웨덴 스톡홀름에서 열린 국제올림픽위원회IOC 총회에서 남측이 한반도를 대변하는 IOC 회원 자격을 획득하였다. 이에 따라 IOC의 '1국가-1올림픽위원회' 원칙에 따라 북한은 IOC 가입과 독자적인 올림픽대회 참가가 불가능해졌다. 1952년 헬싱키올림픽대회 이후 북한은 스포츠외교의 중요성을 인식하고 소련 등 공산권 국가들의 지원 하에 IOC에 가입할 수 있는 방도를 모색하였다.[1]

IOC는 독일에도 '1국가-1올림픽위원회' 원칙을 적용하여 동서독의 올림픽 단일팀 구성을 조건으로 동독의 IOC 가입

---

[1] 박주한, 「남북한 스포츠 교류의 사적 고찰과 전망」, 한국체육대 박사학위논문, 1997, 16쪽.

을 승인하였다. 이와 같은 전례를 보며 북한도 IOC 가입 신청을 위한 명분을 쌓기 위해 대남 체육 교류를 제의하였다. 1956년 조선노동당대회에서 남북 체육 교류에 대해 언급하였으며,[2] 10월에는 평양의학대학 학생들이 서울대학교 학생들에게 과학 · 문화 · 체육 분야의 교류를 제의하였다.[3] 같은 해 호주 멜버른에서 개최된 IOC 총회에 가입신청서를 냈으나 부결되었다.

이후 북한은 여러 국제 체육 기구에 가입하는 등 IOC 회원국이 되기 위한 사전 준비에 박차를 가하였다. 결국 1957년 불가리아 소피아에서 열린 IOC 총회에서 북한올림픽위원회가 그 활동 범위를 북한 지역에 국한하며 올림픽대회 참가는 대한올림픽위원회의 일원으로서만 가능하다는 조건 하에 IOC 회원이 되었다.[4]

따라서 북한은 올림픽 단일팀 구성을 위한 남북회담을 제의할 수밖에 없었다. 1957년 6월, 1960 로마 올림픽에 참가할 남북 단일팀 구성을 위한 회담을 남측에 제의하였다.[5] 이어 1959년 5월 뮌헨에서 열린 IOC 총회에서 로마 올림픽대

[2] 대한올림픽위원회, 『남북체육교류 자료집』, 1992, 5쪽.
[3] 조남훈, 『조선체육사』 2, 금성청년출판사, 1992, 178쪽.
[4] 박주한, 앞의 논문, 17쪽.
[5] 로동신문, 1967. 6. 11.

회 남북 단일팀 참가를 결의함에 따라, 북한은 7월 4일자 서한을 남측에 보내어 8월 홍콩에서 남북회담을 열자고 제의하였다.[6] 북한올림픽위원회 산하의 각종 경기 단체들은 남측의 해당 경기 단체들에게 올림픽 단일팀 구성을 위한 종목별 협회의 노력을 기대한다는 서한을 보내기도 하였다.[7] 그러나 남측은 이러한 북한의 제의를 정치 공세의 일환으로 보고 대응하지 않았다.

북한은 로마 올림픽 참가가 무산된 이후 1962년 6월 소련에서 열린 IOC 총회에서도 다음 올림픽 참가를 가능하게 할 명분 쌓기에 진력하였다. 이 회의에서 공산권 국가들의 지원을 받으며 1964년 도쿄 올림픽대회에 남북한이 단일팀으로 참가하되 이것이 불가능하게 될 경우 개별 팀으로 참가할 수 있다는 조건부 승인을 얻어냈다.[8] 대한올림픽위원회도 국제 여론을 의식하여 다음 올림픽에 남북한이 단일팀을 구성하여 참가할 것을 권고하는 IOC의 결정에 동의하였다. 하지만 북한을 직접 상대하지 않고 IOC 본부를 통해서만 접촉한다는 입장을 밝혔다.[9]

---

6 조남훈, 앞의 책, 179쪽.

7 로동신문, 1958, 12. 21 ; 1958. 12. 24.

8 조남훈, 앞의 책, 237쪽.

9 대한올림픽위원회, 앞의 책, 4쪽.

남북한은 1963년 IOC의 중재로 최초의 체육회담을 가졌다. 올림픽 단일팀 구성 등을 놓고 6개월 동안 세 차례 회담을 가졌으나 성과를 얻지는 못했다.

마침내 남북한은 IOC의 중재로 1963년 1월 24일 스위스 로잔 IOC 본부에서 최초의 체육회담을 가졌다. 남측 수석대표는 김진구 대한체육회 이사, 북측 수석대표는 김용황 조선올림픽위원회 부위원장이었다. 제1차 회담에서 양측은 단일팀 구성 원칙에 동의하였으며 단기올림픽 마크 아래 'KOREA' 표기, 단가아리랑, 선수 선발 원칙 등에 합의하였다. 제2차 회담은 1963년 5월 17일부터 6월 1일까지 홍콩에서 진행되었다. 이 회담의 남측 수석대표는 정상윤 대한올림픽위원회 위원, 북측 수석대표는 김기수 조선올림픽위원회 부위원장 겸 조선체육지도위원회 부위원장이었다. 무려 14차례의 본회의 및 2차례의 연락대표 접촉의 결과 다음과 같은 내용에 합의하였다.

첫째 올림픽대회 전 종목에 걸쳐 선발전을 실시한다. 둘째 선발전은 각 경기 단체의 합의에 따라 쌍방 올림픽위원장의 승인을 받으며, 이를 위해 쌍방의 각종 경기 단체는 조속한 시일 내에 접촉한다. 셋째 선발 경기에 사용할 기구는 도쿄 올림픽대회 규격에 맞거나 국제경기연맹이 공인한 것을 사용한다. 넷째 심판은 제3국의 심판이 맡되 국제경기연맹에 배정을 의뢰한다. 다섯째 소요 경비는 각 측이 부담한다. 여섯째 합의사항은 1963년 6월 30일까지 쌍방 올림픽위원회 위원장의 승인을 거쳐 발표한다.[10]

3차 회담은 7월 26일 홍콩에서 열렸으나 1, 2차 회담 때의 미결 사항에 대한 양측의 입장을 좁히지 못하였다. 특히 북측은 2차 회담 후 귀환 보고를 하면서 남측에 대한 비방 · 중상 선전전을 펼쳤다. 이에 대해 남측은 북측에 공개 사과를 요구하였으며, 북측이 이를 거부함으로써 회담이 결렬되고 말았다.[11]

결국 회담의 공식적 목표였던 남북 단일팀 구성은 이루어지지 않았고, 북한은 남북 단일팀 구성이 불가능할 경우 개별 팀으로 참가할 수 있다는 1962 모스크바 IOC 총회의 결정

[10] 대한올림픽위원회, 『남북체육교류 자료집』, 1992, 4-9쪽.

[11] 대한체육회, 『대한체육회 70년사』, 1990, 397-398쪽.

에 따라 독자적으로 1964 도쿄 올림픽에 참가할 수 있게 되었다. 도쿄 올림픽 참가 자격을 얻으며 1963년 10월 서독에서 열린 IOC 총회에서 정식 회원국으로 승인되었다.[12] 북한의 끈질긴 명분 쌓기가 성과를 낸 것이었다.

2) 회담의 명분과 실제

1972년 7 · 4 공동성명이 발표되고 며칠 후 북한은 오현주 올림픽위원회 위원장 명의로 남북한 간의 체육 공동 발전, 남북 체육 교류, 올림픽과 세계선수권대회 단일팀 구성 방안 등을 협의하기 위한 만남을 제의하였다.[13] 이후 1972년 9월 올림픽이 열린 뮌헨에서 김택수 대한체육회장과 오현주 위원장이 만나 체육의 공동 발전과 체육 교류를 강화할 것에 합의하고 양측 간 협의를 위해 남북의 대표가 서울과 평양을 상호 방문하기로 하였다.[14]

그러나 7 · 4 공동성명 이후 열린 남북조절위원회도 남북

---

[12] 조선중앙통신사,『조선중앙연감』, 1964, 224쪽.

[13] 로동신문, 1972. 7. 11.

[14] 대한올림픽위원회, 앞의 책, 10쪽.

한의 입장이 상이하여 결실을 맺지 못하였듯이 체육회담도 별다른 성과 없이 중단되었다. 그러나 앞에서 언급하였듯이 7 · 4 공동선언을 전후한 한국 대북정책의 기본 방향은 북한과 경제 · 문화 · 인도적 분야에서 교류를 증진하며 관계 개선을 도모한다는 것이었다. 이는 당시 서방 국가들의 공산권 국가들에 대한 일반적 정책 방향과 궤를 같이하는 것이었다. 그리고 한국이 경제 발전을 이루며 북한에 대한 교류 제의도 활발해졌다.[15]

1976년 5월 김윤하 대한축구협회장은 방콕에서 김종협 북한선수단장과 만나 남북 축구 경기를 갖기 위해 북한 축구팀을 서울로 초청한다는 뜻을 전하였다. 북한 선수단의 서울 방문이 곤란하면 남측 대표팀이 평양을 방문할 수 있을 것이라고 하였다. 또 1978년 9월 박종규 대한사격협회장은 서울에서 열릴 세계사격선수권대회에 북한 선수단을 초청한다는 담화를 발표하였다. 그러나 이와 같은 제의가 실제의 만남으로 이어지진 못하였다.

1979년 4월 평양에서 열릴 제35회 세계탁구선수권대회를 2개월 앞두고 북한의 김유순 체육지도위원장과 김득준 탁구

15 정동성, 「남북한 체육교류의 종합기능에 관한 연구」, 경희대 박사학위논문, 1997, 97쪽.

1979년 4월 세계탁구선수권 대회를 앞두고 단일팀 구성 문제를 협의하기 위해 2월 27일 제1차 남북탁구회담이 판문점에서 열렸다.

협회장이 이 대회에 참가할 남북 단일팀 구성 문제를 협의하기 위해 2월 27일 판문점에서 회담을 갖자고 하였다. 대한체육회와 대한탁구협회는 비록 일정이 촉박하지만 북측의 제의를 받아들여 2월 27일부터 3월 12일까지 4차에 걸쳐 회담을 가졌다.

그러나 북측의 목표는 남측 선수단의 참가를 봉쇄하는 데 있는 듯하였다. 대한탁구협회는 세계탁구연맹의 회원으로 당연히 세계선수권대회의 참가 자격이 있었다. 그래서 판문점 회담에서 남측은 북측에게 참가 보장을 촉구하였으며, 이에 대응하여 북측은 단일팀 구성 원칙에 먼저 합의하자고 하였다. 대회 개막 20일을 남겨두고 단일팀 구성만을 고집하였

1984년 LA올림픽 남북한 단일팀 구성을 위한 체육회담이 세 차례에 걸쳐 열렸으나 성과 없이 끝났다. 사진은 4월 9일 첫 회담 장면

으니 한국 팀의 대회 참가를 무산시키기 위한 의도가 분명하였다. 결국 남측 선수단의 참가 보장을 명시하는 공동성명의 채택을 북측이 거부하면서 회담이 결렬되고, 남측 선수단은 대회에 참가하지 못하였다.[16]

이후 1979년 12월 북한은 이듬해에 열릴 모스크바 올림픽을 앞두고 남북 단일팀 구성을 위한 회담을 제의하였다.[17] 그러나 남측은 시간 제약과 기술적 문제 등을 들어 제의를 거부하였다. 1984년 3월엔 북한 김유순 올림픽위원장이 남측의 정주영 위원장에게 로스엔젤레스 올림픽에 참가할 남북

16 체육, 2000. 6 · 7월호; 대한체육회, 앞의 책, 14쪽.

17 로동신문, 1979. 12. 21.

단일팀 구성 문제를 협의하기 위한 회담을 제의하였다.[18] 남측이 제의를 받아들여 4월 9일부터 5월 25일까지 세 차례의 회담이 열렸으나 아무런 성과 없이 끝났다.[19] 당시 남북 관계는 아웅산 테러사건으로 극도로 긴장된 상태였으며, 북한은 국제사회에서 고립된 처지였다. 그럼에도 불구하고 남측은 회담에서 남북 단일팀 구성 문제뿐만 아니라 남북 체육 교류를 실현하는 문제도 다룰 것을 제의하였다.

북한을 포함한 공산권 국가들은 서방권의 모스크바 올림픽 보이콧에 대한 보복으로 1984년 5월 로스엔젤레스 올림픽 불참을 결정하였다.[20] 따라서 남북한 단일팀 구성 문제는 없던 문제가 되었다.

3) '88 올림픽을 앞둔 로잔 회담

다음 차례의 남북체육회담은 '88 서울올림픽을 앞두고 열렸다. 사마란치 IOC 위원장은 1985년 2월 남북한이 동의하

---

[18] 로동신문, 1984. 3. 31.

[19] 대한올림픽위원회, 앞의 책, 24-25쪽.

[20] 대한체육회, 앞의 책, 402쪽.

서울올림픽을 앞두고 북한은 남북한 공동개최를 주장하였다. 1985년 10월 8일, 스위스 로잔에서 열린 남북체육회담에 참석한 한국 측 장충식 차석대표(왼쪽에서 세 번째 좌석)

면 남북체육회담을 주재할 용의가 있다는 내용의 서한을 남북한에 보냈다. 남측은 3월, 이에 동의한다는 회신을 보냈으나 북측은 7월에 이르러서야 이를 수락한다는 회신을 보냈다.[21] 이렇게 하여 10월 8일 스위스 로잔에서 IOC 주재로 남북체육회담이 열렸다.

북한은 회담이 열리기 전부터 '88 올림픽의 남북한 공동개최를 주장하였다. 7월 30일 정준기 부총리 명의로 첫째 제24회 올림픽대회를 남북한이 공동 주최할 것, 둘째 대회 명칭을 '조선 평양 서울 올림픽경기대회'로 할 것, 셋째 경기를 서

[21] 박주한, 앞의 논문, 52쪽.

울과 평양에서 절반씩 하며 남북이 단일팀으로 참가할 것을 제의하였다.[22] 이에 대해 사마란치 위원장은 8월 25일자 성명을 통해 IOC 헌장에 따라 북한이 주장하는 공동 개최는 불가능하다고 밝혔다. 그러면서 일부 종목의 북한 지역 내 분산 개최가 가능할지에 대해 서울의 올림픽조직위원회와 협의해 보겠다고 하였다.[23]

로잔 회담에는 IOC 측에서 사마란치 위원장 외 5명, 한국 측은 김종하 수석대표, 장충식 차석대표 외 4명, 북한 측은 김유순 단장 외 5명이 참석하였다.[24] 회담이 열리자 협상은 대회와 경기 종목을 남북이 절반씩 진행하는 문제, 남북 단일팀 문제, 경기 명칭 문제, 텔레비전 방영권 문제, 남북 자유왕래 문제 등에 집중되었다.[25]

북한은 처음엔 전 종목의 반을 분산 개최할 것을 요구하다가 나중에는 5개의 완전 경기 종목과 1개의 불완전 경기 종목 등 6개 종목의 개최를 제의하였다. 한편 북한은 한국의 올림픽 유치에 대한 흑색선전을 펼치는 등 정치적 공세를 계속

---

22 로동신문, 1985. 7. 31.

23 대한체육회, 앞의 책, 403쪽.

24 대한올림픽위원회, 『남북체육교류자료집』, 36-45쪽.

25 대한올림픽위원회, 『로잔남북체육회담백서』, 85-88쪽.

1988년 제24회 서울올림픽 개막식 공식행사. 북한은 올림픽 분산 개최를 주장하는 등 무리한 주장을 계속하다가 결국 대회에 불참했다.

하였다.[26] 사실 북한은 올림픽을 분산 개최할 의지가 없었다. 북한 체제의 성격 상 전 세계의 선수단과 언론이 일거에 북한으로 들어가는 초대형 국제 행사를 감당할 수 없었던 것이다.

북한으로서는 서울 올림픽에 중국, 소련 및 동구권 국가들이 대거 참가하는 것이 불안하였고, 한국 체육 외교의 성과를 바라보고만 있을 수 없었다. 자신의 정치적 존재감을 내세우기 위하여 실현할 수 없는 공동 개최를 요구하였다. 북

[26] 로동신문 1986. 4.7 ; 1986. 6. 22.

한의 무리한 주장에 대하여 국제 여론도 긍정적일 수 없었다. 자신의 요구가 통하지 않자 북한은 결국 1988년 1월 서울 올림픽 불참을 선언하였다. 한국은 서울올림픽조직위원회를 중심으로 대회를 준비해 나갔다.

제2차 남북체육회담(1989.3.28, 판문점 평화의 집)

제3차 남북체육회담(1989.10.20, 판문점 평화의 집)

제4차 남북체육회담(1989.11.16, 통일각)

제6차 남북체육회담(1989.11.24, 판문점 평화의 집)

제5장

동서독의 체육 교류 사례

1. 분단에서 통일까지

1) 독일의 분단

나치 독일의 무조건 항복으로 승전국인 미국, 소련, 영국 및 프랑스가 1945년 6월 5일 독일의 통치권을 인수하였다. 같은 해 7월 중순부터 8월초에 걸쳐 열린 포츠담회담에서 트루먼, 스탈린, 처칠은 독일을 미국, 소련, 영국, 프랑스 등 4개국의 점령 지역으로 나누어 관리하기로 합의하였다. 독일의 미래에 대해서는 승전국의 '연합관리위원회'가 결정할 것이라고 하였다. 독일의 '민주화, 무장해제, 탈나치화, 정치·경제의 탈중앙집권화' 등 4가지 목표에도 합의하였다.

그러나 동서 진영 간의 이념적 대립으로 독일 땅에 서로 이질적인 두 정치체제가 들어서게 된다. 서방의 지원을 받는 독일연방공화국Bundesrepublik Deutschland, BRD, 즉 서독과 소련군의 점령 하에 공산권으로 편입된 독일민주공화국Deutsche Demokratische Republik, DDR, 즉 동독으로 분단된 것이다. 서독은 의회민주주의와 시장경제 체제가, 동독은 공산당 1당 독재와 중앙계획경제 체제가 자리 잡아 갔다.

이렇게 두 개의 정치체제가 고착화되고 있었으나 독일의 분단이 인위적이었다는 것은 부인할 수 없는 사실이었다. 어떻게 독일의 재통일을 이룰 것인가라는 문제가 대두되었다. 스탈린은 1952년 3월 빠른 시일 안에 평화조약을 체결하고, 1년 이내에 점령군이 독일에서 철수한 후, 독일이 중립국으로 재통일되도록 하자는 안을 내놓았다. 복잡한 정치적 계산이 깔려 있는 제안이었다. 서방측은 유엔 감시 하의 총선거를 통하여 통일 정부를 수립할 것을 요구하며 독일의 중립화에 반대한다는 입장을 분명히 하였다.

이처럼 서방측과 소련의 상이한 시각이 평행선을 긋고 있었다. 그리고 한국전쟁으로 인해 동서 진영 간 갈등의 골이 깊어지고 있었다. 한편 서독 아데나워Konrad Adenauer 수상은 서독이 향후 결성될 유럽방위공동체의 일원이 되는 데 긍정적인 입장이었다. 아데나워 수상은 소련의 의도가 중립화를 통하여 독일을 서방으로부터 고립시키고 그렇게 함으로써 서방의 군사동맹을 저지하는 데 있다고 보았다. 중립화된 독일은 공산화되고 결국 소련의 통제 하에 놓이게 될 것을 우려하였다.

아데나워 수상의 비전은 독일을 서방 세계의 일원으로 재건한다는 것이었으며, 자유민주주의 철학으로 서독만이 독일의 유일 합법적 대변자라는 원칙을 주장하며 할슈타인 독트린Hallstein-Doctrine을 채택하였다. 이 외교 원칙은 1955년 당시 서독의 외무장관 할슈타인Walter Hallstein의 이름에서 유래한 것으로 서독이 독일의 유일 합법 정부이므로 동독과 외교관계를 갖는 국가는 서독에게 비우호적인 행위를 한 것으로 간주되며 따라서 제재의 대상이 된다는 정책이었다.[1]

서독은 1955년 5월, 서방의 방위동맹인 북대서양조약기구North Atlantic Treaty Organization, NATO에 가입하였고, 동독은 공산권의 군사동맹 바르샤바협정Warsaw Pact의 일원이 되었다. 이로써 동서독은 양 진영이 대치하는 최전선에 놓이게 되었다. 그런데 베를린Berlin의 지위를 둘러싸고 소련과 서방 간 위기 국면이 조성되었다. 동독과 소련은 베를린을 동독의 수도로 여기며 서베를린을 동독 수도 안에 놓인 '자본주의의 섬'으로 간주하였다. 1958년 11월, 흐루시초프 서기장이 미국, 영국, 프랑스에게 베를린에서 점령군을 6개월 이내에 철수할 것을 요구하였다. 소련은 이어서 1959년 1월 독일과의 평화조약 초안을 제시하였다. 동독의 국제법적 승인, 독

---

[1] 이 원칙에 따라 서독은 1957년에 유고슬라비아와, 1963년에는 쿠바와의 외교관계를 단절하였다. 유일한 예외는 소련이었다. 즉 1960년대까지 동 · 서독 양쪽에 대사관을 둔 국가는 소련뿐이었다.

1961년 8월 13일, 동독인들의 서독 탈출 러시로 체제의 위협을 느낀 동독은 베를린을 동서로 나누는 장벽을 설치하였다.

일의 중립화와 비무장화, 동독 국경으로서 오더-나이세강 라인Oder-Neisse Line의 승인, 그리고 서독에서의 공산당 허용 등을 요구하는 내용이었다. 서방측이 이를 받아들일 수 없었던 것은 당연하였다.

이와 같은 외교적 난국을 타개할 목적으로 미국, 영국, 프랑스 및 소련의 외무장관이 1959년 5월 제네바에서 회동하였다. 그러나 문제 해결을 위한 합의점을 찾지 못하였다. 같은 해 9월 흐루시초프 서기장이 아이젠하워 대통령의 초청으로 소련 국가 수반으로서는 처음으로 미국을 방문하면서 동서 양 진영 간의 긴장은 다소 완화되었다.

1960년 9월 8일부터 동베를린으로 여행하는 서독인은 동독 당국의 허가를 받아야 했다. 한편 동독의 정치적 억압과 경제적 궁핍을 견디지 못하여 많은 동독인들이 서독으로 탈출하고 있었다. 체제의 존립에 위협을 느낀 동독은 1961년 8월 13일을 기해 동베를린과 서베를린 사이에 45킬로미터가 넘는 장벽을 설치하였다. 장벽, 가시철조망, 지뢰밭 및 감시탑은 동·서독 간 분단의 상징이 되었고 동독을 세계로부터 고립시켰다.

이 베를린 장벽의 설치는 동서 냉전을 심화시킨 주요 계기였다. 그런 가운데도 서독 정부는 동유럽 공산권 국가들과의 통상관계에 대해서는 개방적인 자세였다. 1963년 가을 에르하르트Ludvig Erhard, 1897-1977 수상이 취임하면서 폴란드, 루마니아, 헝가리 및 불가리아에 무역대표부를 설치하였다.

2) 신동방정책과 동서독 관계의 발전

1960년대 중반부터 동서 냉전 분위기가 완화되기 시작하였다. 1963년 미국과 소련 간에 부분적 핵실험금지조약Partial Test Ban Treaty가 체결되어 양 진영 간 해빙의 기운이 조성되고 있음을 알렸다. 서독에서는 1966년 대연합정권이 들어섰다. 기독민주당·기독사회당·사회민주당이 연정에 합의하여 기독민주당 출신의 키이징어Kurt Georg Kiesinger, 1904-1988 연방수상이 취임하였다. 새 정부는 동독을 포함한 전 공산주의 진영에 대해 무력을 사용하지 않을 것임을 선언하였고, 키이징어 수상과 동독의 슈토프Willi Stoph, 1914-1999 총리 사이에 최초의 서신 교환이 이루어지는 등 긴장 완화 분위기가 형성되고 있었다.

그런 가운데 동독의 독자성 확보를 위한 조치가 잇달았다. 동독은 1967년 2월 국적법을 제정하여 스스로 자주 국가임을 선언하면서 종래 유지되었던 전 독일적 국적 개념이 더 이상 적용되지 않게 되었다. 이듬해엔 전 독일 차원의 독일 개신교가 분열되기에 이르렀다. 정부의 시책에 따라 1969년 6월 동독개신교연합Bund der Evengelischen Kirchen in der DDR이 창설됨으로써 서독의 개신교와 분리된 것이다.

서독이 동독과의 대화 노력을 적극적으로 펴기 시작한 것은 1969년 브란트Willi Brandt, 1913-1992 수상이 취임하면서이다. 1966년 구성된 3당 연합정권이 물러나고 사회민주당과 자유민주당의 새 연정이 출범하면서 사민당이 최초로 수상을 배출하였다. 브란트 정부는 동독의 정치적 실체를 인정하면서 동서독 간의 관계 정상화를 도모하고자 하였다. 이러한 새로운 정책은 미국에서 닉슨 대통령 후보가 월남전을 종식시키

1970년 3월 19일, 서독의 빌리 브란트 총리(앞줄 왼쪽)와 동독의 슈토프 총리(앞줄 오른쪽)가 최초의 동·서독 정상회담을 가졌다.

겠다는 공약으로 당선된 후 펼친 신 대외 정책과 궤를 같이 하였다. 키신저Kissinger 외교로 대변되는 이 정책은 미국이 중국에 대한 봉쇄정책을 버리고 소련과도 교류와 협력을 도모하면서 냉전시대의 막을 내리게 하였다.

브란트 정부는 이 신동방정책을 적극 펼쳐나갔다. 실존하는 '두 개의 독일'을 인정하며 서독과 동독이 동등한 지위에서 만날 수 있다는 원칙을 밝혔다. 양독이 대치관계를 극복하며 공존할 때 동서 양 진영 간의 관계가 개선되어 유럽의 평화가 이루어질 수 있다고 보았다. 이 과정에서 유럽의 통상과 문화 교류가 원활하게 되어 독일의 국익도 확보할 수 있을 것으로 전망하였다.

신동방정책은 동서독 간의 교역도 정상화되기를 바랬지만 동독에 대한 국제법상의 승인은 고려할 수 없다고 하였다. 설령 두 개의 국가가 실존한다 하더라도 이들은 서로 외국이 아니며 통일이 이루어지기까지 존재하는 특수한 관계로 이해할 수 있을 것이라는 논리였다.[2]

1970년 3월 19일, 동독의 에어푸르트Erfurt에서 브란트 수상과 동독 슈토프 총리가 참석한 최초의 동·서독 정상회담이 열렸다. 같은 해 5월엔 서독의 카셀Kassel에서 두 번째 만남이 있었다. 이 두 차례의 회담에서 브란트 수상은 동서독 국민 간의 자유로운 이동을 강조했지만 슈토프 총리는 양독 간의 공식 외교 관계 수립을 요구하였다. 서로의 입장 차를 좁히기 어려워 구체적인 합의를 이끌어내진 못하였으나 회담은 관계 정상화를 위한 초석을 놓으며 화해 분위기를 조성하는 데 기여하였다.

동독과 대등한 지위에서 만난다는 원칙에 따라 아데나워 정부 시절 채택된 할슈타인 독트린은 폐기되었다. 그리하여 1970년 8월, 서독과 소련의 모스크바조약이 체결되었다. 이

---

[2] 남북 사이의 화해와 불가침 및 교류·협력에 관한 합의서(1991. 12. 13)에서도 "(남·북한) 쌍방의 관계가 나라와 나라 사이의 관계가 아닌 통일을 지향하는 과정에서 형성되는 특수관계"라고 하였다.

조약을 통해 서독과 소련과의 관계정상화, 상호 무력 사용 포기, 서독과 동독 간의 국경을 포함한 2차 대전 후 그어진 국경선의 불가침성 등의 원칙에 합의하였다. 같은 해 12월 폴란드와, 그리고 1973년엔 체코와 같은 취지의 조약이 체결되었다. 브란트 수상은 유럽의 긴장 완화에 기여한 공로를 인정받아 1971년 노벨평화상을 수상하였다.

1971년 9월에는 미국, 영국, 프랑스, 소련이 '베를린에 관한 4대국 협정'을 체결함으로써 베를린의 지위 문제를 둘러싼 동서 간 긴장이 완화되었다. 이 협정은 처음으로 서베를린과 서독 간의 도로, 철도, 수로 상의 원활한 왕래를 보장하였다. 이로써 소련이 서독의 서베를린에 관한 경제적, 사회적, 법적 질서에 관한 사실상의 관할권을 인정한 것이었다. 그러나 협정은 서베를린이 서독의 구성 부분은 아니라는 문구도 포함하였다.

브란트의 동방정책은 국제적으로 높은 평가를 받았으나 서독 내부에서는 동유럽 공산권 국가들과의 대등한 조약 체결은 오랫동안 터부시되었던 것이어서 서독 의회에서 그 비준을 둘러싸고 격렬한 논쟁이 벌어졌다. 야당은 동방조약을 '포기정책' 혹은 '독일의 국익을 헐값에 파는 것'이라고 매도하였다. 그러나 사민당과 자민당 의원들은 브란트 정부의 노선이 유럽의 정치 현실을 인정하는 정책으로 지지하였다. 우여곡절 끝에 동방조약Ostverträge은 1972년 5월 17일 연방의회의 비준 절차를 통과하였다.

한편 1971년 1월 31일부터 19년 만에 서베를린과 동베를린 시민들 간의 전화통화가 가능하게 되었다. 이듬해 5월에는 양측 간 '통행조약'이 체결되었다. 1972년 12월 21일 마침내 동·서독 간의 '기본조약'이 체결되었다. 전문과 10개 조문으로 된 이 조약은 브란트 정부의 동방정책 총체를 담고 있었다. 양독 간의 정상적인 선린관계 발전, 유엔의 목표와 원칙 존중, 국경의 상호불가침, 무력 사용 포기, 무역, 상주대표부의 설치, 유엔 동시 가입 등의 내용을 포함하여 상호관계 정상화를 위한 제도적 장치가 마련되었다.

이와 같은 관계 정상화의 과정을 거쳐 동독 주민들은 일부 지역을 제외하고 서독의 방송을 수신할 수 있게 되었다. 양독 간의 전화통화는 1970년 약 70만 회에 그쳤으나 1980년엔 2천3백만 회 이상으로 늘어났다. 양측 주민들 간의 왕래는 1972년 10월 통행조약이 발효되기 전까지 동독 당국은 서독 주민들에게 최근친最近親의 방문에 한하여 1년에 단 한 번 4주간의 기간만 허용했었다. 또한 동독 주민은 연금생활자에 한하여 1년에 한 번 서독 및 서베를린을 방문할 수 있었다.

이제 통행조약이 체결되어 서독인들은 동독의 지인을 방문할 수 있게 되었고, 그것도 1년에 30일까지는 수차례 방문할 수 있게 되었다. 또한 서독인들은 서독 여행사와 동독 여행사가 협의 주선한 관광여행도 할 수 있게 되었다. 이에 따라 양독 간의 왕래가 대폭 늘어났다. 기본협정이 맺어진 이듬해인 1973년 230만 명의 서독인이 동독을 방문하였으며, 이는 1970년의 2배 수준이었다.

1974년 4월 브란트 수상의 정책 자문관이었던 구일라우메Günter Guillaume가 동독의 스파이로 체포되고 이로 인해 브란트 수상이 사임하였다. 그러나 서독의 동방정책은 계속 추진되었다. 같은 해 5월 동베를린에 서독의 상주대표부가, 서베를린에 동독의 상주대표부가 개설되었다. 9월엔 미국과 동독 간 외교관계가 개설되었다.

보다 넓은 국제정치의 차원에서는 1975년 8월 서독과 동독을 포함한 유럽 33개국, 그리고 미국과 캐나나도 참여한 '유럽안보협력회의Conference on Security and Cooperation in Europe, CSCE'에서 최종의정서Final Act가 채택되었다. 국가 간의 주권존중, 상호 평등, 현존하는 국경의 불가침성, 무력 사용의 포기, 내정불간섭 및 인권과 기본적 자유의 보장 등의 원칙을 선언하였다.

유럽안보협력회의를 통하여 소련을 위시한 동유럽 공산국가들이 이루고자 했던 것은 2차 대전 후 동서 양진영이 분할된 현실을 정당화하는 것이었다. 즉 동유럽 국가들이 계속 공산국가로 존속할 수 있도록 국제적 보장을 받아내는 일이었다. 한편 서방측은 '인권과 기본적 자유의 보장'이라는 원칙을 최종의정서에 포함시킴으로써 장래 동서 진영 간의 인적 교류를 활성화하면서 소련과 다른 동 유럽 국가들의 인권 상황을 문제화할 수 있는 길을 열어놓았다.

이는 동서독 간 '기본조약'이 체결되었으나 양측이 기대한 것이 서로 달랐던 점에 비유될 수 있을 것이다. 동독 측은 자신의 국제적인 지위가 이 조약을 통하여 안정될 수 있기를 기대하였고, 서독 측은 이 조약의 내용대로 동독과의 인적 물적 교류가 확대, 심화될 수 있기를 희망하였다. 동독과 접촉, 교류를 늘려 나감으로써 동독의 변화를 도모한다는 전략이었다. 1976년 3월 양독 간 우편 및 통신협정이 체결된 것도 이와 같은 노력의 일환이었다.

동독은 이중적인 태도를 취하였다. 문서상으로는 서독과의 교류, 협력을 이야기하면서도 실제로는 동서독 주민 간의 접촉을 최소화하고자 하였다. 동독 당국의 서독과의 접촉에 대한 경계심은 여러 모습으로 나타났다. 브란트 수상과 슈토프 총리 간 두 차례의 정상회담이 있은 지 얼마 되지 않은 1970년 9월 독일사회주의통일당동독 공산당의 공식 명칭 정치국의 헤르만 악센Hermann Axen 외교정책국원은 "동독은 모든 분야에서 제국주의적 연방공화국즉 서독과 분리되어야 할 것"이라고 하였다. 이 시기에 동독의 당과 정부 간부들과 군인은 서독의 주민을 포함한 외국인과의 접촉이 금지되어 있었다. 1971년 독일사회주의통일당의 서기장에 취임한 호네커는 이듬해 한 군 부대를 방문한 자리에서 서독을 '제국주의적 외국'이라고 하였다. 그는 서독이 사회주의 국가가 될 때 독일의 통일이 가능하리라 하였다.

유럽안보협력회의의 성공과 더불어 고조되었던 동서해빙의 분위기는 소련의 아프가니스탄 침공으로 가라앉게 된다. 영국에서 대처 수상이 이끄는 보수당 정부가 들어서고1979, 미국에선 레이건 대통령이 취임하였다1980. 소련의 유럽 핵무기 배치에 대응하여 나토NATO는 중거리 핵탄두를 서독에 배치함으로써 세계는 '신냉전'의 시대로 반전되는 듯하였다.

그러한 가운데도 서독은 동방정책의 기조를 유지하였다. 서독 슈미트Helmut Schmidt 수상은 1981년 12월 11일부터 3일간 동독을 방문하여 호네커 총리와 정상회담을 가졌다. 회담 후 발표된 공동성명에서 양측은 평화정착과 긴장완화를 위해 노력할 것임을 재확인하였고, 실무자급 회담에서는 청소년 · 체육 · 학술 · 문화언론 분야의 교류, 기자들의 취재 활동을 위한 편의 보장, 여행 · 방문 조건의 완화, 무역 · 경제 · 기술 협력의 확대, 각료급 상호 방문 등에 합의하였다.

슈미트 수상이 퇴임한 후 들어선 기독민주당 · 기독사회당 · 자유민주당 연립정부도 이와 같은 정책을 이어받았다. 콜Helmut Kohl 정부는 1983~84년에 20억 마르크의 차관을 동독에게 제공하였다. 이에 상응하여 동독은 1983년 10월 양독 국경에 설치되었던 자동발사 총기들을 철거하였으며 1984년 7월부터 주민들의 상호 왕래 조건을 완화하였다.

이와 같이 동서독 관계가 발전하는 것은 소련이 바라던 바가 아니었다. 1983년 4월, 그리고 1984년 9월 두 차례나 호네커 총리의 서독 방문 계획이 취소된 것은 소련의 저지 때문이었다. 소련 공산당 기관지 프라우다는 1984년 7월 17일 "서독이 동독의 체제 붕괴를 노리며 정치 · 경제적 유대라는 미명하에 동독의 내정에 간섭하고 있다"고 비난하였다.

그러나 소련도 내부적 변화를 겪고 있었다. 고르바초프 서기장이 등장하여 개혁정책을 추진하면서 동서 진영 간 화해 분위기가 다시 살아났다. 이 가운데 호네커 총리가 1987년 9월 서독을 방문하였다. 서독은 호네커를 동독의 국기 게양,

1980년대 동 · 서독의 교류가 활발해졌고, 1989년 결국 베를린 장벽이 무너졌다.

국가 연주, 의장대 사열 등 의전을 갖추어 영접하였다. 정상회담에서는 '원자력 안전을 위한 정보와 경험 교환 협정' 등 3개의 협정에 서명하였으며 콜 수상의 동독 방문에도 합의하였다.

1989년 베를린장벽이 무너지기까지 동서독 간의 실질 관계가 더욱 발전하고 있었다. 양측 간의 무역협정뿐만 아니라 문화협정도 체결되어 예술 · 문학 · 음악 교류가 활기를 띠었다. 여러 도시 간에 자매결연이 맺어졌으며, 군의 기동훈련에는 양측이 상호 참관할 수 있도록 되었고, 동독 주민들의 서독 방문이 크게 증가하였다.

2. 동서독의 스포츠 교류

독일의 패전 후 나치 체제하의 스포츠 단체와 조직은 거의 모두 해체되었다. 그러나 1949년 9월 뮌헨에서 독일국가올림픽위원회Nationales Olympisches Komitee für Deutschland가 변모를 일신하여 재조직됨으로써 독일 스포츠의 회복을 알렸다. 동독에서는 1951년 4월 동독국가올림픽위원회Nationales Olympisches Komitee der DDR가 별도로 조직되었다. 여러 스포츠 단체를 아우르는 구심적 조직으로서 서독에서는 1950년 12월 독일스포츠연맹이, 동독에서는 1957년 4월 독일체조·스포츠연맹이 조직되었다.

동서독 간의 스포츠 교류는 내외의 정세 변화를 반영하였다. 분단 후 1940년대 후반까지 동독은 서독 스포츠계의 교류 제의를 거부하였다. 동독이 자신의 스포츠 독자성 확립에 장애가 될 것으로 우려해서였다.

그러나 1950년대 초반부터 이러한 태도가 변하기 시작하였다. 공산권의 맹주 소련이 1952년 처음으로 올림픽에 참가하면서 스포츠를 공산주의 체제 선전의 도구로 삼았다. 동독도 공산 진영의 일원으로서 스포츠를 통하여 공산주의 이데올로기의 우수성을 증명하고자 하였다. 울브리히트 Walter Ulbricht 독일사회주의통일당 총서기는 "독일의 모든 스포츠 기록은 동독 선수가 갱신해야 하며, 동독 선수는 운동복을 입은 외교사절 역할을 해야 할 것"이라고 하였다. 그는 국제 경기의 시상대 위에 서는 동독 선수는 "독일의 단독 대표권을 주장하는 서독 정권에 대한 최선의 답이자 복수"라고 하였다.

국제올림픽위원회 IOC는 서방에 우호적이었다. IOC는 1955년 동독이 올림픽에 참가하려면 서독과 단일팀을 구성해야 한다는 원칙을 공식화하였다. 이에 앞서 1952년 오슬로-헬싱키 올림픽에는 독일 단일팀 구성 제의에 동독이 응하지 않아 서독 선수단만 참가했었다. IOC의 이와 같은 원칙에 따라 1956년 멜버른 올림픽에 동서독이 단일팀을 구성하여 출전하였다. 1960년 로마 올림픽과 1964년 도쿄 올림픽에도 단일팀으로 참가하였다.

그러나 동독은 국제무대에서 서독과 분리된 자신의 독자성을 인정받길 원했다. 1950년대 중 소련의 지원 아래 IOC 가입을 몇 차례 시도하였으나 IOC는 "하나의 국가에는 하나의 올림픽위원회만 존재할 수 있다"는 이유로 거부하였다. 1959년 10월엔 동·서독이 공동으로 사용하던 흑·적·황 3

색의 독일기에 망치와 컴퍼스 및 이삭 환이 새겨진 새 국기를 도입하였다. 동독의 집요한 노력은 1965년 10월 마침내 IOC가 동독올림픽위원회를 독자 회원으로 승인함으로써 성과를 거두었다. 향후의 올림픽에 동독이 독자적으로 선수단을 이끌고 참가할 수 있게 되었다.

1961년 8월 동독이 베를린 장벽을 설치하자 서독의 독일스포츠연맹은 바로 동독과의 스포츠 관계를 일체 단절할 것을 선언하였다. 이러한 상황에서 IOC의 브런디지Avery Brundage 위원장은 서독 측의 일방적인 스포츠 관계 단절에 대한 우려를 표명하여 서독올림픽위원회가 한 발 물러섰으며, 1965년 10월 말에 이르러 양독 간 스포츠 교류가 재개되었다. 이 무렵 동독올림픽위원회의 IOC 가입이 승인되었다는 것을 앞에서 보았다. 이와 같은 변화는 1960년대 중반의 동서 양 진영 간 긴장완화와 평화공존의 분위기가 양독 관계에 반영된 결과이기도 하였다.

동독올림픽위원회의 IOC 가입 이후 동독은 올림픽 메달 획득에 총력을 기울였다. 서독과 분리되어 출전한 1968년 멕시코 올림픽에서 동독은 서독의 4배에 달하는 메달을 획득하였다. 그리 고 1972년 뮌헨 올림픽을 동독의 국위를 선양할 수 있는 획기적인 기회로 여겼다. 동독 공산당 정치국에서도 뮌헨 올림픽에서 서독을 압도하기 위한 전략과 전술이 논의되었다. 동독 선수의 메달 획득 가능성이 높은 22개의 종목을 택해 집중적으로 투자하였다. 그 결과 상당한 성과가 나왔다. 시상식에서 동독의 국가가 수십 차례 울려 퍼지고 서독의 국기와 함께 게양되었다. 이후 1976년 인스부르크 동계올림픽과 몬트리올 하계올림픽에서도 메달 사냥에 나섰다.

이와 같이 메달에 집착하며 동독 체제의 선전에 몰두했던 동독에 비하여 서독 측은 비교적 여유 있는 자세였다. 브란트 수상은 "동독 출신의 선수가 승리하면 우리도 어느 정도 함께 승리하는 것이다. 그들은 여하튼 우리의 동족이기 때문이다"라고 하였다.

1972년의 양독 간 기본조약은 제7조에서 양측의 스포츠 조직들이 상호관계를 개선할 수 있도록 계기를 제공해 주었으며, 이 조약의 부속 의정서에서는 동독과 서독이 상호 스포츠 관계가 촉진될 수 있도록 양측의 관련 조직들을 지원할 것이라고 하였다. 기본 조약뿐만 아니라 베를린에 관한 4대국 협정과 통행조약이 맺어져 양독 간 스포츠 교류 활성화를 위한 법적인 여건도 개선되었다. 이 가운데 서독스포츠연맹은 각종 스포츠 단체들이 동독 파트너와 행사를 개최할 수 있도록 보조금을 지원할 수 있다는 방침도 밝혔다.

1974년 5월 서독스포츠연맹 회장과 동독체조·스포츠연맹 회장이 '스포츠 관계 규정에 관한 의정서' 이하 스포츠 의정서로 약칭에 서명하였다. 의정서는 다음과 같은 내용을 담았다.

1. 쌍방은 매년 공동 스포츠 행사 계획을 수립하기 위해 협의한다.
2. 쌍방 간 스포츠 관계는 국제올림픽위원회와 국제스포츠조직의 제반 규정과 관례에 따라서, 그리고 서베를린과 관련된 사항에 대해서는 4대국협정 1971의 규정에 따라서 규율한다.
3. 쌍방은 관련 재정을 다음 기준에 따라 운영한다.
   a) 행사 참여를 위해 소요되는 왕복 여비 및 수하물, 스포츠 기자재 수송에 드는 경비는 피초청자가 부담한다.
   b) 초청자는 합의된 수의 참가자의 체재 기간 동안의 호텔 숙박비와 식비를 부담하며 1인당 매일 10마르크의 용돈을 지급한다.
   c) 행사 기간 동안의 국내 수송비는 초청자가 부담한다.

스포츠 의정서가 체결된 후 양독 간 스포츠 교류에 관한 연간계획서에 포함된 만남은 매년 80-100건 정도였다. 이들 중에는 다른 나라들도 참가하는 국제경기가 적지 않았다. 그리고 양독 간의 스포츠 교류는 대부분 특정 분야의 정상급 선수들 간에 이루어졌으며, 동독 측이 여전히 승리에 집착한 나머지 교류 종목이 제한되기도 하였다. 서독 측은 보다 많은 동·서독 청년들이 다양한 스포츠 분야에서 교류하기를 희망하였다.

1980년 모스크바 올림픽은 소련의 아프가니스탄 침공에 항의하는 미국, 서독 등 서방 측 30여 개국이 보이콧한 가운데 사회주의 국가들만의 반쪽 잔치로 치러졌다. 이의 여파로 동서독 간의 스포츠 교류도 저조하였다. 1980년 개최할 것으로 예정된 교류 행사 76건 중 21건이 취소되었다. 1981년과 1982년에도 이 같은 분위기가 계속되었다. 1984년 로스엔젤레스 올림픽은 모스크바 올림픽 불참에 대한 보복으로 소련과, 동독 등 공산권이 보이콧하였다. 이후 1988년 서울 올림픽엔 동서 양 진영 국가들이 대거 참가하여 다시 스타디움에서 만났다. 동독기를 앞세운 선수단의 마지막 올림픽 참가가 되리라고는 누구도 상상하지 못하였다.

3. 동서독 스포츠 교류사 평가 및 시사점

동서독이 분단된 이후 동독 집권 당국의 우선적 목표는 동독의 정치적 실체를 국제무대에 세우는 일이었다. 서독이 외교적, 경제적으로 상대적인 우위를 누리며 자신이 전 독일을 대변하는 유일한 국가임을 주장하였기에 더욱 그러하였다. 독일의 상황은 여러 면에서 한반도의 사정과는 달랐지만 이와 같은 정권의 정통성 문제와 관련해서는 이승만 정부가 대한민국이 전 한반도를 대변하는 유일한 합법 정부이며 북한 정권을 불법 단체로 규정한 것에 비견할 수 있다.

한편 독일의 상황과 한반도의 상황이 처음부터 크게 달랐던 점은 동 · 서독은 1956년 멜버른올림픽에 이어 1960년, 1964년 올림픽에도 단일팀을 구성하여 출전한 점이다. IOC의 '1국가 - 1개 선수단'의 원칙에 따른 것이었으며 동독이 바라지 않았던 바였지만, 남북한이 전쟁을 겪으며 극한적 적대관계에 놓이게 된 것과는 대비되는 면이다. 즉 분단 초기에서부터 동서독 간에는, 동독이 원하든 원하지 않든, 상당한 수준의 교류가 계속된 것이다.

동독은 자신의 독자성을 주장하며 동독올림픽위원회의

IOC 가입에 성공하자 이제 사회주의 체제의 우월성을 선전하기 위한 수단으로 스포츠를 활용하였다. 동독은 서독보다 훨씬 적은 1천7백만의 인구에도 불구하고 국제 스포츠 무대에서 괄목할 만한 성과를 과시했다. 올림픽 경기에서만 총 578개의 메달을 획득했는데 203개가 금메달이었다. 체제 선전에 주력한 동독에 비해 서독은 스포츠를 양독 간의 문화적 동질성을 유지하는 매개체로 인식하였다. 이는 동독 선수들이 승리하면 서독도 일부 승리한 것이라고 한 브란트 수상의 발언에서도 나타난다.

1960년대 종반 동서 해빙 분위기가 무르익는 가운데 1969년 들어선 브란트 정부가 신동방정책을 적극 추진하였다. 1970년의 동서독 간 두 차례의 정상회담, 같은 해의 서독과 소련과의 '모스크바조약', 이듬해의 '베를린에 관한 4대국협정', 1972년 양독 간 '통행조약', 그리고 같은 해 연말의 '기본조약' 등을 통하여 동서독 간의 교류 협력이 증대되었다.

1974년 스포츠 의정서를 체결하였으며 양독 간 스포츠 교류는 연간 80~100건 정도 계속되었다. 국제정치적 여건의 영향을 받아 교류 실적에 기복이 있었으나 상호 교류가 단절되지는 않았다. 독일인의 입장에서는 이 정도 수준의 교류는 만족스럽지 않았을 수도 있으나 한국의 시각에서는 부러워

할 만한 것이었다.

1989년 가을 베를린 장벽이 무너진 후 동독에서 혁명적인 변화가 일어났다. 구 지도층이 물러나고 과도 정부는 오래 가지 못하였다. 1990년 3월 자유선거가 실시되었으며 통일을 지지하는 정당 연합이 전체 투표의 48.1%를 차지하여 승리하였다. 신임 로타르 드 메이지르Lothar de Maizire 총리는 통일을 위한 거국적 연립정부를 구성하였다. 이렇듯 독일의 통일은 동독 내부의 변화가 있었기에 가능하였다. 이와 같은 변화가 있기까지 장기간에 걸쳐 동서독 간 인적, 물적, 문화적 교류가 있었다.

체육 교류는 이와 같은 보다 광범위한 교류의 중요한 일부분이었다. 체육 교류가 직접적으로 국가 정책의 향방을 좌우했다고 보기는 어려울 것이다. 오히려 정치 상황과 정책의 변화가 체육 교류의 양상에 영향을 미친다. 그러나 체육 교류가 국민의식의 흐름과 형성에 상당한 영향을 주는 것도 사실이다. 독일은 인위적으로 동서독으로 나뉘게 되었으나 1956년, 1960년, 1964년 올림픽에 단일팀으로 참가하여 양독의 국민의식 속에 독일이 여전히 민족공동체로서 존재하고 있다는 사실을 상기시켰을 것이다.

동독 정권의 차원에서는 동독 선수들의 메달 획득이 사회주의 체제의 우수성을 입증하는 일이였을지 모르나 서독 시민의 입장에서는 동족이 이룬 성과를 갸륵하게 생각하였을 것이다. 더욱이 동서독 간의 빈번한 체육 교류는 동독 주민들의 의식이 사회주의의 틀에만 매이지 않도록 하는 창을 열어주었을 것이며, 서독 주민들의 마음에 동족에 대한 관심과 사랑을 깊게 하였을 것이다. 이와 같이 스포츠 교류를 통해 양국이 마음을 함께하면서 통일의 터전이 형성되었다.

제6장

'88 서울 올림픽과 남북체육회담

1. '88 서울 올림픽의 의의

'80 모스크바 올림픽은 미국 등 자유 진영 국가들이 불참하여 반쪽 올림픽이 되었다. 소련의 아프가니스탄 침공에 대한 강력한 항의 표시로 서방 국가들이 모스크바 대회를 보이콧했기 때문이다. 이에 대한 보복으로 소련을 비롯한 공산권 11개국은 1984년 5월 체코 프라하의 체육관계자 회담에서 그

1988년 제24회 서울 올림픽은 냉전으로 대립하던 동서양 국가들이 12년 만에 한 대회에 참가하는 성과를 거뒀고, 스포츠를 통한 화해와 평화 정신이 빛난 대회로 각인되었다.

해 열릴 LA 올림픽에 불참하기로 결정하였다. 물론 북한도 이에 동조하였다.

이와 같은 불협화를 씻어내듯이 '88 서울 올림픽에는 몬트리올 올림픽 이후 12년 만에 동서 양 진영이 자리를 함께하였다. 최다 참가국 160개국, 최다 참가 선수단 인원 13,600명을 기록한 인류의 축전이었다. 16일간 23개 정식종목, 3개 시범종목, 2개 전시종목 등에서 과거 어느 대회보다 수준 높고 치열한 경기가 펼쳐졌다.[1]

서울 올림픽대회는 체제와 이념, 종교와 인종의 차이를 초월하여 세계의 젊은이들이 한자리에 모여 스포츠를 통한 친목과 우의를 다지고 세계 평화의 건설에 이바지하는 것을 대회이념으로 삼았다. '최다의 참가, 최상의 화합, 최고의 성과, 최적의 안전 및 봉사, 최대의 절약'을 목표로 내세워 운영의 묘를 추구하였다.

대회 운영 조직은 1986년 7월 10일 공표된 서울아시아경기대회 · 서울올림픽대회 운영규정 대통령령 11946호에 근거하여 구성되었다. 대회 운영 조직 구성은 조직위원회의 계층을 단순화하여 운영의 효율성과 신속성을 도모하고, 경기와 행사 본부 중심의 운영 체제가 될 수 있도록 구성하되, 종합 지

---

1 서울올림픽대회조직위원회, 『제24회 서울올림픽대회 요강』, 1989, 127쪽.

원 및 중앙 통제가 가능하도록 이원적 조직으로 운영되도록 하였다. 주요 정책결정기구로 집행회의, 운영회의, 조정회의 등을 구성 · 운영하였다.

서울 올림픽에 참여한 인력은 대회 운영에 직접 참여한 운영요원 49,712명, 개 · 폐회식 등에 출연한 대회 출연자 26,143명, 안전 업무를 위한 요원 112,009명, 그리스로부터 개회식장까지 성화 봉송에 참가한 주자 21,207명, 용역 운영 요원 14,822명 등 총 223,893명에 달했다. 이 같은 방대한 인력은 1988년 9월, 즉 올림픽이 개최된 달에 한국을 찾은 선수, 임원 및 가족과 일반 관광객을 합한 약 24만여 명과 같은 규모였다.[2]

경기장 확보는 국제경기연맹의 요구 사항을 최대한 반영한다는 전제 아래 기존 시설을 최대한 활용하기로 했다. 부득이한 경우에 한해 새로 건설하되 대회 후 시설의 활용성을 고려한다는 방침 아래 추진되었다.[3] 대회 유치 후 세운 당초 계획은 경기장 43개, 연습장 69개 등 모두 112개를 사용키로 하였으며, 새로 건설할 경기장은 체조, 승마, 사이클, 요트, 조정 경기장 등 5개소로 계획되었다.

---

2 위의 책, 137쪽.

3 위의 책, 177쪽.

1982년 3월 발족한 체육부는 조직위원회와 정부 각 부처에서 작성한 대회 관련 준비사업계획을 종합 조정하여 8월 경기장의 소요와 확보에 대한 종합계획을 수정하였다. 여기서 제시된 안을 토대로 국무총리 행정조정실이 1983년 12월 종합시행계획을 확정, 전체 시설을 113개로 결정하였다. 그러나 1986년 아시아경기대회 이후 시설의 증설이 불가피하여 올림픽 전 경기장 및 관련 시설은 경기장 34개, 연습장 72개, 관련 시설 70개, 문화행사장 88개 등 모두 264개로 최종 결정되었다.

서울 올림픽은 흑자 올림픽으로 기록될 수 있었다. 대회조직위원회의 의욕적인 수입 확보 목표는 동서 화해 올림픽 분위기 조성과 사상 최대의 대회 참가자 규모에 힘입어 무난히 달성되었다. 대회 기금의 조성은 TV 방영권 판매 2,247억 원, 휘장 사업 708억 원, 기념주화 및 기념메달 1,352억 원, 기념우표 29억 원, 광고 사업 265억 원, 복권 사업 1,188억 원, 입장권 판매 275억 원, 입촌비 수입 1,920만 달러, 성금 및 기부금 2,113억 원으로 이루어졌다. 조직위원회의 집행 과정에서의 절약으로 3,414억 원의 흑자를 기록하며 대회의 성공에 기여하였다.

'세계는 서울로, 서울은 세계로'라는 슬로건과 같이 '88 올림픽은 세계인의 마음속에 한국의 새로운 이미지를 심었다. 한국 선수단은 금메달 12개, 은메달 10개, 동메달 11개로 종합성적 세계 4위라는 기대 이상의 놀라운 성과를 달성하였다. 한국은 올림픽 서울 유치가 확정된 1981년 10월 이후 체육부를 발족시키고 막대한 인적, 물적 자원을 동원하여 대회 시설을 마련하였으며, 국민들은 올림픽 개최의 의의와 중요성을 인식하여 대회의 성공을 위한 협력을 아끼지 않았다.

서울 올림픽을 통하여 국민들은 체육이 삶의 질을 높이는 데 중요한 요소임을 새삼 인식하게 되었다. 서울 대회 이후 자생적인 체육 인구가 크게 증가하였으며, 국민 생활체육 발전의 사회적 기반이 조성되었다. 또한 올림픽 준비 과정에서 체육부가 정부 중앙 기구로 신설되어 체육 발전을 위한 행정적 기틀이 다져졌다.

서울 올림픽은 국민의 마음속에 "우리도 해냈다"는 자긍심과 함께 "마음만 먹으면 무엇이든 할 수 있다"는 자신감을 심어주었다. 대회의 목표에 국민들이 광범위하게 호응하면서 사회정서적 차원에서 국민통합을 이루는 데 기여하였다. 대회 행사 중 문화예술축전 및 개·폐막식 등은 국민이 한국 전통 문화 예술의 가치를 재인식하는 계기가 되었다. 또한 국민들이 160개국 사람들을 한국 땅에서 접하는 경험을 가짐으로써 국민의식의 국제화 분위기가 조성되었다.

대외적으로 서울 올림픽은 동구 공산권에 한국의 존재를 새롭게 인식시키는 계기가 되었다. 헝가리와의 수교를 시작으로 유고슬라비아, 폴란드, 체코슬로바키아 등 동구 국가들과의 관계가 개선되었다. 또한 올림픽을 계기로 한국 국민들의 공산권에 대한 적대적 정서가 완화되었으며, 중국의 한국에 대한 인식도 개선되어 향후 한・중 관계 발전에 긍정적으로 작용하게 된다. 특히 소련이 최대 규모의 선수단과 대규모 문화사절단을 파견한 것은 그 외교적 의미가 깊었다. 한편 한국의 제3세계권을 향한 외교적 입지도 강화되었다. 전반적으로 한국의 외교가 이렇게 다변화되며 북한과의 관계 개선을 위한 여건이 호전되었다.

서울 올림픽은 경제적인 측면에서도 한국 경제의 선진화를 촉진하는 계기가 되었다. 첫째 대회는 수지면에서 흑자를 기록하며 국민에게 큰 부담을 주지 않았던 경제성이 높은 행사였다. 과다한 신규 투자 대신 기존 시설을 십분 활용하는 운영의 묘를 살렸고, 대회 관련 투자 사업 대부분은 산업 발전과 국민 생활의 편익 증진에 요구되는 것이었다. 대회 관련 총 투자액은 한국 총 투자 규모의 1.6%에 불과하였으며 1982년부터 1988년까지 7년간에 걸쳐 분산 투자되었다. 국민 경제에 부담을 주지 않으면서 경기를 진작하는 효과를 가져왔다.

둘째 서울 올림픽은 관광, 스포츠, 레저 산업과 전자통신 사업이 발전하는 계기가 되었다. 한국의 이미지가 고양되고 한국의 상표가 세계 시장에 널리 알려짐으로써 수출 증대와 수출시장의 다변화에 기여하였다. 아울러 대외 경제, 기술 교류의 기회가 증대되었다. 중국, 소련 및 동구권 국가들과 경제 협력을 증진하는 결정적인 계기가 되었다.

2. 남북체육회담

1988년 2월 노태우 정부가 들어선 이후 '북방정책'을 공식화하였다. 한국이 중국, 소련과 관계를 정상화하며 이것이 남북한 관계를 발전시키는 데 기여하도록 한다는 전략이었다. 특히 1988년 7월 7일 발표된 '민족자존과 통일번영을 위한 특별선언'에서 노태우 대통령은 북한을 '선의의 동반자'로 전제하고, 다음과 같은 적극적 화해 · 협력의 정책 방향을 제시하였다.

1. 정치인, 경제인, 언론인, 종교인, 문화・예술인, 체육인, 학자, 학생 등 동포 간 상호 교류를 추진하며 해외 동포들의 자유로운 남북 왕래 허용
2. 이산가족들 간의 생사 및 주소 확인, 서신 거래, 상호 방문이 이루어지도록 주선・지원
3. 남북한 교역 문호를 개방하고 남북한 교역을 민족 내부 교역으로 간주함
4. 우방들의 비군사적 물자의 대북 교역을 반대하지 않음
5. 국제무대에서의 남북 간 협력
6. 북한이 미국, 일본 등과 관계를 개선하는 데 협조할 용의가 있으며, 한국은 소련, 중국 등 사회주의 국가들과 관계 개선을 추구할 것임

이 선언은 남북한의 인적, 물적 교류를 합법화한 의미가 있었으며, 실제로 '88 서울 올림픽 이후 남북한 간 정부, 비정부 차원에서 접촉과 교류가 증가하는 계기가 되었다.

노태우 정부의 7. 7 선언이 나온 후 북측은 이에 화답이라도 하듯 같은 해 12월 21일 2년 후에 개최될 베이징 아시안게임에 참가할 남북 단일팀 구성하기 위한 회담을 갖자고 제

의하였다. 과거 북한이 보여 온 회담 태도로 볼 때 그 진정성을 의심할 수밖에 없었지만, 우리 측은 남북 화해 협력을 위해 가능한 모든 기회를 활용한다는 생각으로 이 제의를 받아들였다. 1989년 3월 9일 시작된 회담은 1990년 2월 7일까지 본회담 9차례, 실무대표접촉 6차례를 거치며 진행되었다. 이 회담은 앞 장에서 살펴본 남북 총리 간 회담을 위한 예비회담과 병행하여 진행되었다. 남북한 간 다양한 접촉, 대화의 통로가 가동되고 있었다.

1) 제1차 회담

1차 회담은 1989년 3월 9일 10:00-12:10 판문점 남측 지역 '평화의 집'에서 열렸다. 남측 수석대표로 장충식 대한올림픽위원회 KOC 부위원장 당시 단국대학교 총장, 차석대표로 이학래 KOC 상임위원 당시 한양대학교 체육대 교수, 그리고 임태순, 장병조, 박수창 등 KOC 위원들이, 북측은 수석대표로 김형진 북한올림픽위원회 NOC 부위원장, 차석대표로 장웅 NOC 서기장과 김세진, 허혁필, 김상부 등 NOC 위원들이 대표단을 구성하였다.

오전 10시에 회동한 회담대표들이 상호 인사를 나눈 뒤 북

1989년 3월 9일 판문점에서 열린 1차 남북체육회담에서 남측 장충식 대표(우)와 북측 김형진 대표(좌)가 악수를 나누는 모습

측의 김형진 수석대표가 먼저 기조 발언을 했다. 그는 "반만 년의 유구한 세월 하나의 강토 위에서 화목하게 살아온 우리 민족이 외세에 의해 강요된 분열의 고통만도 헤아릴 수 없는데 우리 체육인들마저 국제경기에 나가 서로 맞서 승벽내기를 하는 것은 민족의 수치이기도 하다"고 전제하며 "지금이야말로 우리 체육인들이 민족자주정신과 조국통일의 의지를 가다듬고 북남 유일팀을 구성함으로써 민족의 화해와 단합, 나라의 평화통일에 기여하기 위하여 공동으로 노력해야 할

때"라고 하였다.

또한 "우리 쌍방은 유일팀을 구성하는 것이 북남체육인들의 기대에 보답하는 길이며 우리 민족의 슬기와 단결된 위력을 만방에 과시하고 나라의 평화통일을 앞당기는 길이라는 것을 명심하여 모처럼 마련된 체육회담을 반드시 성공에로 이끌어 나아가야 할 것이라고 하며 다음 4가지 사항에 대한 다짐을 제의하였다.

> 첫째 쌍방은 조국통일 3대 원칙에 따라 민족의 화해와 단합, 통일에 기여하려는 자세와 원칙을 견지하여야 한다. 둘째 쌍방은 민족적 이익을 최우선 순위에 놓고 민족적 이익에 부합되는 유일팀을 구성할 수 있게 모든 것을 복종시켜 나가야 한다. 셋째 쌍방은 우리 민족의 슬기와 재능, 지혜를 최상의 수준에서 선양하고 발휘할 수 있도록 유일팀을 구성해야 한다. 넷째 쌍방은 북남 유일팀 구성문제를 해결하는 데서 인위적인 난관이나 복잡성을 조성하지 말아야 한다.

이와 같은 '회담선서'와 같은 내용을 엄숙하게 낭독한 뒤 다음과 같은 12가지의 회담의제를 제기하였다. 유일팀 단일팀 명칭, 유일팀 깃발, 유일팀 노래, 유일팀 선수 선발 원칙과 방법, 지도원 및 보장성원, 선발 일시, 훈련, 경기대회에 참가할 선수단 지휘부, 유일팀을 위한 공동상설기구, 비용, 신변보장, 기타 등이었다.

이어서 남측의 장충식 수석대표가 기조발언을 하였다. 그는 '88 서울 올림픽 단일팀 구성을 위한 남북체육회담의 차석대표로 참가한 경험이 있었다. 그는 기조발언에서 "오늘날 세계 모든 나라들이 이념과 체제를 초월하여 화해와 협력, 개방과 공존의 길을 추구하고 있다. 남북의 온 겨레 역시 오랜 반목과 대결 구조를 과감히 청산하고 화해와 단합을 위한 새로운 기틀이 마련되기를 그 어느 때 보다도 절실히 바라고 있다. 우리 체육인들은 이 같은 내외 정세의 추세와 민족적 여망에 부응하기 위하여 마땅히 체육 분야에서의 상호 교류와 협력의 실현을 위해 최선을 다해야 할 것"이라고 하면서 "1990 베이징 아시안 게임에 남북이 단일팀을 구성하여 참가하는 문제를 놓고 협의하게 된 것을 다행스럽게 생각한다"고 하였다.

그는 또한 "그동안 남북 간에는 국제경기에 출전할 단일팀 구성 문제를 여러 차례에 걸쳐 논의한 경험이 있고 어느 정도 진전이 있기도 했으나 한 번도 뜻을 이루지 못한 데 대하여 아쉽게 생각한다"면서 "이번에야말로 지난날의 여러 차례에 걸친 경험을 거울삼아 좋은 결실을 거둘 수 있도록 남북이 함께 최선을 다해야 할 것"을 강조하였다.

이어서 다음과 같은 10가지의 회담 의제를 제기하였다. 선수단 호칭, 선수단 단기, 선수단 단가, 선수단 구성, 선수단 복장, 선수 선발, 선수 훈련, 신변안전보장, 선수단 경비, 단일팀 공동위원회 구성 등이었다.

양측이 제시한 토의 안건은 대체로 비슷하였다. 다만 남측은 선수단 본부 임원과 종목별 지도자, 그리고 의사와 요리사 등 보조 임원을 모두 '선수단 구성' 항목에 포함시켰으나, 북측은 이들을 별도의 안건에 포함시켰다. 그리고 '선수단 복장'을 남측은 기본 항목으로 제시한 반면 북측은 이를 기타 항목으로 뽑았다. 따라서 제시한 항목 수가 북측이 2개 더 많게 되었다.

그러나 북측이 안건 재조정의 가능성을 내비치는 등 회담 분위기는 비교적 우호적이었다. 북측의 김형진 수석대표나 다른 참가자들도 과거의 남북회담 때와는 달리 꼬리를 무는 식의 비방이나 한없이 의제를 산만하게 제안하는 태도를 보이지 않았다. 이는 이번 회담에서 뭔가를 만들어 보려는 의도로 풀이할 수도 있었다.

이날 회담이 첫 회동이었던 만큼 구체적으로 명문화된 것은 없었으나 몇 가지 사항에 대하여 어렵지 않게 합의가 이루어져 기대 이상의 성과가 있었다. 우선 선수단 단가는 남측이 1920년대의 '아리랑'으로 하자고 제의했는데 이를 북한이 수용하였다. 선수단 단기를 한반도 지도로 하는 것과[4] 선수 선발은 기량이 가장 우수한 선수로 하는 데 의견 일치를 보았다.

그러나 선수단 호칭에 있어서 남측은 우리말로 객관적 용어인 '남북단일팀'으로 할 것과 영문으로는 'KOREA'로 표기할 것을 제의한 데 반해, 북측은 우리말로 '고려', 영문 표기는 'KORYO'로 할 것을 주장하여 합의점을 찾지 못하였다.[5]

2) 제2차 회담

제2차 회담은 1989년 3월 28일 10:00-12:50 판문점 북측 지역 '통일각'에서 열렸다. 남측의 장충식 수석대표는 기조발언에서 "국제경기대회에 단일팀을 구성 · 출전하는 것이야말로 민족적 화해와 단합을 바라는 온 겨레의 여망에 부응하는 길

---

4 「'북경아시아경기대회' 제1차 남북체육회담 회의록」, 국토통일원, 1989. 3, 71-82쪽.

5 장충식, 『시대를 넘어 미래를 열다』, 2011, 444-445쪽.

1989년 3월 29일 판문점 북측 지역인 통일각에서 열린 남북체육회담을 위해 대표단들이 접경지역을 도보로 건너는 장면

임"을 강조하며 "이번 회담이 이와 같이 순조로운 출발을 보이고 구체적 방안에 대한 논의가 진지하게 진행된다는 것은 남북체육회담의 전도를 밝게 해 줄 뿐만 아니라 체육 외적인 남북관계 개선에도 좋은 영향을 주리라 생각한다"고 하였다.

또한 "제1차 회담에 이어 오늘 제2차 회담에서도 선수 선발과 훈련, 선수단 구성 문제부터 토의하고 이어서 선수단 단복, 경비, 신변안전보장 및 남북단일팀 공동기구 설치 문제 등에 대해 토의하게 되기를 희망한다"고 하면서 이에 대한 구체적인 방안을 제시하였다.

1989년 3월 29일 개최된 제2차 남북체육회담은 순조로운 분위기를 반영하듯 수많은 국내외 취재진이 몰렸다.

이에 대해 북측 김형진 수석대표는 기조발언을 통해 "1990 베이징 아시안경기대회에 북과 남이 유일팀을 구성하여 출전하기 위한 체육회담이 열린다는 소식에 체육인들과 온 겨레는 열렬히 환영하면서도 한편으로는 그 전도에 대하여 우려하는 면이 없지 않다"고 하면서 제1차 회담 때는 쌍방이 서로 합의점을 모색하기 위해 많은 노력을 한 것으로 평가하였다.

이어서 그는 북측이 제1차 회담 때 제안했던 12개 조항 중에서 5, 6, 8항을 하나로 합쳐서 10개 조항으로 수정하고, 서

장충식 대표(오른쪽 두 번째)가 판문점 자유의 집 앞에서 1990년 북경 아시아경기대회 선수단기로 북측에 제시할 도안에 대해 설명고 있다.

로 다르게 서술되어 있는 양측 방안의 조항별 순서도 서로 일치시켜 놓자고 제의하였다. 구체적으로 단일팀 구성 방안을 셋째 조항까지는 서로 같게 되어 있으니 그대로 두고 넷째 선수 선발 방법, 다섯째 훈련, 여섯째 선수단 구성, 일곱째 비용, 여덟째 신변안전보장, 아홉째 공동상설기구 설치, 열째 선수단의 단복과 기타 사항으로 통일시켜 놓고 순서대로 한 조항씩 토론해 가자고 제안하였다.[6]

북측에서 수정 제안한 회담 안건을 12개에서 10개로 조정하고 순서에 따라 하나씩 처리해 나가자는 것은 원래 제1차

[6] 「'북경아시아경기대회' 제2차 남북체육회담 회의록」, 국토통일원, 1989. 4, 12-26쪽.

회담에서 남측이 제안했던 것을 북측이 수용한 것이어서 별 문제 없이 합의되었다.

또한 제1차 회담 때 남측이 제안하여 의견 일치를 보았던 선수단 단가도 '아리랑'으로 하자는 데 완전 합의하였다. 그리고 '선수 선발'과 '합동훈련'에 관하여 합동훈련을 먼저 하여 분위기를 안정시킨 후에 선수를 선발하자는 북측의 제의를 남측이 받아들였다.

'선수단 단기' 문제는 "흰색 바탕에 아무런 표기도 하지 않은 한반도 지도를 그려 넣자"는 데까지는 의견이 일치하였으나 지도의 색깔을 무엇으로 할 것인가에 대해서는 제3차 회담 때 다시 협의하기로 하였다.[7]

그런데 선수단 호칭 문제와 관련하여 북측은 다분히 정치적인 주장을 펴고 있었다. 영문 표기는 'KOREA'로 하는 데 동의하면서도 우리말로는 '고려'로 하자는 입장을 고수하였다. 고려와 KOREA는 별도로 떼어서 합의할 성질의 것이 아니라고 하면서 '고려'라는 명칭에 합의를 유도하려 하였다. 그런데 '고려'라는 단어는 북측이 주장한 '고려연방제'를 상기시킬 수 있다. 장충식 수석대표는 정치 중립적인 명칭인 '남북단일팀'이 좋겠다는 생각이었다. 이 문제에 대해서는 타협

[7] 위의 책, 109-123쪽.

점을 찾지 못하였으며 제3차 회담 때 다시 논의하기로 하고 12시 50분에 폐회하였다.[8]

3) 제3차 회담

제3차 회담은 2차 회담 후 약 7개월이 지난 1989년 10월 20일 10:00-13:50 판문점 남측 지역 '평화의 집'에서 개최되었다. 이렇게 긴 회담의 공백이 생기게 된 것은 북측이 문익환 목사의 사법 처리를 구실로 3차 회담의 연기를 일방적으로 통보한 탓이었다.

남측 장충식 수석대표는 이와 같이 회담이 장기화될수록 목적을 달성하기가 어려워질 것으로 보았다. 회담이란 어차피 양보를 해가면서 전략적 목적을 달성해야 보람이 있을 것이므로 우리 측이 좀 더 전향적으로 나가자고 회담 대표들과 합의하였다.

순차에 따라 북측 김형진 수석대표가 먼저 기조발언을 했다. 그는 "체육회담이 중단되었던 때로부터 근 7개월 만에 북남대표 여러분들과 다시 만나 유일팀 구성 문제 토의를 계속

8 장충식, 『시대를 넘어 미래를 열다』, 2011, 445쪽.

1989년 10월 제3차 회담에서 남북은 선수단 단기에 합의했다. 흰색 바탕에 하늘색 한반도 지도를 넣기로 했다.

할 수 있게 된 데 대해 대단히 기쁘게 생각한다 ... 우리는 두 차례의 회담을 순조롭게 진행시켜 유일팀의 노래를 비롯한 적지 않은 문제점들에 대해 합의를 보았고 의견도 많이 접근시켜 놓았다. 이것은 지난 시기 북남체육회담이 열렸으나 아무런 결실도 없었고 쌍방 대표들이 서로 마주 앉았으나 회담과 인연이 없는 불필요한 논쟁으로 시간만 보내다가 결렬된 대화와 비교해 볼 때 큰 진전이라고 말할 수 있다"고 하며 지난 제2차 회담 때 논의되었던 선수단 호칭 문제와 선수단기 문제부터 해결해 나가자고 하였다.

한편 남측 장충식 수석대표는 기조발언에서 "우리 대표단은 상호 존중과 호양의 정신을 최대한 발휘하는 가운데 민족 단합과 스포츠 정신에 입각하여 문제를 협의 · 해결함으로써 이번에야말로 남북단일팀을 기필코 성사시켜야 겠다는 결의를 다짐하고 이 회담에 임했다. 남북단일팀 구성은 체육인들이 앞장서서 민족적 화해와 단합을 실천에 옮김으로써 남북간의 불신 해소와 긴장완화에 크게 기여함은 물론 온 겨레의 한결같은 염원인 평화통일의 훌륭한 디딤돌을 마련하는 일이기 때문이다"라고 하면서 남북 체육 단일팀 구성 · 참가의 민족사적 의의를 강조하였다.

그는 이어서 1-2차 회담 때 의견의 일치를 보았던 몇 가지 사항들을 다시 한 번 확인하면서 10가지 의제선수단 호칭, 선수단 단기, 선수단 단가, 선수 훈련, 선수 선발, 선수단 구성, 선수단 경비, 선수단 안전보장, 공동추진기구 설치, 기타 문제에 대한 남측의 구체적인 의견을 제시하였다.[9]

제3차 회담의 성과는 4가지로 압축할 수 있다. 첫째 단일팀 구성을 위한 선수 선발은 경기력이 가장 우수한 선수로 하는 것을 원칙으로 하되, 가능한 한 균형을 보장하기로 하

[9] 「'북경아시아경기대회' 제3차 남북체육회담 회의록」, 국토통일원, 1989. 11, 14-28쪽.

였다. 둘째 대표선수 선발전은 일정 기간 공동훈련을 진행한 다음에 하되, 각 종목의 특성을 고려하여 남북공동위원회 선발위원회에서 합의하여 처리하기로 하였다. 셋째 선수단 호칭을 영어로 'KOREA'로 하고 우리말로도 영어 발음 그대로 '코리아'로 하는 것을 원칙으로 하되, 제4차 회담 때 최종 협의, 결정하기로 하였다. 넷째 선수단 단기는 흰색 바탕에 하늘색 한반도기를 그려 넣기로 하였다.[10]

이 단기에 대한 합의는 남측이 북측의 제의를 받아들여 이루어졌다. 이는 장충식 수석대표의 전향적인 회담 전략이 작용한 결과였다. 국내에서는 "장충식 대표가 북한 의견을 너무 쉽게 받아들인다"는 말도 나왔으나, 그는 남북회담이 선전 · 선동의 차원을 넘어 관계 개선에 기여해야 한다고 믿었다.[11]

3차 회담에서는 회담의 효율화를 위해 '실무대표자회의'를 통해 본회담 안건에 대하여 사전에 충분히 협의하도록 하자는 북측의 제의가 있었으나 이에 대해서는 차후 다시 논의하기로 하였다.

---

[10] 위의 책, 145-164쪽.

[11] 장충식,『시대를 넘어 미래를 열다』, 2011, 446-447쪽.

4) 제4차 회담

제4차 회담은 1989년 11월 16일 10:00-13:30 판문점 북측 지역 '통일각'에서 열렸다. 남측 장충식 대표는 기조발언에서 "남북 단일팀 구성의 관건은 민족 화해의 정신과 스포츠 정신을 얼마나 유감없이 발휘하는가에 있다고 확신한다"면서 회담을 지켜보는 온 겨레의 기대를 저버리지 않기 위해서는 쌍방의 대표가 함께 이번에야말로 단일팀을 성사시키겠다는 결의를 새롭게 해야 겠다고 하였다.

그는 또한 쌍방이 지난 세 차례 회담에서 10개 항 가운데 일부 항목에 대해서는 이미 합의를 하였거나 상당의 토의의 진전을 보았으나 선수단 구성, 공동추진기구 구성 등의 항목에 대해서는 아직 토의조차 하지 못하였음을 지적하며, 이번 회담에서의 남측의 수정 제안을 계기로 선수 선발 문제를 비롯한 나머지 모든 문제에 대한 토의에 박차를 가하여 10개항 전체에 대한 합의의 토대가 마련되기를 기대한다고 하였다.

북측 김형진 수석대표는 기조발언에서 그동안 세 차례의 회담을 통해 이루어진 합의사항들에 대해 만족을 표시하면서 "지난 30년 동안의 체육회담 역사에서 일찍이 전례가 없었던 이러한 성과는 우리들에게 머지않아 민족의 강력한 첫 유일팀을 세상에 소리 높이 선포할 수 있다는 믿음을 안겨주고 있다"고 하였다.

또한 그는 "우리가 그동안 토의한 몇 가지 문제들과 아직 토의는 하지 못했지만 쌍방 간의 의견이 사실상 본질적으로 같은 재정 문제라든가 신변안전 담보를 비롯한 나머지 문제들은 오늘 회담에서 다 합의 볼 수 있다"고 하며 남북단일팀 구성에 관한 합의서 초안을 제시하였다. 이어서 그는 "우리가 제기한 이 합의서 초안에 명시된 것은 새로운 것이 아니라 귀측에서 제시한 안을 그대로 받아들인 것이고 ... 그렇기 때문에 오늘 회담에서는 선수단 구성과 이를 추진하기 위한 공동기구에 관한 문제와 선수 선발 등의 문제에 관해서 심도 있게 논의하는 것만 남아 있다"고 하였다.[12]

사실 북측은 '고려'에 대한 집착을 버리고 우리 측이 주장한 '코리아'에 동의하였다. 그래서 단기에 대해서는 남측이, 명칭에 대해서는 북측이 양보를 한 것이다. 이렇게 단일팀에 큰 윤곽이 그려지고 있었다.

그런데 회담 중에도 북한은 끊임없이 회담장 뒤에서 쪽지가 들어왔다. 예전 서울 올림픽 단일팀 회담에서도 그랬지만

---

12 「'북경아시아경기대회' 제4차 남북체육회담 회의록」, 국토통일원 1989. 11, 13-28쪽.

쪽지가 들어오면 점잖았던 북측 대표가 갑자기 정치 공세를 늘어놓거나 장광설을 펼치며 회담 분위기를 흐려놓곤 하였다. 우리 대표들은 그것이 북측 대표 개인이 원해서가 아니라 북측의 회담 전술을 짜고 지시하는 전문가가 있다는 것을 이해하였다. 그래서 장충식 수석대표는 어떤 험담을 듣더라도 흥분하지 말고 역사상 최초의 단일팀을 만들어내는 데만 충실하자고 우리 대표들에게 당부하였었다.[13]

북측 수석대표의 기조발언문으로만 봐서는 회담이 마무리 단계에 와 있는 듯한 느낌마저 주었다. 그러나 아직도 여러 구체적인 문제들이 해결을 기다리고 있었다. 특히 선수 선발에 대한 구체적인 내용을 본회담이 아닌 '남북공동위원회'에 위임하자는 북측의 제의는 설득력이 없었다. 북측은 선수단 단장과 감독, 코치 등 문제에 대해서도 애매한 입장을 취하여 결국 다음 회담에서 이 문제를 다루기로 하였다.[14]

---

[13] 장충식, 『시대를 넘어 미래를 열다』, 2011, 447쪽.

[14] 위의 책, 145-159쪽.

5) 제5차 회담

제5차 회담은 1989년 11월 24일 10:00-14:10 판문점 남측 지역 '평화의 집'에서 열렸다. 이렇게 4차 회담 후 8일 만에 회담이 속개되어 양측의 회담 성과에 대한 기대를 반영하는 듯하였다. 사실 베이징 아시안게임에 단일팀으로 출전하려면 1990년 1월 말까지 회담을 끝내야 했다. 시간이 얼마 남아있지 않았다.

북측 김형진 수석대표는 기조발언에서 "지금 내외의 여론은 우리 쌍방 대표들이 오늘 회담으로서 유일팀을 위한 방안

1989년 11월 24일 판문점 남측 평화의 집에서 제5차 회담이 열렸다. 장충식 대표는 회담을 통해 단일팀의 단가와 단기, 호칭에 대해 합의하는 등 남북간에 상당한 의견 접근이 이뤄지고 있다고 말했다.

토의를 마무리 짓고 역사적인 첫 남북유일팀을 탄생시키는 새로운 전기를 마련하게 되리라는 희망과 기대를 표시하고 있다"고 하였다.

이어서 그는 "지난 제4차 회담에서 선수단 명칭 문제를 'KOREA'로 완전히 타결하게 된 것은 유일팀을 구성하는 데 있어서 가장 중요하고도 기본적인 문제를 해결한 것이며, 이것은 우리 민족이 화해와 단합을 이룩하고 단일팀을 바라는 겨레의 염원에 부응하기 위해 허심탄회하게 문제 토의에 임하고 서로 대범하게 양보한다면 아무리 어려운 과제라도 능히 해결해 나갈 수 있다는 것을 웅변적으로 실증해 준 것"이라고 하였다. 아울러 4차 회담 때 남측이 제기한 선수 선발과 관련한 18개 세부 사항에 대한 북측의 입장을 정리, 발표하였다.

이에 대해 남측의 장충식 수석대표는 "그동안 남북 쌍방간에는 단일팀의 단가와 단기에 이어 호칭에 대해서도 합의가 이루어졌으며, 선수 선발을 비롯한 나머지 문제들에 대해서도 상당한 의견접근을 보았다"면서 "지금 내외의 여론은 남북체육회담의 이 같은 진전에 대해 한결같이 찬사를 보내고 1990 베이징 아시안 게임에 단일팀 참가가 실현될 수 있도록 더욱 노력해 줄 것을 당부하고 있다"고 하였다.

또한 그는 "지금 세계는 인간의 기본권인 자유와 민주를 지향하여 급속한 변화를 거듭하고 있다. 나라와 나라 사이에는 이념과 체제의 차이를 초월하여 경쟁과 대결을 버리고 화해와 협력을 추구해 가고 있다. 남북 간에도 이제는 해묵은 경쟁의 시대에 종말을 고하고 있다"고 하며 남북체육회담의 근본적인 문제점을 우회적으로 지적하였다.

장 수석대표는 국제경기대회에 남북이 단일팀을 구성하여 출전할 수 있도록 하는 것은 체육 분야에서 남북이 하나의 뿌리를 가진 같은 민족임을 과시하는 일일뿐 아니라 앞으로 다 함께 공존공영을 추구함으로써 세계 속에서 하나의 민족공동체를 형성, 발전시켜 나갈 수 있는 희망찬 민족임을 실증하는 일임을 역설하였다.

이어서 그는 "그간의 토의 결과를 개관할 때 선수 선발 문제, 선수 훈련 방법 문제, 선수단 단장과 임원 구성 문제, 공동위원회의 기능과 공동사무국의 위치 문제를 비롯하여 기타 몇 가지 기본적인 의견 차이를 조정하면 10개 의제에 대한 합의의 토대가 마련될 수 있다"고 하며 4차 회담까지의 토의 결과를 종합적으로 정리하며 남측의 최종 입장을 밝혔다.[15]

---

15 「'북경아시아경기대회' 제5차 남북체육회담 회의록」, 국토통일원, 1989. 12,

이와 같은 남측의 입장 정리와 제의에 대해 북측은 신경질적인 반응을 보였다. 북측 김형진 수석대표는 회담 후 기자회견에서 "남측은 1차 회담 때 10개 항을 제기했고, 3차 회담 때 선수 선발에 관한 새로운 안을 제기했다. 북측은 3차 회담 때 남측이 제기한 수정안을 깊이 연구하여 4차 회담 때 남측에서 제기한 선수 선발 방법에 관한 제안을 100% 접수하여 제4차 회담에 내놓은 합의서 초안에 밝혔다. 이렇게 되면 선수 선발에 관한 문제는 다 타결된 것이나 다름이 없었다. 하지만 제5차 회담에서는 남측에서 선수 선발에 관한 또 다른 새로운 수정안을 들고 나옴으로써 구성 방안 토의에 장애를 조성했다"고 비난하면서, 남측이 제의한 "선수 선발전은 남과 북이 합의한 장소에서 공개적으로 한다"는 방식은 남북 간 화해와 협력이 아니라 같은 민족끼리 대결을 함으로써 또 다른 적개심을 불러일으키는 행위라고 비판하였다.[16]

이때부터 회담이 어긋나기 시작한 것이다. 북측은 선수단 선발에 있어서 공동 훈련을 하고 선수들을 혼합하여 선발 경기를 실시해 대표 선수를 뽑자는 주장을 하면서 구체적인 방법은 공동위원회를 만들어 논의하자고 하였다. 그러면서도

11-26쪽.

[16] 위의 책, 163-191쪽.

사무국을 서울, 평양 양쪽에 두고, 선수단장도 양측에서 두 사람이 공동으로 맡자고 하였다.

문제는 시간이었다. 회담은 앞으로 45일 안에 끝내야 하는데 중국어로 단일팀을 표기하는 방법, 선수 선발하는 방법, 사무국 운영 방법, 훈련 방법, 심지어 단일팀의 선수 선발 후 진행할 훈련의 명칭 등 문제가 쌓여 있었다. 회담의 진행이 여의치 않을 경우 무성한 말잔치 끝에 단일팀 구성 계획이 또다시 무산될 수 있었다.

6) 제6차 회담

제6차 회담은 1989년 12월 22일 10:00-14:00 판문점 북측 지역 '통일각'에서 열렸다. 남측 장충식 수석대표는 기조발언에서 "그동안 남북 쌍방은 단일팀 구성, 참가와 관련한 10개 항의 제안들을 각기 제시하고 진지한 토론을 해온 결과 몇 가지 미결사항을 제외하고 상당한 부분에 걸쳐 진전을 이룩했다 ... 그간의 토의 결과를 놓고 볼 때 우선 쌍방은 10개 항 기본사항 가운데 남북관계에서 민족적, 상징적 의미가 큰 선수단의 호칭, 단기, 단가 문제에서 남북체육회담 사상 처음

1989년 12월 22일 판문점 북측 통일각에서 열린 6차 회담에서 장충식 대표는 합의사항 이행을 보장하기 위한 여섯 가지 사항을 제안하였다.

으로 기본적 합의가 이루어졌다"고 하였다.

이어서 "다음으로 스포츠 기술상의 본질적 문제라고 할 수 있는 선수 선발, 선수 훈련, 선수단 구성 문제에 있어서는 합동훈련 단계에서 남북 선수 간의 선발전을 실시한다는 데 합의하는 등 그 동안 견해 차이를 나타냈던 상당한 부분에서 의견일치를 보았다. 특히 선수 선발에 있어서 남북을 왕래하면서 남북 선수 간에 공개리에 선발전을 실시한다는 데 합의한 것은 체육인 등으로 구성된 참관단과 기자를 상호 교환하는 계기를 마련함은 물론 남북 간에 체육교류가 실현되는 현장을 온 겨레가 TV를 통해 지켜볼 수 있는 희망을 갖게 했다"고 하며, 향후 쌍방 간에 협의, 해결해야 할 사항 여섯 가지를 제안하였다.

이에 대해 북측 김형진 수석대표는 "지난 9개월 동안 우리는 1990 베이징 아시안 게임에 유일팀으로 출전하여 민족의 슬기와 단합된 모습을 과시하려는 숭고한 목적으로 본회담을 성사시키는 데 모든 노력을 다해 왔다. 그동안 다섯 차례의 본회담에서 쌍방은 유일팀 구성 방안을 10개 항으로 조절하며 선수단 명칭, 깃발, 노래 등 중요한 문제를 합의하게 되었고, 선수 선발과 훈련, 선수단 구성과 유일팀 공동기구 등 나머지 7개 항의 59개 세부 종목에 대한 쌍방 안을 충분히 연구, 검토해서 이견을 접근시킴으로써 모든 토의를 순조롭게 할 수 있는 토대를 마련할 수 있었다"고 하였다.

이어서 그는 "북측의 거듭되는 양보와 아량에 의해 다섯 차례의 본회담과 세 차례의 실무대표 접촉을 통하여 단일팀 구성 방안을 거의 완전한 합의에 이르도록 했다"고 밝히며 "실무대표 접촉 과정에서 남측이 추가로 제기한 선수단 단장 문제, 공동사무국 설치 장소 문제, 개인경기 세부 종목별 선수 선발 문제 등에 대하여 다소 불합리한 점은 있지만 민족의 단합과 협력을 위해 모든 것을 받아들이겠다"면서 '단일팀

공동위원회' 구성 및 운영에 관한 세칙 초안을 제시하였다.[17]

제6차 회담 결과에 대하여 양측 대표들은 대체적으로 만족감을 표시하였다. 우선 남측의 장충식 수석대표는 기자회견을 통해 다음과 같은 추가 합의사항을 발표하였다. 첫째 선수단 호칭인 '코리아'의 중국어 표기를 '可禮亞'로 합의, 둘째 채점 종목에서 2명 이상인 경우 진 팀에서도 1명을 포함한다는 남측 안에 합의, 셋째 남측이 제안한 선수단장 단일화 제안에 합의, 넷째 공동사무국을 평양과 서울에 각각 설치하고 일정한 상주 인원을 파견한다는 남측 제안에 합의, 다섯째 공동추진기구 구성·운영 방안을 남측 제안대로 합의했다는 것 등이었다.

한편 북측 김형진 수석대표도 기자회견에서 위의 합의사항들에 대하여 오직 조국의 평화와 발전을 위한 대승적 차원에서 모두 동의했다고 하였다. 다만 남측이 '합의사항 이행보장장치'를 하자고 새로이 제기한 데 대하여 유감을 표하면서, 이 문제를 실무대표 접촉에서 협의하기로 합의를 보았다고 하였다.[18]

---

17 「'북경아시아경기대회' 제6차 남북체육회담 회의록」, 국토통일원, 1990. 1, 10-30쪽.

18 위의 책, 147-162쪽.

7) 제7차 회담

제7차 회담은 1990년 1월 18일 10:00-12:35 판문점 남측 지역 '평화의 집'에서 열렸다. 북측 김형진 수석대표는 기조발언에서 "지난 제6차 회담 때 10개 항 전체에 대하여 합의를 했으므로 오늘은 합의서의 문안 조율과 합의문에 양측 수석대표가 서명만 하면 되었던 것을 제4차 실무대표접촉에서 본 회담과는 관계도 없는 문제들을 들고 나와 난관을 조성하고 있다"며 남측을 비난하였다.

그는 "귀측이 지난 4차 실무접촉에서 내놓은 부칙이라는 것을 보면 교통수단 보장과 통로에 관한 문제, 경기 장소 선정 문제, 경기 관람을 위한 참관단 문제와 같은 것들이 대부분"이라며 이는 체육회담을 공전시키고 유산시키려는 음모라며 반드시 철회되어야 한다고 강변하였다.

그리고 그는 "제7차 회담에서는 첫째 단일팀 구성 방안에 대한 합의서의 문안 정리를 끝내고 그에 서명해야 한다. 둘째 공동추진기구 구성 · 운영에 관한 합의서 문안 정리를 끝내야 한다. 셋째 제7차 회담에서 합의된 사항을 성실히 이행하기 위한 보장장치 문제 토의를 끝내야 한다"는 등을 토의 안건으로 제기하였다.

한편 남측의 장충식 수석대표는 기조연설에서 "쌍방은 지난해 마지막으로 열린 제6차 회담에서 1990 베이징 아시안게임 남북단일팀 구성 · 참가와 관련한 10개 항의 기본사항과 단일팀 공동추진기구 구성 · 운영 방안에 대하여 기본적으로 의견일치를 보았으며, 이와 아울러 합의사항의 이행보장장치를 마련하자는 데 대해서도 의견을 같이했다. 이것은 단일팀의 성사를 고대하는 7천만 온 겨레에게 커다란 희망을 갖게 하는 것이었다"라며 그간의 회담 결과를 토대로 남측이 새로 조정한 단일팀 구성 · 참가에 대한 합의서 안을 북측에 전달하였다.

이 문건은 본문 10개 항으로 된 '남북단일팀 구성 · 참가에 관한 합의서(안)'과 7개 항으로 된 부칙(안), 단일팀 공동위원회 구성 · 운영에 관한 부속합의서(안), 본문 10개 항 내용의 용어해석에 관한 부속합의서(안), 1990 베이징 아시안게임 조직위원회 위원장 앞으로 보내는 '합의서한(안)', 아시아올림픽평의회 회장 앞으로 보내는 '합의서한(안)' 등이었다.[19]

요컨대 우리 측은 7차 회담에서 큰 원칙을 만들고 나머지는 다시 논의하자고 하였다. 단일팀으로 출전한다는 합의서

---

[19] 「'북경아시아경기대회' 제7차 남북체육회담 회의록」, 국토통일원 1990.1, 15-48쪽.

를 만들어 아시안게임 조직위원회에 제출하자고 하였다. 여기서부터 북측은 상당히 과민한 반응을 보였다. 합의서가 중요하지 않고 남북한 단일팀을 반드시 구성한다는 보장이 있어야 한다고 고집하였다. 그 말 속에는 단일팀이 구성되지 않으면 베이징 아시안 게임에 출전하지 않는 다는 약속이 포함되길 바라는 것이었다.

그럴 수는 없었다. 한국의 입장에서는 중국에서 열리는 아시안 게임이 공산권 국가들과의 교류를 트는 중요한 관문이기도 했다. 만약 북한의 말대로 합의서에 단일팀 구성 불발시 아시안게임 불참이라는 조건을 명시하면 이는 남북한이 모두 자신의 목을 조이는 셈이 될 것이었다.[20]

7차 회담 후 기자회견장의 분위기는 긴장감이 팽팽하였다. 북측 김형진 수석대표는 회담에 대한 불만을 토로하였다. "오늘 제7차 회담에서 기본방안 합의서와 공동추진기구 구성·운영에 관한 합의서에 서명을 하고, 합의사항 이행 보장 장치에 관한 문제에 완전 합의를 이룩하기 위해 성의 있는 노력을 다했다. 그러나 제4차와 제5차 실무대표 접촉에서 지금까지 논의되지 않았던 '부칙'이라는 새로운 문제무려 30여개의 조항를 제기함으로써 타결의 막바지에 오른 회담을 어렵

---

[20] 장충식, 『시대를 넘어 미래를 열다』, 2011, 449쪽.

게 만들었다"고 하였다.

이어서 그는 "실무대표접촉에 위임한 '단일팀 구성에 관한 합의서'와 '공동추진기구 구성 · 운영에 관한 합의서'의 문안 정리는 하지 않고 '공동위원회'에서 토의, 결정해야 할 사항들을 부칙에 끄집어내어 본회담 진행에 난관만 조성했다"고 비판하였다.

실무대표 접촉에서 추가로 제기한 부칙 사항과 '부속합의서'안 가운데 북측의 입장을 가장 곤란하게 했던 것은 아마도 본문 10개 항 내용의 '용어해석(안)' 부분이 아니었을까 짐작된다. 예를 들면 선수 선발을 위한 평가전 때 상대측 참관단기자 100명 내외, 일반관중 500-2,000명이 자유롭게 경기를 관람하고 경기 내용을 라디오나 TV로 공개 방송한다는 것이 당시 그들에게는 부담이 될 수도 있었을 것이다. 이와 같은 세부적인 문제에 대한 양측의 접근 방식이 상이하여 회담 막바지에 앞으로의 전망이 불투명하게 되었다.[21]

---

[21] 위의 책, 95-116쪽.

8) 제8차 회담

제8차 회담은 1990년 1월 29일10:00-12:19 판문점 북측 지역 '통일각'에서 열렸다. 남측 장충식 수석대표는 기조발언에서 "남북체육회담은 지난해 말까지 단일팀 구성 · 참가와 관련한 10개 항의 기본 사항에 원칙적 합의를 이룩했을 뿐 아니라 단일팀 공동추진기구 구성 · 운영 방안에 대해서도 의견 일치를 보는 등 괄목할 만한 진전을 보았다. 이제 우리의 회담은 합의 사항의 성실한 이행을 위한 보장 장치만 협의, 해결하면 문안 정리를 거쳐 합의서를 채택할 수 있는 단계에 와 있다"며 남측의 적극적인 입장을 밝혔다.

이어서 그는 "남측은 지난 제7차 회담 때 북측에 제시한 남북단일팀 구성 · 참가에 관한 합의서(안)에 포함된 친선 교환경기, 시설 사전 답사, 수송수단 등과 같은 내용이 우리 측으로서는 합의 사항의 성실한 이행을 위해 필요하다고 생각하지만, 북측의 주장을 고려하여 이를 삭제한다"고 하여 회담 성사를 위한 남측의 적극적인 입장을 전달하였다.

이에 대해 북측 김형진 수석대표는 기조발언에서 "이미 합의한 대로 지난 1월 18일 제7차 회담 때 유일팀 구성 · 참가에 관한 합의서에 서명했다면 45년 분단의 역사에서 처음으로 하나의 명칭, 하나의 깃발과 노래를 가진 유일팀을 탄생시켜 1990년도 베이징 아시안 게임에 북과 남이 하나의 팀으로 출전할 수 있는 확고한 전망을 열어놓게 되었을 것이다 ... 그러나 유일팀 구성 · 참가에 관한 10개 항의 기본 방안에 대한 완전한 합의를 이룩하고 유일팀 공동위원회 구성 · 운영 세칙에 관한 합의서에 대해서도 완전 합의를 보았음에도 불구하고 불필요한 논쟁으로 귀중한 시간을 보내면서 최종 합의서에 서명하지 못하고 있는 것은 참으로 안타까운 일이 아닐 수 없다"고 개탄하였다.

그는 또한 "만약 우리가 이제 또 물러서게 되면 대화는 했어도 열매를 거두지 못했던 60년대와 70년대 체육회담의 불미스러운 전철을 다시 밟게 될 것이고 분열의 고통으로 멍든 겨레의 가슴에 더 큰 상처를 남기는 죄를 짓게 될 것"이라고 하면서 뭔가를 작심하고 회담에 나온 듯하였다.[22]

제8차 회담 후 열린 기자회견에서 아직까지 남북 간에는 불신의 벽이 높다는 것이 드러났다. 남측 장충식 수석대표는 "오늘 회담을 통해서 북측의 입장을 다시 한 번 확인할 수 있었다. 우리는 단일팀 선수 선발 시합에 일반 관중이 참여하

---

[22] 「'북경아시아경기대회' 제8차 남북체육회담 회의록」, 국토통일원 1990. 2, 11-24쪽.

고 기자들이 경기 장면을 취재한다는 것을 기본적인 상식으로 이해하고 있었으나, 북측에서는 이것이 마치 북측 사회를 혼란스럽게 하려는 음모인 것으로 오해하고 있는 듯했다"고 지적하였다.

그리고 "'합의사항 이행 보장 장치'도 1979년 평양 세계탁구선수권대회 남북단일팀 구성을 위한 회담 때의 불미스러웠던 일이 재발되지 않도록 사전에 예방하자는 것이었고, 사실 '합의서'에 이행 보장 장치를 설치하는 것은 기본 상식이기도 한데 북측에서는 이것이 마치 불신을 조장하는 행위인 것같이 과민한 반응을 보이고 있다"고 하며 안타까워했다.

한편 북측 김형진 수석대표는 "오늘 회담에서는 지난 7차 회담 때 이미 쌍방이 합의한 대로 첫째 유일팀 구성·참가 방안 합의서의 문안 정리를 할 것, 둘째 유일팀 공동위원회 구성 및 운영에 관한 방안 합의서 문안에 서명할 것, 셋째 유일팀 구성 이행 보장 장치에 관한 문제를 이미 쌍방이 합의한 그대로 정부 당국의 보장 각서와 쌍방 올림픽위원회의 보장을 서로가 확인하는 확인서를 채택할 것으로 희망하고 나왔다"고 하였다.

이어서 그는 "그러나 남측이 제7차 회담 일주일 전인 1월 10일 실무대표 접촉에서 부당하게 37개 항의 부칙을 제기함으로써 7차 회담을 공전시켰을 뿐 아니라, 역시 오늘 제8차 회담에서도 유일팀을 선포하지 못하고 결렬시켰으며, 남측 실무대표단이 인위적으로 걸림돌을 조장하고 있다"며 비판을 쏟아냈다.[23]

9) 제9차 회담

제9차 회담은 1990년 2월 7일 10:00-12:15 판문점 남측 지역 '평화의 집'에서 열렸다. 북측 김형진 수석대표는 기조발언에서 "오늘 우리 회담은 합의서 서명을 눈앞에 둔 최종 결속 단계에 와서 심각한 난관에 봉착하고 있으며 … 이 같은 사실을 놓고 북과 남의 모든 체육인들은 안타까움을 금치 못하고 있고 또 회담의 운명과 유일팀의 전도에 대해서 깊이 우려하고 있다"고 하였다.

이어서 "내외의 공정한 여론이 인정하고 있는 바와 같이 오늘 유일팀 구성 문제가 엄중한 기로에 놓이고 회담의 운명 자체가 위태로운 상황에 처하게 된 것은 전적으로 남측에 책임이 있다"고 하였다. 또한 그는 "유일팀 구성을 지연 · 파탄

[23] 위의 책, 85-107쪽.

1990년 2월 7일 판문점 남측 지역 평화의 집에서 열린 9차 회담은 그동안의 합의가 무색하게 이견을 좁히지 못하고 언성이 높아지기도 했다.

시키기 위한 남측의 책동은 합의서에 서명을 하고 유일팀 탄생을 내외에 선포하기로 한 제7차 회담을 일주일 앞두고 열린 제4차 실무대표 접촉에서 더욱 노골적으로 드러났다"며 4차 실무대표 접촉 이후 아무런 진전 없이 다시 회담이 공전되고 있음을 비난하였다.

그러나 그는 "어떤 일이 있어도 유일팀을 성사시켜야 하며, 이제 와서 그것을 중도 포기할 수 없다"고 하며 다음과 같은 3가지 사항을 제기하였다.

첫째, 1990 베이징 아시안 게임에 절대로 별개의 팀으로 가

지 않으며 어떤 일이 있어도 유일팀으로 참가할 것이라는 데 쌍방이 합의하고 내외에 선포할 것

둘째, 남측이 회담 외적 문제이거나 공동위원회에서 토의하기로 한 문제들을 들고 나와 유일팀 구성을 지연시킨 사실을 시인하고 부칙을 깨끗이 철회할 것

셋째, 1990 베이징 아시안 게임에 유일팀이 아닌 별개 팀으로 참가하겠다고 한 남측의 책임 있는 체육관계자들체육부장관과 체육회장의 발언을 즉각 철회할 것

또한 그는 기조발언 말미에 "우리의 거듭되는 촉구와 내외 인민들의 한결같은 요구에도 불구하고 귀측이 우리의 정당한 요구를 받아들이지 않음으로써 끝내 유일팀이 구성되지 못한다면 그에 대한 책임은 전적으로 남측이 지게 될 것이며 그것은 참으로 민족과 역사 앞에 씻을 수 없는 오점을 남기는 것으로 될 것"이라고 하였다.

한편 남측의 장충식 수석대표는 기조발언에서 "우리 회담은 지난해 말까지 어려운 고비를 슬기롭게 극복하고 괄목할 만한 진전을 이룩했다. 쌍방 간에 단일팀 구성 · 참가와 관련한 10개 항의 기본사항과 '단일팀 공동추진기구' 구성 · 운영 방안에 기본적으로 의견일치를 본 것은 남북체육회담 사상

유례가 없는 일"이라고 평가하였다.

이어서 그는 "그러나 합의 사항 이행 보장 장치를 마련하지 못함으로써 그 실현을 기약하기 어렵게 된다면 참으로 가슴 아픈 일이 될 것"이라고 하였다. 또한 "이제라도 그간 회담 과정에서의 합의 내용을 냉철하게 재확인하고 합의 사항의 성실한 이행 보장을 위한 합리적 방안을 마련하는 데 성의를 다해야 한다"며 다음 몇 가지 사항을 거듭 제의하였다.

> 첫째, 합의서에 사용된 '용어의 정의'를 정확하게 규정하는 것은 상호 합의의 취지에 충실하겠다는 것을 확인하는 것이며, 합의서의 문안 정리를 용이하게 하기 위해서도 필요한 것이다. 따라서 '합의 사항 이행 보장 장치'의 하나로 '용어 해석' 문제를 제기함.
>
> 둘째, 남북체육회담이 결코 상대방의 국제경기 참가를 방해하기 위한 목적이나 수단이 되어서는 안 된다. 귀측은 합의 사항 불이행 시의 조치들이 어느 한 쪽을 얽어맬 수는 없다고 주장한다. 그러나 합의 사항 불이행 시의 조치를 명문화해 두는 것은 합의 사항을 단일팀 실현 이외의 부당한 목적에 이용하는 일이 없도록 하기 위해서도 반드시 필요함.
>
> 셋째, 우리 측은 1990 베이징 아시안 게임까지의 시일이 한정되어 있음을 고려하여 10개 항에 대한 의견 일치의 토대 위

에서 상호 협의 하에 그 일정을 확실히 정해 둘 것을 제의함 등

이상과 같이 양측에서 제기한 세 가지씩의 쟁점을 놓고 장시간 토론하였으나 합의 없는 소모전으로 끝나고 말았다.[24] 장충식 수석대표는 회담 후의 기자회견에서 "오늘 회담에서 가장 불쾌했던 것은 북측에서는 이미 단일팀 구성을 위한 남북체육회담을 결렬시키겠다는 내용을 제시했고, 특히 우리나라 국가원수의 이름을 경칭도 붙이지 않고 거명함으로써 사실상 회담 종결을 선언하는 듯한 분위기를 조성했다"고 하며 전례 없는 불쾌한 심정을 털어 놓았다. 그리고 "그들이 제기한 3가지 조건을 우리 측이 수용한다는 조건하에 다음 회담 개최 여부를 결정하겠다는 것은 사실상 회담 종결을 선언한 것이나 마찬가지"라고 하였다.

한편 북측의 김형진 수석대표는 기자회견에서 "남측은 회담장 안에서는 북남 유일팀 구성에 실천 의지가 있는 듯이 말하고 있지만, 지금까지의 회담 전 과정을 놓고 볼 때 사실상 남측은 계획적으로 유일팀 성사를 지연시킴으로써 어떻

---

24 「'베이징아시아경기대회' 제9차 남북체육회담 회의록」, 국토통일원, 1990. 2, 10-24쪽.

게든 이를 막아 보려는 책동을 해왔다"고 하며 남북 단일팀 구성이 이루어지지 못하고 있는 것에 대한 책임이 전적으로 남측에 있다고 주장하였다.

그는 제4차 실무대표접촉에서 남측이 제기한 '합의 사항 이행 보장 장치'와 '용어 해석'에 담긴 내용들, 그리고 1월 초에 남측 체육부장관이 태릉선수촌에서 "1990 베이징 아시안 게임에 단독팀으로 출전할 준비를 하라"고 발언한 점 등을 지적하였다.

그리고 그는 "남측은 부당한 분열주의적 입장을 깨끗이 청산하고 민족의 화합과 단합에 이바지하는 유일팀 구성을 위한 체육인 본연의 자세로 돌아와서 긍정적인 대답이 있기를 우리는 기대할 뿐"이라고 하였다. 기자들이 다음 회담 일정에 대하여 묻자, "남측이 우리가 제기한 문제에 긍정적인 회답을 줄 의향이 있다면 내일도 좋고 오늘 오후도 좋다"고 하였다.[25] 그러나 그의 기조발언 내용은 회담의 결렬을 이미 선언한 것이나 다름없었다.

노태우 정부가 '북방정책'을 추진하며 1988년 7월 7일 '민족자존과 통일번영을 위한 특별선언'을 내놓고, 북한은 같은 해 12월 1990 베이징 아시안 게임에 참가할 남북 단일팀 구

[25] 위의 책, 87-104쪽.

성을 위한 회담을 제의하였다. 이에 따라 남북체육회담이 이듬해 3월부터 약 1년간에 걸쳐 계속되었다. 이 기간 중 남북 간 총리급 회담을 위한 예비회담도 동시에 진행되고 있었다. 한반도에 새로이 조성된 분위기 속에서 단일팀 구성이 성사되리라는 기대가 높았다.

그러나 반 세기 동안 얼어붙었던 남북 간의 빙벽은 쉽게 녹지 않았다. 양측은 회담에서 큰 테두리의 사항에 대해서는 합의하였으나 '합의 사항 이행 보장 장치'와 '용어 해석' 등의 세부적인 사항에 관한 이견을 좁히지 못하였다.

남측은 과거 평양 세계탁구선수권대회를 앞두고 가진 남북체육회담에서 북측이 구사한 전술로 대회 참가가 무산된 사실을 기억하며, 이번 회담에서의 합의 사항에 대해서는 그 이행을 확실히 보장해 두고자 했다. 반면 북측은 큰 원칙에는 합의하면서도 장래 자신의 행동을 구속할 수 있는 구체적인 사항들에 대해서는 언약을 피하였다. 북한은 남북한 관계의 개선에 대한 기대는 가졌으나 항상 미래의 불확실한 상황에서 자신이 선택할 수 있는 여러 다른 전술의 가능성을 열어두고자 했다. 이와 같이 북측이 '이행 보장'을 공식화하기를 거부한 전술에는 앞으로 열릴 남북 총리급 회담에서 자신의 협상력을 약화시키지 않겠다는 계산도 깔려 있었다.

3. 남북 총리 회담의 성과

1) 남북 협상의 발자취

1970년대 초 미국과 중국이 관계를 정상화한 것을 배경으로 남북한 간 정치적 차원의 대화가 열려 1972년 7 · 4 공동성명이 발표되었다. 그러나 공동성명이 나왔다고 해서 양측이 급속한 남북 관계의 진전을 기대한 것은 아니었다. 당시 한국 측은 남북한이 경제, 문화, 인도적인 분야에서 점진적으로 관계를 개선해 나갈 수 있는 가능성을 모색해 보고자 하였다. 반면 북측은 그 본래의 '통일전선' 전략을 펼칠 수 있는 기회로 새로이 조성된 상황을 활용하고자 한 것으로 보인다.

이와 같은 북한의 정책은 7 · 4 공동성명에 따라 열린 남북조절위원회 회의에서 여실히 나타났다. 북측은 공동성명에서 '자주'의 원칙에 합의하였으니 미군이 한반도에서 철수되어야 할 것이며, '평화'를 약속하였으므로 남북의 병력 규모가 대폭 감소될 수 있을 것이고, 사상 · 이념 · 제도의 차이를 초월하여 민족적 단결을 도모하겠다고 하였으니 한국의 반

공법, 국가보안법은 폐지되어야 한다는 주장을 거듭하였다. 실질적 교류 사업에 대해서는 관심을 보이지 않고 선전 · 선동적 발언으로 일관하여 남북조절위원회는 얼마 동안 형체만 유지되었을 뿐 별다른 성과를 내지 못하였다.

남측은 7 · 4 공동성명 이후의 남북 접촉에서 나타나듯이 비정치적 분야에서의 남북 교류 협력 사업에 관심이 많았다. 북측도 1980년대 중반에 이르면 '통일전선'의 논리를 전적으로 포기하지는 않았으나 남측과의 인적인 접촉과 물적인 교류를 시도해 보려는 태도를 보였다.

중국이 1978년 12월, 등소평 체제가 출범한 이후 개혁 · 개방 정책을 추진하고 있는 가운데 북한도 해외로부터 자본과

1984년 남측에 수해로 많은 이재민이 발생하자 북측적십자사는 구호물자를 제공하겠다고 제의했고, 이를 계기로 11월 분단 40년 만에 처음으로 남북경제회담이 열렸다. 경제회담에서 남측 김기한 수석대표와 북측 이성록 대표가 담화를 나누는 장면

기술을 도입하여 경제발전을 꾀하려는 정책을 제한된 범위에서나마 시도하였다. 그러면서 남측과의 경제 교류 협력에도 기대를 갖게 되고, 여러 형태의 남북 접촉과 협상이 이루어졌다.

1984년 남측에 수해로 인한 많은 이재민이 발생하자 북측 적십자사는 이들을 위한 구호물자를 제공하겠다고 제의하였다. 남측이 이를 받아들여 쌀, 광목, 시멘트 등이 전달되었는데, 이를 계기로 최초의 남북경제회담이 열리게 된다. 같은 해 11월부터 차관급 수준에서 남북 간 교역과 경제 협력의 가능성에 대하여 논의하게 되는데, 약 1년간에 걸쳐 협상이 계속되었으나 구체적 성과는 나오지 않았다. 북한 당국은 남측과의 경제 교류 협력에 대해 긍정적인 기대를 가졌으나 이를 어떤 범위에서, 어떤 방법으로 추진할지에 대해서는 입장을 정리하지 못한 듯하였다.

남측은 교역 가능 품목, 교역량, 운송 및 결재 방식 등에 대해 협의할 것을 제의하였으나 북측은 이러한 구체적인 사안에 대한 입장 표명을 회피하는 태도를 보였다. 북측도 교역 가능 품목, 공동 어로 구역, 천연 자원의 공동 개발, 서울-신의주 간의 철도 재연결 등 굵직한 문제들을 언급하였으나 이러한 회담 전술은 논의의 초점을 흐려놓는 결과를 가져왔다.

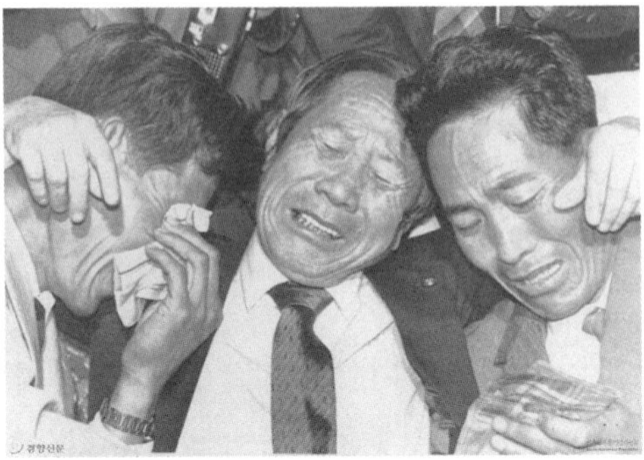

1985년 분단 이후 처음으로 이산가족 상봉이 이뤄졌다. 9월 22일 평양에서 상봉한 민경억 가족이 부둥켜안고 오열하는 모습

결국 구체적인 성과 없이 회담이 중단되었다.

한편 1985년 5월부터 남북 적십자사 간 이산가족 문제에 관한 협상이 진행되었다. 그 결과 같은 해 9월 하순 각 151명으로 구성된 방문단이 서울과 평양을 방문하여 남북분단 이래 처음으로 이산가족 상봉이 이루어지게 된다. 이산가족 방문단의 규모나 상봉의 방식이 상당히 제한되긴 하였으나, 양측 적십자사 간의 협상 과정에서 주목할 만한 것은 북측이 협상 사안에 대하여 모종의 타결이 이루어질 수 있도록 입장을 조정해 나간 점이었다. 남측이 관심을 가지고 있는 문제에 대해 협조하는 자세를 보인 것은 북측의 새로운 모습이었다.

북의 대남정책에 부분적인 변화가 감지되었으나 1985년 말경 남북 정부 간 접촉이 중단되었다. 이는 로잔에서 열린 '88 서울 올림픽 관련 남북체육회담에서 북측이 자신의 주장을 관철할 수 없게 되면서 다른 통로의 남북 협상도 모두 단절시킨 탓이었다. 아직도 북한은 남북 접촉을 선전 · 선동의 차원에서 접근하는 듯하였다.

2) 남북 기본합의서

한국은 1980년대 중 중국 및 소련과 관계를 개선하여 외교적 입지를 넓히는 데 상당한 노력을 기울였다. 중국과 소련의 대외정책 변화는 한국이 이러한 목표를 이루어 가는 데 기회를 제공하였다. 중국은 1978년 12월 등소평 체제가 출범한 이래 개혁 · 개방을 통한 경제 발전을 추구하는 과정에서 한국을 중요한 협력 상대국으로 여겼다. 실제로도 한국과 중국과의 무역, 경제 협력이 크게 늘어났다. 소련도 고르바초프 정부의 개혁 추진과 더불어 대외정책의 구조적 개편이 이루어졌으며 소련 외교에서 아시아 · 태평양 권의 중요성이 부각되고 특히 한국, 일본과의 관계 개선, 증진을 기대하였다.

이와 같이 주변 여건이 급변하는 가운데 북한만 문을 닫고 있을 수 없었다. 또 당시 북한 경제 정책의 목표를 달성하는 데 외부로부터의 대규모의, 장기적인 투자가 필요한 실정이었다. 평양 당국은 남측과 화해 분위기를 조성하며 경제 협력 가능성을 모색해야 했다. 이런 여러 요인들이 엮어져서 서울과 평양 당국 간 접촉이 진전되었다. 남북 총리 간 회담을 위한 예비회담이 1989년 2월부터 이듬해 7월까지 8차에 걸쳐 열린 끝에 1990년 9월 제1차 본회담이 열렸다. 1991년 12월의 제5차 본회담에 이르러 정원식 총리와 연형묵 수상은 다음과 같은 내용의 '남북 사이의 화해와 불가침 및 교류 협력에 관한 합의서' 이하 '남북기본합의서'에 서명하였다.

1) 전문

- 정치, 군사적 대결관계를 해소하여 민족 화해를 이루고, 무력 충돌을 막고, 간장완화와 평화를 보장하며, 다각적인 교류 협력을 실현할 것임.
- 남북 관계가 나라와 나라 사이의 관계가 아닌 통일을 지향하는 과정에서 잠정적으로 형성되는 특수 관계라는 것을 인정함.

2) 남북 화해

- 서로 상대방의 체제를 인정하고 존중하며, 상대방의 내부 문제에 간섭하지 아니함. 상대방을 비방, 중상하지 아니함.
- 현 정전 상태를 평화 상태로 전환시키기 위해 노력할 것이며, 평화 상태가 이룩될 때까지 정전협정을 준수함.

- 국제무대에서 대결과 경쟁을 중지함.
- 합의서 발효 3개월 내 판문점에 남북연락사무로를 설치함.

3) 남북불가침

- 상대방에 대해 무력을 사용하지 않으며, 남북 간의 문제는 대화와 협상을 통해 평화적으로 해결함.
- 불가침의 이행과 보장을 위하여 합의서 발효 3개월 안에 남북군사공동위원회를 구성, 운영할 것이며 동 위원회에서는 대규모 부대 이동과 군사 연습의 통보 및 통제 문제, 비무장지대의 평화적 이용 문제, 군 인사 교류 및 정보 교환 문제, 대량파괴무기와 공격 능력의 제거를 비롯한 단계적 군축 실현 문제, 검증 문제 등 군사적 신뢰 조성과 군축을 실현하기 위한 문제를 협의, 추진함.
- 우발적인 무력 충돌과 그 확대를 방지하기 위하여 군 당국자 사이에 직통전화를 설치, 운영함.

4) 남북교류협력

- 자원의 공동개발, 물자 교류, 합작투자 등 경제 교류, 협력을 실시함.
- 과학, 기술, 교육, 문화, 예술, 보건, 체육, 환경과 신문, 라디오, 텔레비전 및 출판 등 분야에서 교류, 협력을 실시함.

- 민족구성원의 자유로운 왕래와 접촉을 실현하며, 이산가족의 서신 거래와 왕래, 상봉, 방문, 재결합을 실현하며, 기타 인도적 문제에 대한 대책을 강구함.
- 철도와 도로를 재연결하고, 해로, 항로를 개설하며, 우편과 전기 통신 교류에 필요한 시설을 설치, 연결함.
- 국제무대에서 경제와 문화 등 여러 분야에서 협력함.
- 합의서 발효 3개월 안에 남북경제교류협력공동위원회 및 부문별 공동위원회를 구성, 운영함.[26]

이 기본합의서를 보면 구체적인 정책 사항들에 대해 구속력을 갖는 내용이라기보다 실현되어야 할 원칙을 포괄적으로 선언한 성격이 짙다. 양측의 의도와 정치적 의지에 따라 합의서의 실효성이 좌우될 수 있는 것이었다. 그런데 앞날의 상호관계가 순탄치만 않으리란 것이 이 합의서가 나오기까지의 협상 과정에서 감지되었다.

제4차 남북고위급회담1991. 10. 22-10. 25에서 북의 연형묵 수상은 남측이 사용하고 있는 '북한의 개혁, 개방, 변화'라는 말들은 '흡수통일'의 관념에서 나온 것으로서 받아들 수 없다고 하였다. 장래 남북 교류 과정에서 북한 사회가 받을 수 있는

---

[26] 「남북기본합의서」 전문은 본서 부록 II 참조.

문화적 충격에 대한 경계심을 드러낸 발언이었다.

사실 이 '북한의 개혁, 개방, 변화'라는 말은 1980년대 후반부터 한국 내에서나 국제적으로 널리 유통되며 한국의 정책 당국자나 일반의 관념 속에 당위적 개념이 되고 있었다. 때로는 남측에서 민족화해를 실현하기 위하여 북한 주민에게 자유와 인권이 보장되어야 한다는 주장이 나오기도 하였던 배경에서, 북측은 합의서에 서명은 하였으나, 남북 교류의 구체적 실현 단계에서는 체제 수호, 유지의 문제를 우선적으로 고려하게 될 것임을 예고하고 있었다.

군사 분야에 대한 논의에서는 '신뢰 구축'과 '군비 축소'의 개념이 대립하였다. 남측은 남북 간 군비 축소의 단계에 들어가기 전에 군 인사 간의 교류와 정보 교환 등 신뢰 구축의 단계를 거쳐야 한다고 주장하였다. 반면 북측은 대규모의 병력 감축을 제의하는 회담 전술을 구사하였다. 실제의 군사 여건상 남측이 받아들일 수 없는 것을 역 제의하여 논의의 초점을 흐리게 하는 방식이었다. 결국 합의서에서는 신뢰 구축과 군축의 구체적인 내용과 방법에 대해서는 향후 구성될 남북군사공동위원회에서 논의할 것이라고 표현해 두었다. '신뢰 구축'과 '군축'의 개념은 특히 유럽안보협력회의의 진전과 더불어 국제관계의 당위적 개념으로 통용되며 남북한 관계를 논의하는 데도 도입되어 사용되었으나 한반도의 현실 여건은 개념의 원 생산지인 유럽과는 거리가 멀었다.

정전협정 체제를 평화협정 체제로 전환하는 문제에 대해서는 북측은 북한과 미국 사이에 다루어져야 할 문제이며 남북 간에는 불가침선언을 채택하면 될 것이라고 하였다. 한국을 평화협정 당사자로 인정하지 않으려는 종래의 입장을 고수한 것인데 남측이 이를 받아들일 수 없는 것은 당연하였다.

이 문제에 대해서는 결국 정전 상태를 평화 상태로 전환시키기 위해 노력한다는 표현으로 타협하였다. 이 사안은 한반도 안보 문제에 관하여 한국과 북한이 국제 조약 체제 내에서 서로를 능동적 주체로 인정하느냐의 문제와 관련된 것이다. 북한이 종래의 입장을 버리지 않았다는 것은 한국의 국제적 정통성 문제에 대한 인식을 제대로 정리하지 않은 것으로 해석할 수밖에 없었다.

언론, 출판 분야에 관해서는 남측은 신문, 라디오, 텔레비전 프로그램의 상호 개방을 주장하였으나 북측은 '상호 개방'이라는 말은 피하고 '언론, 출판 분야에서의 교류와 협력'이라는 일반적인 표현으로 합의서의 뒷부분에 두기를 원하였다.

남북연락사무소의 설치에 관해서는 남측은 서울과 평양에 각각 설치할 것을 주장하였으나, 북측은 판문점에 두자고 주장하여 남측이 양보할 수밖에 없었다.

요컨대 중요한 근본적인 문제들에 대한 입장의 차가 현저하였으나 장기간에 걸친 협상 끝에 큰 테두리의 합의문이 나올 수 있었던 것은 향후의 남북관계 개선에 대한 쌍방의 기대를 반영한 결과였다.

3) 한반도 비핵화 공동선언

북한의 핵 개발에 대한 국제적 관심이 1989년 초부터 높아졌다. 한국과 미국 정부에서 북한의 핵무기 개발 가능성에 대한 우려의 목소리가 나오기 시작하였다. 미국이 북한 자체의 능력으로 핵무기를 개발할 수 있다는 결정적인 정보를 확보한 것으로 보도되고, 한국 국방정보본부는 북한이 1990년대 중반이면 핵무기를 생산할 수 있는 능력을 갖게 될 것으로 평가하였다.

북한의 핵 관련 움직임은 그 전에도 주목의 대상이 되었다. 미국이 북한 영변 지역에서의 핵 시설 건설에 대한 정보를 확보하여 평양 당국이 핵무기 개발을 시도할 수 있다고 보고, 소련이 북한에게 영향력을 행사하여 핵확산금지조약Non-Proliferation Treaty, NPT에 서명하도록 종용하였다. NPT 체제의 유지에 관해서 미국과 소련의 이해가 일치하였으며, 소련이 북한에게 4기의 원자로 수출을 내용으로 하는 핵 기술 제공을 대가로 북한이 1985년 NPT에 가입하도록 하였다.

그러나 NPT 회원국이 국제원자력기구International Atomic Energy Agency, IAEA와 체결하기로 되어있는 핵안전협정Safeguards Agreement 서명을 위한 절차를 북한이 지연시키면서 의혹을 사게 된다.

북한의 핵안전협정 체결 지연은 의도적이었던 것으로 드러났다. 1990년 2월 비엔나의 IAEA 이사회에서 북한은 미국의 핵무기가 한국에서 철수되지 않는다면, 그리고 미국의 북한에 대한 핵 위협이 계속된다면 북한은 NPT에서 탈퇴할 수 있다는 취지로 발언하였다. 그리고 같은 해 9월 소련이 한국과 외교관계를 수립하자 북한과 소련과의 동맹관계는 사실상 해체된 것으로 보고, 그때까지 "이 동맹관계에 의존해 왔던 무기"즉 핵무기를 북한이 독자적으로 마련하게 될 것이라는 발언도 서슴지 않았다.

그러나 북한의 핵무기 개발을 막아야 한다는 것은 한국,

미국뿐 아니라 NPT 체제를 옹호하고 있는 국제사회의 공통된 인식이었다. 따라서 이 문제는 당연히 1990-1991년에 걸쳐 열린 남북 총리 회담에서 논의되었다. 한편 세계 전략 상황의 변화에 따라 미국의 핵무기를 한국에서 철수해야 한다는 북한의 요구를 받아들일 수 있게 되었다. 즉 1991년 7월 미국과 소련 간에 조인된 전략무기제한협정Strategic Arms Reduction Treaty I, START I에 따라 그 해 9월 하순 워싱턴 당국이 해외에 배치된 모든 전술핵무기를 철수한다는 정책을 발표한 것이었다. 이어 서울 당국은 12월 18일 미국의 핵무기가 한국에서 완전히 철거되었다는 것을 확인하였다. 그 며칠 전 국방부는 북한이 핵안전협정에 서명하게 되면 연례 한미합동 군사훈련 팀 스피리트Team Spirit를 취소할 수 있을 것이라고 하였다.

이와 같은 배경에서 북한은 12월 23일 핵안정협정에 서명할 것임을 밝혔으며, 이어 12월 31일 남북한이 '한반도의 비핵화에 관한 공동선언'이하 '한반도 비핵화 공동선언'을 채택하기로 합의하였다. 남북한 간 '기본합의서'와 '비핵화 공동선언'을 성사시키기 위한 협상이 병행된 것이었다.

'한반도 비핵화 공동선언'에서는 남북한이 핵무기의 시험, 제조, 생산, 접수, 보유, 저장, 배분, 사용을 하지 않을 것임을 약속하였다. 핵에너지를 평화적 목적에만 사용할 것이며, 핵 재처리 시설과 우라늄 농축 시설을 보유하지 않을 것이라 하였다. 공동선언의 이행을 위하여 남북핵통제공동위원회를 구성, 운영할 것이며, 한반도의 비핵화를 검증하기 위하여 동 위원회가 규정하는 절차와 방법으로 사찰을 실시하겠다고 하였다. 이렇게 남북한 간 '기본합의서'와 '비핵화공동선언'이 연이어 나오면서 상호 협력의 틀이 마련되는 듯하였다.

제7장

남북 체육 교류의 장을 열다

1. 남북통일축구의 추진 배경

앞장에서 살펴보았듯이 1990 베이징 아시안 게임에 남북한이 단일팀을 구성하여 참가한다는 계획은 무산되었다. 그러나 이 무렵 취임한 정동성 체육부장관은 7 · 7 선언의 정신에 따라 북한과의 체육 교류를 적극 추진한다는 방침을 세웠다. 정 장관은 1990년 4월 20일 남북 체육 교류를 위한 기본 계획을 공식화하였으며 "북한의 개방과 남북 화해 무드 조성에 일익이 될 수 있도록 북한과의 체육 교류를 적극 추진하되, 북한의 입장을 고려하여 쉬운 것부터 하나하나 추진한다"는 정책 방향을 밝혔다.

1990년 7월 27일부터 베이징에서 열리는 한국 · 중국 · 일본 · 북한 간의 제1회 다이너스티컵 국제축구대회 참관을 위해 김용균 체육부차관이 서울을 출발하였다. 이때 정동성 장관은 "이 대회에 참가하는 북한의 고위 체육 관계자들과 경평축구 부활에 대한 협의를 해 보라"는 임무를 주었다. 다이너스티컵 남북한 간 시합이 열리던 7월 29일 경기장 귀빈실에서 조선체육지도위원회 강득춘 부위원장차관급을 만난 김 차관은 과거 1929년 10월부터 1946년 3월까지 열렸던 경평

친선축구대회의 부활을 조심스럽게 타진하였고 강 부위원장도 의외로 "경평전의 부활은 우리도 바라는 것"이라고 응답하면서 "북에 돌아가는 대로 이 문제를 적극 검토하여 판문점을 통해 연락하겠다"고 하였다.

북측의 이와 같은 반응에 대하여 우리 국내 관계자들의 대부분은 의례적인 응대에 불과한 것이라고 보았다. 그러나 이런 일반적인 예상을 뒤엎고 북한이 베이징 아시안게임 개막을 며칠 앞둔 9월 17일 판문점을 통해 "경평축구대회 개최에 기본적으로 동의한다"는 입장을 전달해 왔다. 한편 지난 남북체육회담의 북측 수석대표였던 김형진 베이징 아시안게임 북한선수단장은 9월 15일 일본 아사히신문 서울지국 하사바 기자를 만나 "조선체육지도위원회 김유순 위원장이 베이징에서 남측의 체육부장관을 만날 것"이라고 밝혀 경평축구 부활을 위한 남북한 체육장관회담의 가능성을 암시하기도 하였다.

경평축구 부활이 의외로 급진전되고 있었다. 정동성 장관은 베이징에서의 남북 체육장관회담을 앞두고 9월 19일 플라자호텔에서 남북체육회담 관계자회의를 열었다. 이 회의에서 정 장관이 밝힌 기본 입장은 "1990년 10월 16일로 예정된 제2차 남북고위급회담을 위한 좋은 분위기를 조성하고 나아가 남북정상회담으로 이어지도록 하기 위하여 본질적 사항이 아니거나 세부 절차에 관한 사항은 양보를 해서라도 성사되도록 하자"는 것이었다.

역사적인 남북 체육장관회담이 1990년 9월 23일 오전 9시 20분 경 베이징호텔에서 개최되었다. 비공개로 진행된 이 회담에서는 남북간의 스포츠 단일팀 구성 문제와 스포츠 교류 문제가 동시에 논의되었다. 북측은 남측 언론의 과열 보도에 대해 예민한 반응을 보였으나, 경평축구 부활에 대해서는 기본적으로 그 필요성을 인정하며 베이징 아시안 게임 기간 중 계속 협의해 나갈 뜻을 밝혔다. 그리고 양측은 각종 국제대

베이징 아시아경기대회 기간 중인 1990년 9월 29일 베이징 메인 프레스센터에서 남북은 평양과 서울에서 남북 통일 축구 경기를 개최한다는 합의문을 발표했다.

회에 단일팀을 구성하여 참가하는 문제와 남북 간의 스포츠 교류 문제를 협의하기 위한 회담을 조속히 개최하기로 하였다. 쌍방의 정부 당국이 이를 적극 지원키로 한다는 데 의견을 같이 하였다.

이 남북체육회담이 끝난 후 정동성 장관은 9월 25일 있을 사마란치 IOC 위원장의 서울평화상 수상식에 참석하기 위해 9월 24일 귀국해야 했다. 귀국 길에 오르면서 그는 경평축구에 대한 구체적인 사항의 협의를 장충식 남북체육회담 수석대표와 이학래 차석대표에게 위임하였다. 이에 따라 북측에서는 김형진 수석대표와 박시남 차석대표가 참가한 가운데 대회 실행을 위한 회담을 열었다.

장충식 단장과 김형진 단장은 앞에서 보았듯이 지난날의 여러 남북체육회담을 통하여 서로 잘 아는 사이였다. 두 사람이 수석대표였던 베이징 아시안 게임 단일팀 회담은 열매를 맺지 못했으나, 그 협상 과정에서 기본적으로 합의를 이룬 경험도 있어서 이번 회담이 순조롭게 진행되었다. 양측은 수차례 회담 끝에 9월 28일 저녁 합의에 도달하였으며, 회담의 결과를 이튿날 베이징 메인 프레스센터에서 공식 기자회견을 통해 발표하였다. 남측의 장충식 수석대표와 북측의 김형진 수석대표가 공동 기자회견에서 밝힌 합의사항은 다음과 같다.

〈남북통일축구 합의서〉

남과 북은 1990년 9월 28일 개최된 남북체육회담에서 남북(남 · 여)축구경기를 평양10월 11일과 서울10월 23일에서 갖기로 합의하였다.

- 그 명칭은 '남북통일축구경기'로 한다.
- 남측 선수단은 10월 9일 베이징에서 북측이 제공하는 비행기편조선민항으로 평양으로 직행, 4박 5일 체류 후 판문점을 통해 귀환한다.
- 북측 선수단은 10월 21일 판문점을 통하여 서울에 들어가 4박 5일 체류 후 북으로 돌아간다.
- 남측 대표단 구성은 정동성 체육부장관을 총 인솔단장으로 하고, 남녀선수, 임원 및 취재단으로 한다.
- 경기 시 쌍방은 아무런 표시 없이 유니폼 색깔로 구분한다.
- 선수단의 신변안전은 북측 사회안전부의 '각서발표'로 보장한다.

1990년 9월 29일

대한올림픽위원회 부위원장	조선올림픽위원회 부위원장
장 충 식	김 형 진

이로써 분단 45년 만에 최초로 역사적인 남북 스포츠 교류의 장이 열렸다. 특히 1990 베이징 아시안 게임 남북단일팀 구성을 협의했던 양측의 수석대표들에 의해 이번 일이 성사되어 특별한 의미를 갖게 되었다.

남측은 인솔단, 선수단, 기자단을 포함한 방북선수단 80명의 명단을 10월 3일 북측에 전달하였으나, 최종 방북단의 규모는 76명으로 조정되었다. 북측에서는 남측 언론사들의 '과잉보도'9월 18일자를 문제 삼아 보도진을 7명으로 제한할 것을 강력히 주장하였다. 그러나 장충식 수석대표의 끈질긴 설득으로 12개 언론사 20명 보도진으로 하는 데 동의를 이끌어냈다.

한편 장충식 수석대표는 역사적인 '남북통일축구'의 최종 합의를 성사시킨 장본인으로서 당연히 평양 행사에 동행해야 했으나 "그것은 1990 베이징 아시안 게임 한국 선수단 단장으로서 도리가 아님"을 스스로 내세워 아시안 게임이 모두 끝날 때까지 베이징에 머물렀다가 한국 선수단과 함께 서울로 직행하여 아시안 게임 한국 선수단 단장으로서의 임무를 끝까지 완수하였다.

베이징 아시안 게임의 한국 선수단은 금메달 54, 은 54, 동 73으로 4년 전 서울 아시안 게임에 이어 종합 성적 2위를 기록하였다. 대회의 성적도 좋았고 '통일축구'를 위한 합의도 이루어져 장충식 단장에게는 지난해 남북체육회담의 아쉬움을 떨칠 수 있는 보람 있는 대회였다.

2. 남북통일축구 평양 경기

분단 이후 반세기 만에 처음 열리게 된 남북통일축구경기 참가 한국 선수단 76명은 북측 승객 30여 명과 함께 특별기소련제 TU154형 561호, 정원 138명 편으로 베이징에서 평양까지 약 1천 km를 비행하였다. 일행은 압록강 상공을 지나 11시 59분 평양순안공항에 도착하였다. 입국수속은 기내에서 간단히 인적사항을 대조하는 것으로 끝냈다. 한국 선수단의 인솔단장이었던 정동성 장관을 선두로 비행기 트랩에서 내려 김유순 북한올림픽위원회 위원장, 김형진 부위원장, 최용해 축구협회장 등의 영접을 받았다. 3천여 명의 환영객이 5색 조화를 들고 나와 열렬히 환영하였다.

선수단 일행은 승용차 10대와 대형 버스 3대에 분승하여

1990년 10월 11일 남북통일축구가 열린 북한 평양의 능라도 5.1경기장에서 남북 여자축구대표팀이 기념 촬영한 모습

숙소인 고려호텔로 향했다. 순안비행장에서 창광거리에 있는 고려호텔까지 거리는 약 21km이나 환영 인파로 선수단 차량이 막히는 바람에 1시간 45분이나 소요되었다. 환영 인파는 김일성광장에서부터 고려호텔까지도 꽉 차 있었으며 선수단이 버스에서 내려 호텔 안으로 들어가는 데만도 30여 분이나 걸렸다.

역사적인 남북통일축구대회 첫 경기가 1990년 10월 11일 오후 3시 평양 능라도 5.1경기장에서 열렸다. 3시간 전부터 경기장 15만 석을 가득 메운 관중은 단일팀 깃발을 흔들며 뜨거운 열기를 뿜어냈다. 이날 관중들은 북한 당국에서 각 기관별, 직장별로 배분한 무료 초대권을 갖고 입장하였으며 질서정연하게 응원하였다. 5.1경기장의 전광판에는 '후대들에게 통일된 조국을 물려주자', '남측 선수단을 열렬히 환영한다', '조국통일', '민족대단결' 등이 방영되었다. 장내 방송에서 '고향의 봄', '우리의 소원은 통일' 이 반복하여 울려 퍼졌다. 오후 3시가 되자 드디어 남북 선수단이 2열로 손을 잡고 경기장을 돌면서 관중들의 환호에 답례하였다. 선수들이 손을 흔들며 천천히 운동장을 반 바퀴 돌아 경기장 중앙에서서 인사를 하자 장내는 함성과 함께 딱딱이나무박수 소리가 진동했다.

이어서 약 15분 간 북한 체육지도위원회 김유순 위원장의 환영 인사와 정동성 체육부 장관의 답사가 있었다. 김유순 위원장은 환영사에서 "민족적 단합을 위하여 개최되는 이번 대회에 온 남측 선수단을 평양 시민과 함께 환영하며, 지금까지 우리는 서로 대결하는 가슴 아픈 나날을 보내왔으나 이번 대회는 단합과 통일을 촉진하는 숭고한 행사"라고 하였다.

한편 정동성 장관은 답례 연설에서 "오늘은 남북의 체육인뿐 아니라 7천만 우리 겨레 모두에게 실로 뜻 깊고 역사적인 날입니다. 우리 일행은 오늘 이 역사적인 날 평양 시민 여러

1990년 10월 11일 평양 능라도 5.1경기장에서 열린 남북통일 축구경기(좌)와 경기가 끝난 뒤 남북한 선수들이 서로를 격려하며 유니폼을 바꿔 입는 모습(우)

분을 만나기 위해 기쁨과 기대와 설렘 속에 조국 분단 45년 만에 통일축구가 열리는 이곳 평양 5.1경기장까지 단숨에 달려왔습니다. 오늘 이 통일축구대회가 남북 간의 체육 교류는 물론 문화 · 예술 · 경제 등 제반 교류로 확대되어 마침내 조국 통일로 이어지게 되길 평양 시민 여러분과 함께 기원합니다"라고 하였다.

이어서 남북의 남녀 선수단은 기념 배지와 페넌트를 교환하고 기념 촬영을 했다. 경기장 전광판은 '북'과 '남'으로 출전팀을 소개하였다. 이날 경기에는 타스통신, 신화사통신 등의 외신 기자들이 대거 몰려들어 남북한 간 친선경기에 대한 비상한 관심을 나타냈다.

국기 없는 홍 · 백의 유니폼을 입은 남과 북의 선수들은 공을 빼앗긴 후 되찾기 위해 태클을 하다가도 행여 상대가 다칠 새라 가던 발을 거둬들였다. 전반전엔 남한의 김주성 선수가 첫 골을 넣자 관중들의 함성이 스탠드를 흔들었다. 골을 넣으면 습관적으로 펄쩍펄쩍 뛰던 김주성 선수도 멈칫 서서 관중들에게 깍듯하게 인사하였다. 그리고 후반에 북한의 윤정수 선수가 동점 골을 넣자 남측 선수들도 다행이라며 북측 선수들의 어깨를 다독거리며 격려하는 모습을 보였다. 그러나 경기 마지막 부분 로스타임에 주심이 패널티킥을 선언하여 경기장의 열띤 분위기에 찬물을 끼얹은 셈이 되었다. 어렵게 성사된 남북 체육 교류가 첫발을 내딛는 순간, 뜻하지 않았던 일이 터져 막판 분위기가 반전되는 듯하였다. 1:2로 북한이 역전승을 했지만 김유순 위원장과 김형진 부위원장은 "무승부가 훨씬 좋은 것"이라며 아쉬움을 표하기도 했다.

남북통일축구 못지 않게 여론의 주목을 받은 일은 이회택 전 국가대표 감독이 북한에 거주하는 부친을 상봉한 사건이다. 40년 만에 부자가 상봉한 이회택 전 한국국가대표팀 감독과 그이 아버지 이용진씨는 3박 4일을 함께 보낸 뒤 마지막 날 10월 13일 아침 7시 30분 고려호텔 3층 식당에서 함께 조찬을 들면서 흐르는 눈물 때문인지 제대로 식사도 하지 못한 채 승용차에 같이 올라 평양역으로 향했다. 서울 행 열차가 떠나기 직전까지도 아쉬움에 손을 놓지 못한 채 이회택

 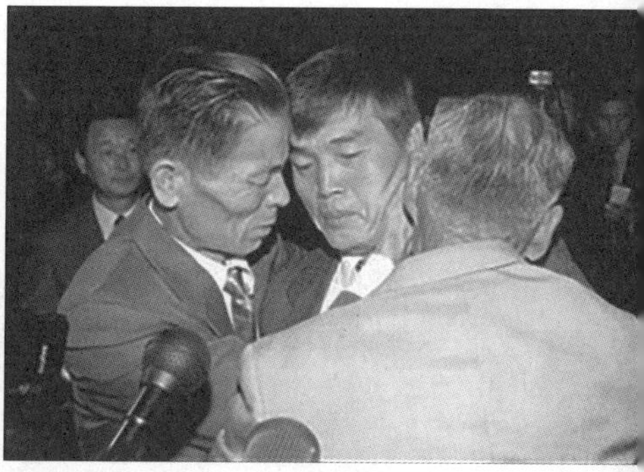

남북통일축구 대회를 위해 북한에 간 이회택 감독은 5세 때 헤어진 아버지를 40년 만에 평양에서 상봉했다.

감독은 "다시 통일이 되어 모실 때까지 부디 건강히 사십시오"라고 인사하였다. 아버지는 "다시 만나자"고 말한 뒤 목이 메어 말을 잇지 못하였다. 평양역 승강장에서는 한국 선수단 일행과 환송 나온 북한 인사 200여 명이 이들 부자의 이별을 지켜보며 눈물을 감추지 못하였다.

4박 5일 간의 평양 행사가 끝나고 13일 아침 8시 30분 평양역을 출발한 선수단은 세 시간 후 판문점에 도착하였다. 화물 인수와 입국수속을 마친 일행은 12시 30분 분계선을 통과, 10분 후에 남측 '평화의 집'에 도착했으며, 그곳에서 중식을 한 다음, 오후 5시 30분 올림픽 파크텔에 도착하여 저녁에 이어진 환영행사를 끝으로 남북통일축구 평양대회 일정을 모두 마쳤다.

3. 남북통일축구 서울 경기

통일축구 서울경기를 앞두고 체육부는 행사 준비에 만전을 기하였다. 정동성 장관은 우리는 의연한 자세로 북한 선수단을 따뜻하게 영접하되, 이 대회를 순수 민간 교류로 진행하며 정치적 행사는 일체 배제하기로 하였다. 또한 이번 대회가 향후 본격적인 남북 체육 교류로 계속 이어질 수 있느냐 여부를 결정지을 수 있는 시금석이 되는 행사라는 점을 감안하여, 북측에 부담이 되지 않도록, 그리고 이와 같은 교류가

1990년 10월 23일 서울에서 열린 남북통일축구 경기는 본격적인 남북 교류에 물꼬를 틀 수 있는 중요한 행사였다. 남북통일축구는 1990년대 초반 남북 체육 교류를 진전시키는 견인차 역할을 했다.

그들에게도 유익하다는 인식을 갖게 되도록 하자는 생각이었다.

10월 21일 판문점에서 북한 선수단을 맞이하기 위해 김용균 체육부차관, 장충식 KOC 부위원장 겸 남북체육회담 수석대표, 이학래 KOC 상임위원 겸 남북체육회담 차석대표, 임태순 통일원 남북대화사무국 전문위원, 조영승 체육부 청소년정책조정실장, 오완근 축구협회 부회장 등 영접단 53명이 오전 7시 50분 삼청동 남북대화사무국을 출발하였다.

김유순 국가체육위원회 위원장을 단장으로 하는 북한 선수단 은 9시 55분 판문점 분계선을 도보로 통과하였다. 남녀선수단과 임원 56명, 22명의 기자단으로 구성된 일행은 남측의 '평화의 집'으로 안내되어 우리 측 인사들과 인사를 나누었다. 분위기가 아주 좋았다. 이미 평양에서 경기를 치른 터라 양측 인사들이 오랜 친구들처럼 정담을 나누었다. 잠시 후 숙소인 워커힐호텔로 향하였다. 12시 22분 호텔에 도착하여 정동성 체육부장관, 김종렬 대한체육회장, 김우중 대한축구협회장 등 남측 인사들의 영접을 받았다.

그러나 북한 선수단이 서울에 도착한 첫날 예상치 못했던 문제가 발생하였다. 김우중 대한축구협회장 초청 만찬이 끝나고 밤 11시부터 일정 협의를 위해 남북의 연락관이 접촉을 갖기로 하였으나, 북측은 남측 언론의 대북 비판 기사 및 KBS I TV의 '여명의 눈동자'김일성 비하 내용가 방영된 데 항의하면서 일정 협의를 거부하였다.

북측 연락관은 "남측이 통일을 위한 화합 행사에 북측을 초청해 놓고 언론을 통해 비방하는 것은 예의에 어긋나는 일"이라고 비판하였으며, 김유순 북측 단장은 "정동성 장관이 나와 일정을 협의하든가, 아니면 축구경기를 취소하든가를 결정해야 한다"며 강하게 항의하였다. 이 문제는 결국 김우중 축구협회장 초청 만찬을 마치고 귀가하였던 정동성 장관이 직접 차를 몰고 워커힐호텔에 다시 나와 새벽까지 협의

1990년 10월 23일 잠실올림픽경기장에서 열린 남북통일축구 경기는 7만 관중이 운집한 가운데 성공적으로 치러졌다. 분단 이후 최초로 남한에서 남북한 체육교류가 실현되는 역사적 순간이었다.

한 끝에 무마되었다. 그날 밤 장충식 수석대표와 이학래 차석대표는 꼬박 밤을 새워가며 북측을 이해시키느라 진땀을 흘렸다.

북한 측 인사들은 어디에 있든 '평양'을 의식하는 것이 불문율이다. 사소한 문제라도 김일성이나 김정일과 관련된 일은 묵인하지 않았다. 이를 가벼이 여기면 평양에 돌아간 뒤 언제든 비판을 받고 모든 것을 잃을 수 있다. 북한과의 교류에서는 이 점을 잘 염두에 두는 것이 사업의 성공적 진행을 위해 필수적이다. 한국의 언론에 대한 북측의 과민 반응에는 이런 북측 인사들의 고충이 있다.[1]

역사적인 행사를 앞두고 철저하게 준비하고 사전 점검하였지만, 반세기 동안 굳어진 이념, 체제, 습관의 차이에서 오는 문제점은 한두 가지가 아니었다. 아슬아슬하게 대회 일정의 하루하루를 넘기면서 통일축구 서울 경기는 드디어 예정대로 10월 23일 오후 3시 잠실올림픽경기장에서 개막되었다.

이날 개막식은 염광여상 고적대의 선도 아래 남북 선수단이 손에 손을 잡고 함께 입장함으로써 7만 관중의 우뢰와 같은 박수를 받았다. 아래위 붉은색 유니폼을 입은 남측 선수

---

[1] 장충식,『시대를 넘어 미래를 열다』, 2011, 454-455쪽.

들과 흰색 유니폼을 입은 북측 선수들은 트랙을 반 바퀴 돌아 본부석 앞에 정렬한 뒤 나란히 함께 손을 들어 관중들에게 인사하였다. 개막식이 곧 시작되었고 정동성 장관의 환영사에 이어 김유순 위원장의 답사가 있었다.

정동성 장관은 환영사에서 "오늘의 통일축구경기가 1천만 이산가족의 마음을 위로해 주고, 체육을 포함한 모든 남북간의 교류와 협력의 새로운 시대를 열면서 통일의 그날을 앞당기는 디딤돌이 되기를 기원한다"고 하였다. 김유순 위원장도 답사에서 "평양과 서울에서 진행되는 통일축구경기는 순수한 체육 축제일 뿐 아니라 우리 민족의 통일 위업 수행에 적극 이바지하는 통일 축제이며, 따라서 통일축구경기는 승패를 겨루는 단순한 경기가 아니라 끊어졌던 체육인들의 혈연적 유대를 다시 잇고 기량을 나누는 마당이며 통일의 대문을 열어가는 마당"이라고 하였다.

경기는 길기철 주심의 휘슬을 신호로 곧 시작되었다. 전반 17분 만에 남한의 황선홍 선수가 헤딩으로 선제골을 넣었다. 1:0의 스코어로 시합이 5시 3분에 종료되었다.

10월 25일 워커힐호텔 광장에서 오전 9시 30분부터 약 10분 간 북측 선수단을 위한 환송 행사가 열렸다. 정동성 장관, 김종렬 대한체육회장, 김우중 대한축구협회장, 장충식 남북

체육회담 수석대표 등 700여 명이 참석하였다. 환송장에서 정동성 장관은 김유순 위원장에게 4박 5일 일정의 활동 내용을 담은 사진 앨범을 선물로 전달하였다. 김유순 위원장은 승용차에 오른 후 차창 밖으로 손을 흔들어 환송객들에게 답례하였으며, 북측 여자 선수들은 버스에 앉아 눈물을 흘리며 상기된 얼굴로 남측 선수들에게서 눈을 돌리지 못하였다. 이렇듯 스포츠는 인간의 깊은 곳에 있는 순수한 마음을 하나로 엮는 힘이 있다.[2]

11시 5분 판문점에 도착한 북측 선수단 일행은 예정된 평양행 특별열차 출발 시간 때문에 우리 측 '평화의 집'에서 김용균 체육부 차관, 장충식 KOC 부위원장 등 인사들과 잠시 다과를 나눈 후 서둘러 떠났다. 북한 축구팀 명동찬 감독을 비롯하여 남자 선수들은 남측 선수들과 차례차례 작별의 악수를 나누었고, 여자 선수들도 우리 측 선수들과 얼싸안고 "언니 평양에서 다시 만나요"라며 바쁘게 인사를 나누며 헤어졌다. 이들은 군사분계선을 통과해 개성시 취주악단이 연주하는 '우리의 소원은 통일'을 들으면서 옷소매로 눈물을 훔치기도 하였다.

이렇게 조국 분단 45년, 남북체육회담 시작 27년 만에 극

---

2 위의 책, 455쪽.

적으로 이루어진 남북통일축구의 막이 내려졌다. 1990년 10월 한 달 동안 한반도를 뜨겁게 달구었던 이 대회의 의의를 지속적으로 살려나가는 일이 향후 남북 체육 교류의 과제이다.

①

②

③

④

⑤
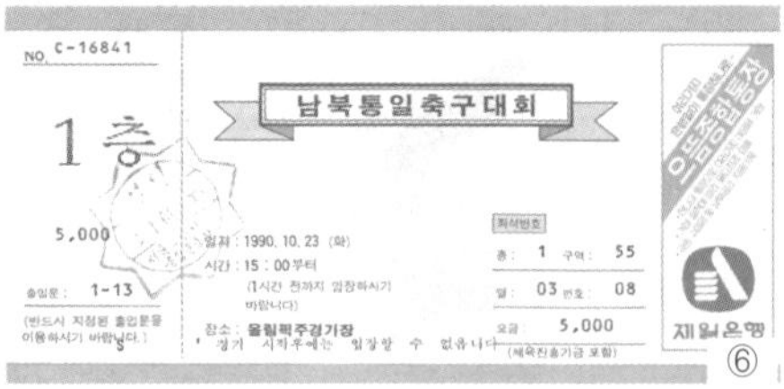

⑥

① 남북통일축구대회를 위해 입경하는 북한선수단 ② 잠실경기장 답사 ③ 63빌딩 수족관 관람 ④ 선수단 피로연 ⑤ 북측 선수단 송별회 ⑥ 경기장 입장권

제8장

남북한 체육 교류의 활성화

1. 남북 체육장관 접촉

남북통일축구 평양경기를 마친 후 1990년 10월 12일 저녁 인민문화궁전 앞 목련관에서 송별만찬이 열렸다. 남북한 선수단 220명이 참석한 가운데 화기애애한 분위기 속에서 '통일을 위하여'라는 건배 구호를 교환하며 만찬이 진행되었다. 만찬 후 양측의 체육장관은 선수단 숙소인 고려호텔 2층 6호실에서 23:20부터 24:00까지 통일축구 정례화와 남북 스포츠 단일팀 구성을 위한 첫 회담을 가졌다. 이날 회담에 남측에서는 이학래, 조영승, 임태순, 오지철 등 인사들이, 북측에서는 김형진, 이이남, 김정식 등이 배석하였다.

남북의 체육장관은 제41회 세계탁구대회, 1992 바르셀로나 올림픽, 제3회 삼지연 동계아시아대회 등 주요 국제대회에 남북한이 단일팀을 구성하여 참가하기로 하고, 이에 대한 구체적인 사항을 협의하기 위하여 남북체육회담을 빠른 시일 안에 개최하기로 합의하였다. 북측은 체육회담을 판문점 대신 서울과 평양에서 개최하자는 우리 측 제안에 긍정적인 반응을 보였다. 또한 여름과 가을철에 남북한에서 번갈아 합동훈련을 갖자는 데도 의견을 같이 하였다. 남과 북의 체육장관은 이 자리에서 다음날 평양을 출발하기 전에 공식 발표할 공동합의문에 서명하였다. 합의문 내용은 다음과 같다.

〈평양 남북체육장관 공동합의문〉

첫째, 남과 북은 다음과 같은 주요 국제대회에 단일팀을 구성·참가키로 한다.

- 제41회 세계탁구선수권대회(일본, 지바)
- 제25회 하계올림픽대회(스페인 바르셀로나)
- 제3회 동계아시아대회(북한 삼지연)

둘째, 위 대회 단일팀 참가 문제를 협의·해결하기 위한 남북체육회담을 조속한 시일 내에 개최키로 한다.

셋째, 남북체육회담 장소와 시기는 쌍방이 협의하여 정한다.

넷째, 평양에서 열린 통일축구대회는 통일 위업에 이바지하였음을 확인하였으며, 앞으로 이 경기대회의 지속적 개최 문제는 서울에서 열릴 통일축구경기대회 때 쌍방이 협의하여 결정할 것이다.

1990년 10월 12일

남측 체육부장관 정동성　　북측 국가체육위원회 위원장 김유순

1990년 10월 12일 남북은 평양에서 체육장관 회담을 열고 주요 국제대회에 단일팀을 구성하여 참가한다는 공동합의문을 발표했다. 남측 정동성 장관(우)과 김유순 위원장(좌)

통일축구대회 서울 경기 때도 북한 선수단이 떠나기 전날 저녁 워커힐호텔에서 송별만찬이 열렸다. 만찬이 끝난 후 22시 50분부터 약 1시간 40분 동안 호텔 2층 주니퍼룸에서 남북 체육장관 회담이 비공개로 진행되었다. 이 회담에 남측에서는 장충식 KOC 부위원장, 이학래 KOC 상임위원, 임태순 통일원 전문위원, 조영승 체육부 청소년실장, 박수창 안정기획부 요원 등이, 북측에서는 김형진 NOC 부위원장, 한인근 NOC 집행위원, 유성철 정무원 실장, 리이남 국가체육위 부국장 등이 배석하였다. 이 회담 후 발표된 공동합의문 내용은 다음과 같다.

〈서울 남북 체육장관 공동합의문〉

첫째, 주요 국제대회 남북 단일팀 구성·참가를 위한 제1차 남북체육 회담은 1990년 11월 29일 오전 10시 판문점 북측 지역 통일각에서 개최한다.

둘째, 회담 대표단의 구성은 제11회 북경아시아경기대회 단일팀 구성·참가를 위한 남북체육회담 대표로 하는 것을 원칙으로 하되 대표단 명단은 추후 발표한다.

셋째, 회담 의제는 제41회 세계탁구선수권대회, 제25회 바르셀로나올림픽경기대회, 제3회 삼지연 동계아시아경기대회 및 기타 주요 국제경기대회에 쌍방이 단일팀을 구성하여 참가하는 문제로 한다.

넷째, 남북통일축구 대회 정례화 문제와 기타 남북 체육 교류 문제는 위의 체육회담에서 협의·결정한다.

1990년 10월 24일

남측 체육부장관	북측 국가체육위원회 위원장 겸 올림픽위원회 위원장
정동성	김유순

2. 단일팀 구성을 위한 협상

위와 같은 합의에 따라 단일팀 구성을 위한 남북 협상이 1990년 11월 29일부터 1991년 2월 12일까지 판문점에서 본회담 4 차례, 실무대표 접촉 4차례 탁구와 축구 각각 2차례씩 열렸다. 남측은 수석대표 장충식 KOC 부위원장, 차석대표 이학래 KOC 상임위원, 그리고 임태순, 김사홍, 박수창 등 KOC 위원들이, 북측은 수석대표 김형진 NOC 부위원장, 차석대표 장웅 NOC 서기장 외 김정식, 김상부, 김영석 등 NOC 위원들이 회담 대표단으로 참여하였다.

체육장관 공동합의문에 따라 남북은 단일팀 구성을 위한 협상을 시작해 나갔다. 1990년 11월 29일 판문점 북측 통일각에서 제1차 회담이 열렸다. 남측 장충식 수석대표(우)와 북측 김형진 수석대표(좌)

장충식 수석대표와 김형진 수석대표는 지난 2년간에 걸쳐 수많은 회담을 겪으며 친숙한 사이가 되었다. 서로 만나면 허물없이 개인사를 물어볼 정도로 인간적 유대감이 조성되어 있었다. 이런 관계가 회담이 안정된 분위기 속에서 조속히 진행되는 데 도움이 되었다.

1) 제1차 회담

제1차 회담이 1990년 11월 29일 오전 10시 판문점 북측 지역 통일각에서 개최되었다. 회담은 양측 수석대표의 기조발언과 쌍방이 제기한 토의 안건들에 대한 자유토론 형식으로 진행되었다.

회담 대표들이 상호 인사를 나눈 뒤 북측 김형진 수석대표가 먼저 기조발언을 했다. 그는 "북과 남이 국제경기에 유일팀으로 출전하는 문제는 실현해도 되고 안 해도 되는 체육실무적인 문제가 아니라 민족 체육의 장래 발전과 민족의 숙원인 조국통일과도 직접 잇닿아 있는 매우 중대하고 책임적인 문제"라고 하며, 제41차 세계탁구선수권대회에 남북단일팀으로 참가하기 위한 합의서 초안, 제25차 올림픽대회 아시아지역 축구 예선경기에 남북단일팀으로 참가하기 위한 합의서의 초안을, 제6차 세계청소년축구선수권대회에 남북단일팀으로 참가하기 위한 합의서의 초안을, 그리고 국제올림픽위원회와 국제탁구연맹 및 아시아축구연맹에 보낼 서신에 관한 합의서의 초안을 제시했다.

한편 남측의 장충식 수석대표는 기조발언에서 "오늘날 세계는 동서독이 마침내 통일의 축제를 올린 것을 비롯하여 유럽의 모든 나라들이 냉전체제의 종식을 선언하는 등 평화와 통일, 그리고 행복을 위한 설계를 구체화시키고 있으며 … 남북 간에도 분단 이래 처음으로 쌍방 총리들이 서울과 평양을 방문하는 가운데 교류 · 협력 실현과 대결 상태 해소 등 관계 개선을 위한 고위급 회담이 진행되고 있음"을 강조하면서, 지난번 통일축구 기간 중에 남북의 체육장관들이 합의한 국제경기대회 남북 단일팀 구성 · 참가 문제를 차질 없이 해결할 것을 제의하였다. 아울러 그는 남북통일축구대회의 정례 개최에 대한 합의서의 초안과 제41회 세계탁구선수권대회 남북단일팀 구성 · 참가에 관한 합의서의 초안을 제시하였다.

이 회담에서는 의제 문제가 쟁점이 되었다. 남북 체육장관 합의문에는 "제41회 세계탁구선수권대회, 제25회 바르셀로

나올림픽, 제3회 삼지연동계아시아경기 및 기타 주요 국제경기에 쌍방이 단일팀을 구성 · 참가하는 것"으로 되어 있는데, 남측은 세계탁구선수권대회와 '통일축구 정례화'를 회담 의제로 제안하였고, 북측은 세계탁구선수권대회, 바르셀로나올림픽 아시아지역 축구 예선, 세계청소년축구경기를 들고 나와 서로가 혼란스러웠다.

남측에서 제기한 통일축구 정례화 문제는 남북 장관회담 때도 논의가 되었었다. 그러나 올림픽 아시아지역 축구 예선 단일팀 구성 · 참가 문제는 남북한 간의 합의로써만 이루어질 일이 아니고, 국제올림픽위원회와 국제축구연맹, 그리고 아시아올림픽평의회와 아시아축구연맹과도 관계가 있는 사항이어서 실현 가능성이 희박한 것이었다.[1]

2) 제2차 회담

제2차 회담은 1991년 1월 15일 10:00-12:05 판문점 남측 지역 '평화의 집'에서 열렸다. 남측의 장충식 수석대표는 기조발언

---

[1] 「'남북체육교류 및 단일팀구성' 제1차 체육회담」, 국토통일원, 1990. 11, 14-108쪽.

에서 "오늘 회담도 지난 제1차 회담에서와 같이 통일축구대회의 정례화를 비롯한 남북체육교류 문제와 단일팀 구성 문제를 병행 토의하자는 우리 측 주장과 단일팀 구성 문제를 우선적으로 토의하자는 귀측 주장이 팽팽하게 맞서 쌍방 간에 아무런 의견 접근을 이루지 못한다면 시일이 촉박한 제41회 세계탁구선수권대회 단일팀 구성 · 참가가 어렵게 될 수도 있을 것"이라고 지적하면서 "우리 측은 통일축구대회 정례화 문제가 이 회담에서 반드시 협의, 해결되어야 한다는 입장에는 변함이 없지만, 회담 진전의 새로운 활력을 불어넣기 위해 이 회담에서 해결해야 할 과제들에 대한 토의의 순

1991년 1월 15일 판문점 평화의 집에서 열린 제2차 남북체육회담. 뚜렷한 합의사항은 없었지만 양측은 서로의 입장을 이해하고 단일팀 성사에 대한 강한 의지를 보였다.

서를 다음과 같이 제시한다"고 하였다.

장충식 수석대표가 제시한 것은 첫째 제41회 세계탁구선수권대회 및 제6회 세계청소년축구선수권대회 단일팀 구성 · 참가 문제, 둘째 남북통일축구대회 정례화 문제, 셋째 전반적인 남북 체육 교류 · 협력과 국제경기대회 단일팀 구성 · 참가에 관한 문제 등의 순서였다. 그리고 그는 "이것은 통일축구대회 정례화 문제를 토의하기에 앞서 금년 4월과 6월로 각각 예정된 세계탁구선수권대회와 세계청소년축구선수권대회 단일팀 구성 · 참가 문제를 우선적으로 토의하자는 귀측의 주장을 대폭 수용한 것"이라고 밝혔다.

제1차 회담 때에 비하여 북측에서도 이번에는 변화된 모습을 보였다. 김형진 수석대표는 기조발언에서 "지난해 평양과 서울에서 진행된 통일축구대회는 북과 남 사이의 오해와 불신을 해소하고 민족의 화해와 단합을 도모하며 민족적 범위에서 통일 열기를 불러일으키는 데 커다란 기여를 했다. 이런 견지에서 통일축구경기를 정례화하는 데 대한 우리의 입장에는 변함이 없으며, 우리는 어디까지나 통일축구경기를 계속하자는 것이다. 다만 통일축구경기는 불과 몇 달 전인 지난해 10월 평양과 서울에서 진행하였고, 또 당장 해결되지 않으면 안 될 그런 불가피한 사정도 없는 만큼 그 문제는 쌍방 합의 정신대로 유일팀 구성 문제를 협의, 해결한 다음에 토의하자는 것"이라고 하며 한 발 물러서는 태도였다.

또한 그는 불필요한 논쟁으로 시간을 낭비하지 말아야 하며, 합의하고도 실천하지 못한 과거의 전철을 밟아서는 안 된다고 하며 합의를 위해 필요하다면 오후에도 회담을 계속할 수 있다는 적극적인 자세였다.

그러나 이 회담에서도 약간의 의견 대립이 있었다. 남측은 세계탁구선수권대회와 세계청소년축구선수권대회에 대한 합의서(안)을 제시한 반면, 북측은 세계탁구선수권대회 단일팀구성에 대한 합의서(안)만 들고 나왔다. 또한 남측에서는 공정한 선발전을 통해서 단일팀을 구성해야 한다는 데 반해 북측은 서로가 실력을 다 아는 사이인데 복잡하게 그렇게 할 필요가 있느냐며 적당히 안배하는 방식을 취하자는 주장이었다.

이렇듯 제2차 회담에서도 뚜렷이 합의된 사항은 없었다. 그러나 양측이 서로의 입장을 이해하려는 모습을 보였고, 양측 다 이번에는 반드시 단일팀을 성사시켜야 겠다는 의지가 확실한 것으로 보였다.[2]

---

[2] 「'남북체육교류 및 단일팀구성' 제2차 체육회담」, 국토통일원, 1991. 1, 13-111쪽.

3) 제3차 회담

제3차 회담은 1991년 1월 30일10:00-12:30 판문점 북측 지역 '통일각'에서 열렸다. 이 회담은 1-2차에 비하여 비교적 우호적인 분위기였다. 북측 김형진 수석대표는 기조발언 서두에서 한미합동군사훈련팀스피리트 91을 강하게 비판하면서도 단일팀 구성 문제는 꼭 성사시켜야 한다는 입장을 재확인하였다. 그는 "제41차 세계탁구선수권대회를 비롯한 국제경기 개막일이 이제 얼마 남지 않고 있다는 사정을 고려할 때 우리는 갑론을박하면서 시간을 보낼 수 없으며, 어떻게 하든 미결 문제에 대한 토의를 하루속히 결속하고 유일팀 탄생을 선도해야 할 것"이라고 하였다.

이어서 그는 3차 회담에서 토의해야 할 몇 가지 문제들에 대한 의견을 밝혔다. 그는 우선 탁구 선수 선발 방법을 '선발시합'이 아닌 '합의제'로 하자는 것을 또다시 주장하였고, 선수 훈련 방법은 시일이 촉박한 관계로 경기가 열리는 일본 현지에 가서 하자고 했다. 그러면서 합의사항을 구체적으로 협의, 추진하기 위한 '탁구유일팀실무위원회'를 구성 · 운영하자는 안을 제시하였다.

한편 남측 장충식 수석대표는 기조발언에서 "지난 제2차

제3차 남북체육회담은 1991년 1월 30일 판문점 통일각에서 열렸다. 양측은 팽팽한 입장을 주고받으면서도 합의점을 찾아나가려는 노력을 계속해 나갔다.

회담 때 세계탁구선수권대회와 세계청소년축구선수권대회 단일팀 구성 · 참가 문제를 우선적으로 협의, 해결한다는 데 쌍방 간에 의견일치를 보고 나아가 이를 위한 합의서 문안에 대한 구체적 토의를 진행한 것은 이 회담의 첫 결실에 희망을 갖게 하는 고무적인 일이 아닐 수 없다"고 하였다.

이어서 그는 "오늘 제3차 회담에서는 2차 회담 때 미결로 남은 선수 선발, 선수 훈련, 선수단장 문제에 있어서 서로 한 걸음씩 양보하며 일괄 타결할 것을 희망한다"고 하며, 다음과 같은 파격적인 타협안을 제시하였다.

첫째, 선수 선발 문제

- 제41회 세계탁구선수권대회에 출전할 남북 단일팀 선수는 '단일팀 공동추진기구'에서 협의, 선발함.
- 제6회 세계청소년축구선수권대회에 출전할 남북 단일팀 선수는 서울과 평양에서 공개적으로 실시하느 평가전을 기초로 하여 '단일팀 공동추진기구'에서 협의, 선발함.

둘째, 선수 훈련 문제

- 선수 강화훈련을 청소년 축구뿐 아니라 탁구의 경우에도 서울과 평양에서 각각 1회씩 실시함.

셋째, 선수단 단장 문제

- 선수단 단장 문제는 탁구와 축구의 경우 현재 남과 북의 경기력이 비슷하여 선발한 선수의 수가 같게 될 가능성이 크므로 탁구는 북측이, 축구는 남측이, 또는 그 반대로 하여 남과 북이 사이좋게 하나씩 나누어 맡는 것도 하나의 방법임.

사실 3차 회담 때 남측에서 제시한 이 타협안은 어떻게든지 남북 스포츠 교류를 지난 '통일축구경기'로 끝낼 것이 아니라 앞으로 지속적으로 발전시켜 남북 화해 협력과 민족의 동질성을 회복시킴으로써 조국의 평화통일에 기여하겠다는 의지에서 나온 것이었다. 그리고 이 정도의 파격적인 타협안이라면 북측에서도 긍정적으로 받아들여 또 하나의 역사적 인 과업에 부담 없이 동참할 것으로 기대했었다.

그러나 북측에서는 뜻밖에도 탁구와 축구를 함께 묶어서 처리하지 말고, 탁구에 관한 사항을 먼저 완전하게 합의하여 세상에 공포한 다음에 축구 문제는 별도로 토의하자고 주장하였다. 북측은 그 이유를 경기 참가 예비 신청일이 20여 일 밖에 남지 않았기 때문이라고 하였다. 그러나 축구의 경우도 예비 신청일이 많이 남아 있지 않은 상황이었다. 이렇게 의견이 엇갈리는 가운데 3차 회담에서도 뚜렷한 합의점을 찾지 못하였다.[3]

4) 제4차 회담

지난 세 차례의 회담을 거치며 별다른 충돌은 없었다. 문제의 핵심은 탁구와 축구 중 어떤 종목의 단장을 남북이 나누어서 맡느냐는 것이었다. 그리고 단일팀 선수 선발과 훈련 방법 문제도 미결 상태이지만 타협이 불가능한 의제는 아니었다.

---

[3] 「'남북체육교류 및 단일팀구성' 제3차 체육회담」, 국토통일원, 1991. 1, 12-109쪽.

장충식 수석대표는 과거의 남북회담 경험에 비추어 회담이 차수를 늘려갈수록 협의가 어려워질 것으로 생각하였다. 회담이 진행되는 가운데 남북한의 정치적인 계산이 개입되기 마련이고 양측 당국 내부에서도 강경파와 온건파의 의견이 달라서, 시간이 갈수록 협상의 방정식이 복잡해지고, 결국 "없던 일로 하자"는 식으로 결론이 나기 쉬웠다. 회담이 성공해도 만약 실천 단계에서 일이 어긋나면 그 후유증에 대하여 누가 책임지느냐의 문제가 따를 수 있기 때문이었다.

그래서 장 수석대표는 제4차 회담에서 결론을 내야 할 것

1991년 1월 12일 판문점 평화의 집에서 열린 제4차 회담에서 장충식 수석대표는 이번 회담에서 결론을 내야 겠다는 판단으로 회담에 임했고, 과감한 결단으로 역사적인 '코리아 단일팀' 합의를 이끌어 냈다.

으로 판단하였다. 일을 성사시키기 위해 북측의 제안을 가능한 한 받아들이면서 북측도 이번 회담에서 협상을 완결 짓는데 동의하도록 압박을 가한다는 구상이었다.

남북 체육회담 사상 가장 긴 마라톤회담이 된 제4차 회담은 1991년 2월 12일 10:00-18:01 판문점 남측 지역 '평화의 집'에서 열렸다. 일이 잘 되려는지 북의 김형진 수석대표가 회담장에 들어오는 표정이 밝아 보였다. 장충식 수석대표는 그의 손을 굳게 잡으며 "오늘 합의 못 보면 이 회담장 못나가요"라며 농담을 건넸다.

먼저 기조발언에 나선 장충식 수석대표는 그동안 3차례의 회담에서 양측이 주장해온 제안 사항들을 간단히 요약하면서 아직 미결로 남은 '토의 순서', '선수 훈련', '선수단장' 문제에 대한 최종 절충안을 다음과 같이 제시하였다.

> 첫째, 토의 순서 문제는 우리 측으로서는 축구경기의 성격을 고려할 때 세계청소년축구선수권대회 문제도 세계탁구선수권대회에 못지않게 시간적으로 촉박하다고 생각하지만, 귀측의 탁구 문제 타결 후에 이어서 축구 문제를 협의, 해결하자는 주장에 동의한다.
>
> 둘째, 선수 훈련은 탁구 단일팀 강화 훈련을 일본에 가서

할 것이 아니라 남북을 오가면서 하는 것이 타당하다. 그러나 탁구 단일팀의 남북 왕래 훈련을 받아들이기 어렵다면, 서울에서만이라도 강화 훈련을 실시할 것을 제의한다.

셋째, 선수단장 문제는 선수단이 단일팀인 이상 단장은 하나이어야 한다는 것이 우리의 일관된 입장이다. 그러나 우리 측은 굳이 탁구 단일팀 단장을 맡겠다는 것은 아니다.

그리고 끝으로 "귀측도 잘 아는 바와 같이 제41회 세계탁구 선수권대회는 시기가 박두하였으며, 늦어도 2월 안으로 단일팀 구성 · 참가에 대한 합의서를 비롯하여 '단일팀 실무위원회' 구성 · 운영에 관한 합의서, 그리고 국제 체육 관계 기구들에 보낼 서신에 관한 합의서 등 기본 문제들을 모두 타결해야 된다고 생각한다. 지금 회담에 이어서 합의서 문안 조정을 위한 실무대표 접촉을 거쳐 역사적인 합의서에 서명할 수 있게 되길 기대한다"고 하며 북측의 성의 있는 검토와 긍정적인 호응이 있기를 바란다고 하였다.

북측 김형진 수석대표의 기조발언도 남측의 제의를 상당히 수용한 내용을 담고 있었다. "단일팀 대표 선발전을 2차례 상호 왕복하며 갖자. 훈련도 역시 2차례 왕복하며 실시하자"고 제안하였다. 남측의 방안을 대폭 수용한 이 제안 사항을 토대로 하여 이번 회담에서 완전히 합의에 도달할 수 있게 되길 바란다고 하였다. 그러면서 "우리 회담이 오늘로서 결속된다고 해도 실무대표 접촉이든 본회담이든 각종 합의서의 문안을 정리한 다음에 정식 합의서를 채택해야 된다"고 하였다.

그리고 "원래 북과 남의 선수들이 합쳐 모아지게 되는 유일팀의 단장은 공동 단장제로 해야 한다는 것이 북측의 일관된 입장"이라고 강조하였다.

지난 3차 회담까지 남측은 선수 선발과 훈련을 남북한을 왕복하며 하자는 안을 주장해 왔고 북측은 이에 거부감을 보였다. 북의 입장에서는 남북 간의 교류가 많아지고 규모가 커질수록 부담이 되는 것이었다. 체제의 폐쇄성 때문이었다. 동유럽 공산 체제의 붕괴가 서방과의 교류 때문이라는 것이 북한 강경파의 논리였다. 이 같은 점에 비추어 볼 때 북측이 남북을 오가면서 훈련하자고 한 것은 나름대로 큰 결심을 한 셈이었다.

장충식 수석대표는 조건이 무르익었음을 직감하였다. 선수단 단장 문제를 북측이 하자는 대로 수용하겠다고 하였다. 북측의 바람은 "탁구 단장은 북이, 축구 단장은 남이" 맡는다는 것이었다. 재일 교포가 많은 일본에서 열리는 탁구대회의 단장을 북한이 맡길 원하였다. 많은 조총련계 재일 동포가 응원하러 나올 것이고, 만약 남측이 단일팀 단장을 맡게 되면 정치적으로 북이 남에게 밀렸다는 인상을 줄 것을 염려하였던 것이다.

반면 청소년축구대회가 열리는 포르투갈 리스본에는 남북의 대사관이 있으나 북한을 지지하고 응원해줄 동포가 전무하였다. 그래서 북측이 단일팀 단장을 맡을 경우 여러 가지 어려운 일이 따를 것으로 우려하였던 것이다. 그래서 장충식 수석대표에게 축구 단일팀 단장을 맡아 달라고 제의한 것이었다.

이와 같이 양측 수석대표의 기조발언이 있은 다음 이어진 자유 토론 과정에서 획기적인 돌파구가 마련되었다. 장충식 수석대표가 "이제는 단일팀 구성 · 참가에 대한 의견 조율이 많이 되었고 남북 간의 별 차이도 없는 것 같으니 실무대표 접촉을 통해서 문안 정리를 하고 오늘 합의서를 발표합시다"라고 하였다.

김형진 수석대표는 다소 당황한 듯, "실무대표 접촉은 지금보다 ..."라고 하며 머뭇거렸다. 자신들의 주장한 바가 받아들여졌지만 상부의 최종 허락 없이 합의하는 것에 부담을 느끼는 듯했다. 그러면서 "고거 다른 때 하자는데 ..."하며 결심을 하지 못하였다.

장충식 수석대표는 "지금 기자들이 추운 데서 결과를 기다리느라 얼마나 고생이 많겠어요? 오늘 우리가 끝내는 게 양측에 모두 이로울 겁니다. 뭐 합의 볼 것이 따로 있는 것도 아닌데"라며 최종 합의를 설득했다. 드디어 김형진 수석대표도 무엇인가 감을 잡은 듯 "그러면 좋습니다. 오후 1시부터 실무대표 접촉을 해서 문안 정리를 하고 오후 5시에 우리 다시 마주 앉아서 서명합시다"라며 적극적인 자세를 보였다.

이와 같이 전격적인 전기가 마련됨에 따라 남측에서는 임태순, 김사홍, 박수창, 그리고 북측에서는 장웅, 김정식, 김상부가 실무대표가 되어 오후 2시부터 3시 38분까지 본회담 때 제시되었던 양측의 각종 합의 문안을 정리하였다. 그리고 5시에 양측이 상부의 최종 결재를 받았다. 곧 재개된 본회담에서 이를 최종 확인하면서 '코리아 단일팀'이 탄생하는 새 장이 열렸다. 분단 반세기 만에, 남북체육회담 시작 30여 년 만에 최초로 남북 단일팀의 꿈이 실현되었다.[4]

8시간 동안 본회담 두 번 10:00-11:43, 17:00-16:01과 합의문 초안 조정을 위한 실무대표 접촉 14:00-15:38을 거쳐 채택된 합의문[5]의 내용은 다음과 같다.

---

4 「'남북체육교류 및 단일팀구성' 제4차 체육회담」, 국토통일원, 1991, 2, 13-174쪽.

5 합의문 전문은 이 책의 부록 II 참조.

〈남북 스포츠 단일팀 구성 합의문〉[5]

첫째, 선수단 호칭은 우리말로 코리아, 영어로 KOREA(약자: KOR)로 함.

둘째, 선수단 단기는 흰색 바탕에 하늘색 한반도 지도로 함.

셋째, 선수단 단가는 1920년대 남북이 함께 부르던 아리랑으로 함.

넷째, 선수 선발

- 제41회 세계탁구대회는 단일팀 공동추진기구에서 협의 · 선발함.
- 제6회 세계청소년축구대회는 평가전을 기초로 단일팀 공동추진기구에서 협의 · 선발하고, 평가전은 서울5.4과 평양5.8에서 각각 1회씩 공개 실시함.

다섯째, 선수단장에 있어서 탁구단장은 북측, 축구단장은 남측이 맡기로 함.

여섯째, 선수 훈련

- 탁구는 대회 현지 일본에서 실시함.
- 축구는 남북을 왕래하며 1회씩 실시함.

일곱째, 단일팀 공동추진기구 :

- 탁구 단일팀 실무위원은 5명으로 함.
- 축구 단일팀 실무위원은 5명으로 함.

1991년 2월 12일	
대한올림픽위원회 부위원장 장충식	조선올림픽위원회 부위원장 김형진

3. 남북 단일팀의 지바 세계탁구선수권 대회 참가

분단 반세기 만에, 남북체육회담이 시작된 지 30여 년 만에 최초의 남북 단일팀이 실현되었다. 1991년 4월 29일 지바의 닛폰컨벤션센터에서 열린 제41회 세계탁구선수권대회에서 코리아 단일팀은 여자 단체전 결승에서 9연패에 도전하는 중국을 누르고 우승하였다. 한국은 1973년 사라예보 대회 이후 18년 만에 우승의 기쁨을 안았다.

김형진 조선올림픽위원회 부위원장을 단장, 김창제 대한탁구협회 부회장을 총감독으로 하는 56명의 단일팀 선수단은 금메달 1, 은메달 1, 동메달 2개를 획득하여 중국금 3, 은 4, 동 4과 스웨덴금 3, 은 1, 동 1에 이어 종합 3위를 차지하는 쾌거를

1991년 일본 지바에서 열린 제41회 세계탁구선수권대회에서 남북 단일팀 코리아는 여자단체전 부문 금메달을 수상했다. 왼쪽부터 순서대로 유순복 선수(북), 홍차옥 선수(남), 현정화 선수(남), 이유성 코치(남), 조남풍 감독(북), 이분희 선수(북).

이룩하였다. 남북한 선수와 임원이 한 몸이 되어 한 달 동안 열심히 합동 훈련한 결과였다. 다만 국내에서도 충분히 가능했을 합동 훈련을 일본 나가노, 나가오카, 지바 등지에서 치룬 것은 다소 아쉬웠다. 짧은 기간의 훈련이었지만 남북한 선수들이 예상 이상의 융화를 이루어 여자 단체전에서 우승의 영예를 안았다.

한국 언론은 "냉전 장벽에 탁구 구멍 뚫다"라든가 "코리아팀이 새긴 역사" 등의 표현으로 단일팀 참가의 감동을 전하였다. 북한 「로동신문」도 "이번 세계탁구선수권대회는 하나된 민족의 우수한 힘과 기량을 온 세상에 과시하고 온 겨레에게 통일의 확신을 더욱 크게 안겨준 통일체전"이라고 하였다. 탁구 단일팀의 대회 참가는 재일동포 사회의 민단과 조총련 간 이념 갈등과 상호 불신에도 불구하고 민족의 동일성을 다시 일깨웠다. 민단과 조총련 동포들이 함께 선수들을 뒷바라지하였고 공동 응원하였다.

4. 남북 단일팀의 세계청소년축구대회 8강 진출

1) 남북한 선수들의 서울 · 평양 교환 경기

축구 단일팀은 서울과 평양을 오가며 평가전을 치르고 훈련하게 되어서 남북 선수들 서로가 상대방의 사회 문화를 접할 수 있는 시간이 많았다. 평가전을 위해 서울에 온 북한 선수들은 남쪽의 음식에 대하여 불편해 했다. 북한에 비하여 음식에 조미료와 설탕을 많이 사용한 것 같다고 했다. 축구 용어에 있어서도 우리는 국제어인 영어를 많이 쓰는 반면 북한은 전부 자기들이 만들어낸 독특한 경기 용어를 사용하기 때문에 서로 용어를 설명하면서 연습을 해야 했다.

서울에서 평가전을 할 때 북한 임원 중에 운동 경기와는 관계없는 특수 임무를 띠고 온 사람들은 남북한 선수들을 감시하느라 여념이 없었다. 한 북측 임원은 방안에 들어앉아 우리 일간 신문 전체를 살펴 읽느라 고생하는가 하면 또 다른 임원은 종일 남측에서 방영하는 텔레비전 전 프로그램을 시청하여 보고서를 만드느라 식사 시간 외에는 볼 수가 없었다. 남북한의 임원 간에는 겉으로는 웃고 평화스러우나 한편으로는 서로 어려움을 주지 않으려고 매우 긴장하고 세심하게 신경을 썼다.

남측 선수단이 서울을 떠나 개성을 거쳐 평양으로 가는 여정은 즐겁기만 한 것이 아니었다. 철로를 따라 줄을 긋듯 만들어진 자동차 도로는 포장되지 않은 흙길이었다. 개성에서 평양까지의 도로엔 트럭이나 버스가 몇 대밖에 지나가지 않았다. 사람들도 별반 눈에 띄지 않았다. 기찻길 양편의 언덕과 야산에는 나무를 볼 수가 없었다. 산의 나무를 벌목하고 계단식으로 밭을 만들어 놓았다.

평양역에 도착했을 때 남북 간의 문화적 차이가 여실히 드러났다. 특히 선수들이 스무 살 미만의 청소년들이어서 더욱 그랬다. 역에 도착하자 장충식 단장이 먼저 내리고 임원진이 뒤따랐다. 이어서 선수들이 내리는데 이들의 옷차림이 환영 나온 북한 사람들을 놀라게 하였다.

서울을 떠날 때는 정장을 입혔는데 개성에서 평양으로 가는 기차 안이 더워지니 모두 간편복으로 갈아입은 것이었다. 반팔 티셔츠는 물론이고 반바지를 입은 선수들도 있었다. 구두도 다 벗어서 가방 안에 넣고 슬리퍼나 운동화를 신었다.

마중 나온 북측 체육계 인사들과 평양시 관리들이 당황한 기색이었다. 환영 나온 인파 속에서 비난과 탄식의 소리가 들려왔다. 북측에서는 이들을 맞이하는 일을 공식적인 환영

세계청소년축구대회 남북 단일팀 출전을 위해 남북한 선수들은 서울과 평양을 오가며 평가전과 훈련을 가졌다. 사진은 평양으로 간 남측 선수단

행사로 준비한 것인데 남측 선수단이 북한을 무시하여 예의를 갖추지 않은 것으로 본 것이다. 한 북측 고위 간부는 장충식 단장에게 항의까지 했다. 선수단을 인솔한 단장으로서 거듭 미안하다고 사과하며 이해를 구해야 했다.

북한은 상당히 보수적인 사회이며 오래간만에 이웃집을 찾는다면 옷매무새를 바로 하고 방문하는 것이 생활 습관이고 예의였다. 북측 선수단이 평가전을 위해 서울을 방문할 적에는 임원과 선수들 전원이 양복에 넥타이를 맨 정장 차림에 구두를 신고 왔었다. 이런 일이 있은 이후로 남과 북의 선수들은 기본적인 예의를 지키려고 서로가 조심하는 기색이 역력하였다.[6]

2) 리스본 대회에서

평양에서 평가전을 마친 후 남북한 선수들은 다시 서울로 돌아와서 5월 17일부터 합동 훈련을 한 다음 21일 워커힐호텔에서 단일팀 결단식을 가졌다. 체육회담 수석대표로 단일팀 구성을 이끌어낸 장충식 단국대 총장이 단장으로 공식 임

---

6 장충식,『시대를 넘어 미래를 열다』, 2011, 461-467쪽.

명되었고, 부단장에는 북한의 체육부 차관 격인 체육위원회 이명성 부위원장이 임명되었다. 72명의 남북한 임원과 선수들은 조국이 분단된 지 반세기 만에 처음으로 코리아라는 단일팀으로 국제경기에 참가하게 되었다.

장충식 단장과 이명성 부단장은 사석에서는 서로 형님 아우라고 부르는 사이가 되었다. 두 달간 서울과 평양을 오가면서 함께했고 포르투갈 현지에서 근 한 달 동안 함께 지내면서 서로가 우의를 다지며 정도 많이 들었다.

남북한 임원들끼리는 비교적 자유롭게 접촉하며 지냈지만, 선수들은 남은 남대로, 북은 북대로 지냈다. 호텔의 방 배정도 남과 북은 완전히 갈라져 있었다. 북측 임원들은 철저하게 자기 편 선수들의 남측 선수와의 개인적 접촉을 통제하였다. 식사 때도 같은 식당이지만 남 따로 북 따로 앉아서 먹었다.

리스본 대회 기간 중 남북 임원들은 저녁이면 자주 호텔 부근의 중국 식당을 함께 찾았다. 하루는 단일팀 단합대회를 겸해 남북 대사가 주최한 환영 만찬회가 있었다. 양쪽 대사가 남북을 구분하는 표시를 하지 않았다. 단일팀 임원들도 남북을 식별하는 표식을 않고 똑같은 단체 운동복을 입고 있어서 남북 대사들도 남한의 임원과 북한의 임원을 식별하기

1991년 포르투갈에서 열린 세계청소년축구대회에 참가한 남북 임원단은 비교적 자유롭게 접촉하며 우의를 다졌다.

어려웠다. 이렇게 같은 옷을 입고 반주를 곁들인 식사를 나누며 이대로 통일이 되었으면 좋겠다고 기뻐들 했다.

단일팀의 대회 성적은 기대 이상이었다. 먼저 4월 일본 지바시에서 열린 세계탁구선수권대회에서 코리아 팀은 여자 단체전에서 중국을 꺾고 우승을 차지하였다. 이제 리스본에서 열리는 세계청소년축구대회에서는 우승 후보로 아르헨티나와 포르투갈 두 팀이 꼽히고 있었다. 그런데 코리아 단일팀이 아르헨티나를 1:0으로 이기고 8강에 진출하여 세계를 놀라게 했다. 이 대회에서 코리아 팀은 마치 홈그라운드에서 경기를 하는 것 같았다. 포르투갈의 관중들이 열렬히 코리아 팀을 응원하였던 것이다.

남과 북이 하나가 되어 열심히 싸웠다. 한국의 대사관과 북의 대사관 직원들도 하나가 되었고 북한에서 온 언론 방송 기자와 한국 언론 방송 기자들도 하나가 되어 취재에 열을 올렸다. 시합을 승리로 끝내고 퇴장하는 코리아 팀의 모든 선수들은 눈물을 흘렸다. 관중석에서 응원한 교민들의 눈에서도 눈물이 흘렀다. 누가 시킨 것도 아닌데 남북한 사람들이 하나가 되어 아리랑을 합창하였다. 아리랑을 목 놓아 부르는 남북한인들을 보며 장충식 단장도 눈물을 흘렸다.

조국 분단 50년 만에 이루어진 단일팀으로 세계무대에 처음 등장하여 최강팀 아르헨티나를 격파한 장한 승리의 감격에 취하고 말았다.

5. 올림픽과 아시아경기 남북한 동반 입장

1) 2000 시드니 올림픽

남북한 체육 교류의 역사에서 또 다른 전기를 마련한 것은 국제 대회에 참가한 남북한 선수단의 동반 입장이었다. 새천

년을 맞이하며 시드니에서 개최되는 제27회 올림픽대회를 앞두고 2000년 5월 브라질에서 열린 국가올림픽위원회ANOC 총회에서 대한올림픽위원회 김운용 위원장은 북한 대표단의 유성일 서기장 등을 만나 남북한의 올림픽대회 동반 입장을 제의하였다. 김 위원장은 사마란치 IOC 위원장에게도 동반 입장이 이루어질 수 있도록 협조를 구하였다.

이와 같은 배경에서 IOC는 사마란치 위원장의 김정일 국방위원장 앞 공식 서한에서 2000 시드니올림픽 남북 동반 입장을 제의하였다. 같은 해 6월 평양에서 열린 남북정상회담에 김운용 위원장은 김대중 대통령의 특별수행원으로 참가하였다. 이 기회에 김 위원장은 북한 체육계 대표들과 만나 동반 입장이 성사될 수 있도록 사전 정지 작업을 벌였다.[7] 이어 남북한은 2000년 7월 30일 서울에서 열린 제1차 남북장관급회담에서 시드니 올림픽 남북한 동반 입장에 사실상 합의하였다.

2000년 9월 15일 시드니 올림픽대회 메인 스타디움에 남북한 선수단이 한반도기를 앞세우며 손을 맞잡고 입장하자 사마란치 IOC 위원장을 비롯한 본부석 임원들과 관중들은 기립박수로 맞이하였다. 동시에 전 세계의 이목이 집중되었

---

7 『체육』, 2000, 8 · 9 · 10월호, 20-21쪽.

2000년 역사적인 남북 정상회담을 계기로 체육 교류도 새로운 전기를 마련하였다. 단일팀 출전은 아니었지만 남북은 올림픽 선수단 동반 입장에 합의했다. 2000년 9월 15일 시드니올림픽 개막식에서 남북한 선수단은 한반도기를 들고 동반 입장했다.

다. 사마란치 위원장은 개막식에서 남북한 동반 입장을 시드니 올림픽의 가장 중요한 이벤트로 꼽았으며, 세계 주요 언론도 긍정적으로 평가하였다.[8]

AFP는 "남북한 선수들이 올림픽에 처음 함께 입장하여 통일의 당위성을 강조하였다"라고 하였으며 AP는 "동반 입장이 개막식에서 특별한 주목을 받으며 통일을 향한 발걸음으로 받아들여졌다"고 보도하였다. 일본의 주요 언론도 대대적으로 보도하였다. 요미우리신문은 "남북한 첫 합동행진"이라

[8] 연합뉴스, 2000. 9. 15.

는 제목 아래 남북 선수단의 입장 사진을 1면 전체에 실었다. 아사히신문은 1면 머리기사로 남북한 입장 사진과 함께 "한국과 북한의 동반 입장도 실현, 국가의 틀을 넘어서 인종 및 민족의 융화를 목표로 하는 평화운동으로서의 올림픽을 세계에 보여주었다"고 전하였다.

북한도 남북 동반 입장을 방송을 통해 보도하였다. 조선중앙방송은 2000년 9월 17일 시드니 올림픽 개막 소식을 전하면서 "북남 선수들은 흰색 바탕에 조선 지도가 그려진 하나의 대형 통일 깃발을 앞세우고 공동으로 립장했다"며 "악대는 민족적 정서가 넘쳐나는 민요 아리랑을 연주했다"고 보도하였다. AP 통신을 인용하며 "체육인들의 전통적인 행진은 북남 조선의 화해를 지향하는 상징적인 조치이며 올림픽대회 역사상 처음으로 서로 어깨를 나란히 하고 립장한 것으로 해서 특별한 의의를 가졌다"고 하였다.

시드니 올림픽 남북 동반 입장 실현은 3개월 전 이루어진 남북정상회담과 6.15 남북공동선언의 결실이기도 하였다. 이와 같이 남북 관계가 개선된 것은 김대중 정부의 대북 포용정책에 따른 것이었다. 시드니 올림픽 남북 동반 입장은 남북 체육 교류의 활성화에 대한 기대를 높여주었으며, 이후 부산 아시아경기2002, 아오모리 동계아시아경기2003, 대구 유니버시아드2003, 그리고 아테네 올림픽2004의 남북 동반 입장으로 이어졌다.

2) 2002 부산 아시아경기대회

2000년 6월의 남북정상회담 이후 한국 체육계는 어느 분야보다도 활발한 남북 교류를 추진하였다. 북한 선수단이 2002년 부산 아시안경기2002. 9. 29~10. 14에 참가한 것도 이와 같은 노력의 결실이었다. 경기 조직위원회는 평화 통일의 기반 조성과 대회의 성공적 개최를 위해 북한의 참가가 성사되도록 진력하였다. 크게 세 가지 방향에서 추진하였다. 첫째 북한 선수단의 대회 참가, 둘째 백두산 성화 채화 및 봉송, 셋째 북한 예술단의 개·폐회식 및 문화예술 행사 참가 등이었다.[9]

북한의 대회 참가는 2002년 8월 4일 제7차 남북장관급회담 개최를 위한 금강산 실무 접촉에서 합의되었다. 이에 따라 8월 17일부터 19일까지 대회 조직위원회 백기문 사무총장과 조선올림픽위원회 조상남 서기장을 수석대표로 금강산

[9] 「제14회부산아시아경기대회조직위원회 공식보고서」, 2003, 723-724쪽.

김대중 정부 시기 남북 화해무드에 힘입어 2002년 부산 아시아경기대회에 북한은 대규모 선수단과 응원단을 파견했다. 개·폐회식 공동 입장도 성사되었다. 2002년 8월 17일 부산 아시아경기대회 개막식 남북한 동반 입장 모습

에서 열린 제1차 실무회담에서 북한 선수단의 규모와 이동 경로, 편의 제공 및 백두산 성화 채화 등에 대해서 상당한 의견 접근을 보았다. 이어서 8월 26일부터 28일까지의 제2차 실무회담에서 최종 합의서를 교환함으로써 북한의 대회 참가와 개·폐회식 남북 동반 입장 계획이 확정되었다.[10]

합의서의 주요 내용은 첫째 북측 선수단의 왕래 시 직항 노선과 북측 항공기 이용, 둘째 동반 입장 시 선수단 표지판은 '코리아', 영어로는 'KOREA'로 하고 선수단 복장은 2000년

---

[10] 연합뉴스, 『2004 북한연감』, 335-335쪽.

시드니 올림픽 때의 전례를 따르며, 셋째 성화는 백두산에서 채화하여 금강산에서 조직위원회 관계자에게 인계하며, 북측은 남측 인원이 백두산 채화 현장을 참관 및 녹화할 수 있도록 최대한 편의를 보장하며, 넷째 대회 기간 북측의 국기 게양은 아시아올림픽평의회 헌장과 국제관례를 따를 것 등이었다.

북한 선수단의 왕래를 위해 부산과 평양 간 항공기 직항 노선이, 응원단 왕래를 위해 부산과 원산 간 선박의 직항 해로가 개설된 것은 분단 이후 처음 있는 일이었다. 그리고 선수단 입국심사에서는 출입신고서 제출을 생략하고 조직위원회에서 발급한 ID카드만으로 가능하게 하였다.[11]

이렇게 하여 분단 이후 한국이 주최한 국제 대회에 북한이 최초로 대규모 선수단18개 종목, 318명을 파견하였다.[12] 개회식에 남북의 선수단이 6만 관중의 환영을 받으며 함께 입장하였다. 정순택 대회 조직위원장은 대회사에서 "이곳에 통일된 조국을 염원하며 두 손을 마주잡은 남북한의 젊은이들이 있으며 이들은 스포츠를 통해 서로 꿈꾸고 격려하며 정상에 서서 승리의 포옹을 나누게 될 것"이라고 하였다. 백두산과 한

---

11 「제14회부산아시아경기대회조직위원회 공식보고서」, 2003, 727쪽.

12 문화관광부, 『2002 체육백서』, 615-616쪽.

라산에서 각각 채화되어 임진각에서 합화된 성화를 남측의 전 국가대표 유도선수 하형주와 북측의 유도선수 계순희가 경기장을 돌아 성화대에 점화하였다.

대회 기간 중 남과 북이 한마음이 되어 응원하였으며, 특히 북한의 '미녀응원단'은 가는 곳마다 화제를 불러 일으켰다. 북한 선수단의 대회 참가에 세계의 이목이 집중되었다.[13] 영국의 파이낸셜타임 Financial Times은 9월 29일 "부산에 선수단을 보내기로 한 평양의 결정은 최근 수주 간 벌어진 일련의 놀라운 이니셔티브의 일환으로 세계에서 가장 폐쇄된 국가가 개방될 수 있다는 희망을 자아냈다. 양측 팀이 통일 한국을 상징하는 기를 앞세우고 손을 맞잡고 입장하자 관중들은 우렁차게 환호하였으며 남북에서 동시에 불러지는 민요 아리랑이 울러 퍼졌다"고 전하였다.

3) 2003 대구 유니버시아드대회

북한의 한국 주최 국제 대회 참가와 남북한 선수단 동반 입장은 2003 대구 유니버시아드대회 2003. 8. 21~8. 31까지 이어

[13] 「제14회 부산아시아경기대회조직위원회 공식보고서」, 730쪽.

졌다. 대회 조직위원회는 북한의 참가를 추진하면서 세 가지 방향을 설정하였다. 첫째 세계인의 문화체육 축전에 북한이 참가토록 하여 남북 간 비정치적인 사회 · 문화 교류를 확대하고 상호간 신뢰 회복을 도모하며, 둘째 북한 선수단과 응원단이 체류하는 동안 수송, 숙박 등에 최대한 편의를 제공할 것이며, 셋째 북한 선수단의 신변 보호 등을 위해 세심한 주의를 기울이기로 하였다.[14]

2002년 3월 대회 조직위원회는 국제대학스포츠연맹FISU에 북한의 대회 참가에 대한 협조를 요청하였다. 같은 해 8월에 북한의 조선대학생체육협회 전극만 위원장에게 공식 초청장을 발송하였으며, 9월의 부산 아시아경기에 참가한 북한 체육 관계자를 통하여 초청장 접수를 확인하였다. 또한 남북장관급회담과 남북경제협력추진회 등을 통해서도 북한의 대회 참가와 관련한 남북실무회담 개최를 요구하였다.

2003년 4월 평양에서 개최된 제10차 남북장관급회담에서 이 문제가 공식 논의되었으며 체육 관련 기관 간 협의를 진행하기로 하였다. 이에 따라 금강산에서 한국의 대회 조직위원회 하진규 사무총장과 북한의 대학생체육협회 장정남 부

---

14 2003대구하계유니버시아드대회조직위원회, 「2003 대구 제22회 하계유니버시아드대회 공식보고서」, 2004, 178쪽.

북한은 2003년 8월 대구 유니버시아드대회에 선수 및 임원 189명이 참가했고 응원단 303명도 파견했다. 북한 유니버시아드 대표단으로서는 사상 최대 규모였다.

위원장을 수석대표로 하는 실무회담이 열렸으며 7월 6일 북한 선수단의 대회 참가에 관한 합의서가 채택되었다. 실무회담 초반에 개·폐회식 동시 입장, 인공기 게양, 이동 경로, 선수단과 응원단 규모 등에 대하여 상당한 의견 차가 있었으나, 서로 부분적으로 양보하며 상대방의 입장을 수용하면서 합의가 도출되었다.[15]

그런데 북한은 8월 17일 조국평화통일위원회 대변인 성명에서 국내의 보수 단체들이 '건국 55주년 반핵·반김 8·15

[15] 연합뉴스, 『2004 북한연감』, 335쪽.

국민대회'를 개최한 데 항의하며 유니버시아드대회에 북한 선수단과 응원단을 파견하지 않을 것임을 시사하며 남측의 공식적인 사과를 요구하였다.[16] 이에 노무현 대통령은 8월 19일 위의 '8 · 15 국민대회'에서 인공기와 김정일 국방위원장 초상화가 소각된 데 대해 "적절치 않았다"고 공식 유감을 표명하였으며, 북한 측은 이를 받아들였다.

이런 유여곡절 끝에 북한 대학생체육협회 전극만 위원장을 대표로 하는 선수 및 임원 189명과 응원단 303명이 부산 김해공항을 통해 입국하였다. 이는 북한의 유니버시아드 대표단으로서는 사상 최대 규모였다. 8월 21일 대회 개회식에 남북 선수단이 함께 입장하였다. 2000 시드니 올림픽, 2002 부산 아시아경기, 2003 아오모리 동계아시아경기에 이은 네 번째의 국제 경기 동반 입장이었다.

이 대회에서도 북한의 '미녀응원단'은 관중을 몰고 다녔다. 경기장 응원과는 별도로 응원단의 공연 행사가 3차례 개최되었다. 한편 응원단이 김정일 위원장의 사진이 비에 맞게 해서는 안 된다며 이를 철거하며 오열하는 모습과 대회 도중 한국 보수 단체 회원과 북측 기자단이 충돌하는 장면은 국민들에게 여러 가지를 생각하게 하였다. 우여곡절에도 불구하

[16] 연합뉴스, 2003. 8. 18.

고 대회는 성공적으로 마무리되었다. 한국 정부는 북한의 무리한 요구에 대승적으로 대처하였으며 대회 조직위원회와 대구 시민은 성숙한 자세로 대회의 성공에 기여하였다.

6. 이후의 남북 체육 교류

1988 서울올림픽 후 한국이 추진한 북방정책의 맥락에서 남북 체육 교류의 장이 열렸다. 당시 정동성 체육부장관은 정부의 전향적인 정책을 대변하였다. 1990년대 초반 남북통일 축구가 서울과 평양을 오가면서 열리고 이어서 남북 단일팀이 성사되는 데는 남북체육회담을 일선에서 지휘한 장충식 수석대표의 헌신적 노력이 있었다.

그는 사랑, 이해, 화해, 협력의 정신으로 남북 협상에 임하였다. 민족애로써 북한 체제가 안고 있는 고민과 북한 협상 대표들의 처지를 이해하려고 노력하였다. 정치적 논의를 배제하며, 우리가 먼저 양보하면서 북한이 마음의 문을 열고 협력할 수 있도록 협상 분위기를 조성하였다.

협상장에 나온 북한 대표들도 이와 같은 장충식 수석대표의 마음과 협상 노력을 높이 평가하였다. 단일팀 구성을 위한 협상이 성공적으로 끝나고 북측의 김형진 수석대표는 자기들의 제안을 받아들인 것에 대해 장충식 수석에게 고마워했다. 통일축구가 이루어질 무렵부터 김형진 수석은 장충식 수석을 형님이라고 불렀다. 그만큼 오랜 기간 동안 정도 쌓이고 서로 신뢰하는 사이가 된 것이었다. 당시 북한도 체육회담 성사에 적극적인 자세여서 남북한 수석대표 간의 우의와 신뢰는 서로에게 고마운 것이었다.

남북 간의 이러한 협력 분위기는 상당한 기간이 지나서야 되살아나게 된다. 김일성 사망 후의 북한 내부 사정과 남북한의 정치적인 불협화로 오랜 기간 동안 여러 분야에서의 교류가 저조하였다. 1999년에 이르러서야 남북노동자축구 평양대회와 남북통일농구대회로 체육 교류가 다시 이어졌다.

8월 12일 평양 양각도 경기장에서 개최된 '통일염원남북노동자축구대회'는 남측의 민주노총과 북측의 조선직업총동맹이 주체가 되어 성사시킨 민간 차원의 스포츠 교류였다. 이어서 '통일농구대회'가 9월평양과 12월서울에 교환 개최되었다.

2000년의 남북정상회담 이후 남북 교류 협력의 발걸음이

바빠지고 스포츠 교류도 활성화되었다. 2000년 9월 시드니 올림픽에서 남북한이 동시 입장하였다. 양측 선수들이 한반도 깃발을 앞세우고 입장할 때 사마란치 IOC 위원장을 비롯한 임원들과 관중들은 모두 기립 박수로 맞이해 한반도 평화를 염원하는 인류의 소망을 실감케 했다. 시드니 올림픽을 계기로 하여 2002년 부산 아시안게임, 2003년 아오모리 동계 아시안게임, 2003년 대구 유니버시아드대회, 2004년 아테네 올림픽 등에서도 남북한 동반 입장이 이루어졌다.

특히 부산 아시안게임과 대구 유니버시아드대회에 북한팀이 참가하여 남북한 화합의 가능성을 세계에 알렸다. 남북한 응원단이 하나가 되어 응원하였으며, 한편 북한 미녀 응원단의 활동이 화제를 불러일으키기도 하였다.

제9장

평창 동계올림픽과 한반도 정세 변화

1. 2018 평창 동계올림픽의 성과

2018년 2월 9일부터 25일까지 17일 동안 열린 평창 동계올림픽은 역대 동계올림픽 사상 최다인 92개국, 2,920명의 선수가 참가하였다. 이는 2014년 소치 88개국, 2,780명, 2010년 밴쿠버 82개국, 2,566명와 비교해도 높은 수치이다. 말레이시아, 싱가포르, 코소보, 에콰도르, 에리트레아, 나이지리아 등 6개국은 최초로 동계올림픽에 참가하였다.

대회는 '문화올림픽'이 되었다. 조직위원회가 '날마다 문화가 있고 축제가 되는 올림픽 Everyday, Culture & Festival'을 모토로 삼았듯이 평창 올림픽플라자와 강릉 올림픽파크를 중심으로 대회 기간 중 매일 다양한 문화행사 프로그램이 진행되었다. 매일 최대 80여 회, 총 1,200여 회의 행사를 운영하였다. 한국의 전통문화에서부터 현대 대중 예술에 이르기까지 다채로운 향연이 펼쳐졌다.

평창 대회 조직위원회는 '지속 가능성의 새로운 지평'을 슬로건으로 스포츠와 환경이 상생하는 축제를 구현하고자 하였다. 정선 알파인 경기장의 남녀 코스 통합 등으로 산림 훼손을 최소화하였고, 훼손 면적 78ha의 2배 이상이 대체 산림으로 복원되도록 하였다. 개최 도시 주변 5개 하천의 생태 복원 사업을 완료하였으며, 개체수가 급격히 감소한 생물종의 증식 복원 사업을 추진하였다. 대회에 따르는 온실가스 배출량 예상치 159.6만 톤을 전량 감축, 상쇄함으로써 '탄소 배출을 책임지는 대회' 목표를 달성하였다. 동계올림픽 사상 최초로 지속 가능 경영체계 국제인증ISO20121을 획득하였다.

조직위는 스포츠 축제에 첨단 과학 기술을 접목하였다. 세계 최초의 5세대5G 이동통신 서비스를 비롯하여 편리한 사물인터넷IoT, 초고화질UHD 지상파 중계, 인공지능AI, 가상현실VR, 11종 85대의 로봇 서비스, 드론의 활용 등을 선보였다.

경제올림픽이 될 수 있도록 운영의 묘를 살리고자 하였다. 수입원을 다변화하며 최소의 비용으로 최대의 효과를 거두고자 노력하였다. 후원금과 기부금은 목표 9,400억 원 대비 118.3%가 증가한 1조 1,123억 원을 달성하였고, 입장권 판매 목표 1,068,630장 대비 100.9%가 많은 판매를 기록하였다.

경기 시설은 세계 최고 수준으로 평가되었다. 12개 경기장설상 7, 빙상 5의 시설 및 빙질, 설질에 대하여 모든 참여자가 만족하였다. 선수 70% 이상이 숙소에서 경기장까지 10분 이내에 도착할 수 있도록 하였다. 개 · 폐회식이 열린 올림픽 스타디움은 임시 구조물로 3만5천 명을 수용할 수 있는 규모

2018년 평창동계올림픽은 스포츠를 통해 남북 관계가 진일보할 수 있다는 것을 다시 한번 확인한 대회였다. 평창올림픽에서 단일팀과 공동 입장이 성사되었고, 이후 남북 평화 무드가 무르익으며 11년 만에 남북정상회담이 개최되었다.

로 설치되었으며 대회 이후 일부를 남겨 박물관 등으로 활용될 예정이다.[1]

평창 올림픽은 100만여 명의 관중이 관람하였으며 테러 없는 안전 올림픽이었고, 단 2건의 금지 약물 복용 사례만 적발된 '클린 올림픽'이었다. 토마스 바흐 IOC 위원장은 "평창 올림픽은 모두가 크게 만족한 올림픽으로 기억될 것"이라며

[1] 김주호, 「2018 평창 동계올림픽대회 결산」, 『평창 동계올림픽의 성과와 향후 과제』, 한국체육학회, 2018, 14-16쪽.

"남북 단일팀과 공동 입장을 통해 한국에서 스포츠를 넘어서는 강력한 평화 메시지를 전 세계에 전했다는 것이 중요하다"고 평가하였다. 타임지 등 외신들은 평창 올림픽 경기장 시설, 숙소, 음식, 편의 시설, 운영 능력이 역대 최고라며 찬사를 보냈다.

한국은 평창 대회를 통하여 동계 스포츠 영역을 확장하고 향후의 발전을 위한 발판을 마련하였다. 여자 컬링과 봅슬레이 4인승에서 각각 은메달을 차지하였다. 두 종목 다 한국의 첫 올림픽 메달이었다. 특히 여자 컬링 팀의 선전에 전 국민이 환호하였으며 한국에 널리 알려지지 않았던 동계 스포츠 종목에 대한 국민들의 관심이 높아지는 계기가 되었다. 이승훈 선수가 남자 스피드스케이팅 매스스타트에서 초대 챔피언에 올랐고, 김보름 선수가 여자 매스스타트 은메달을 목에 걸었다. 한국은 금메달 5, 은 8, 동 8개로 종합 전적 7위를 차지하였다. 노르웨이가 2회 연속 종합 우승의 영예를 안았다.[2]

---

[2] 조선일보, 2018. 2. 26.

2. 평창 올림픽의 정치적 의의

문재인 정부는 평창 올림픽이 남북한 관계를 개선하는 계기가 되기를 희망하였다. 북한은 핵 문제로 인한 국제적 압박에서 벗어날 수 있는 돌파구를 평창 올림픽에서 찾아보고자 하였다. 이와 같은 남북의 입장은 2018년 1월 9일 판문점에서 열린 고위급회담 후 발표된 공동 보도문에 잘 나타난다. 조명균 통일부장관과 리선권 조국평화통일위원회 위원장을 수석대표로 하는 회담에서 다음과 같은 사항에 합의하였다.

(1) 평창 동계올림픽과 패럴림픽의 성공적 진행에 적극 협력
  - 북측은 고위급 대표단, 민족올림픽위원회 대표단, 선수단, 응원단, 예술단, 참관단, 태권도 시범단, 기자단을 파견하며, 남측은 필요한 편의를 보장
  - 선발대 파견 문제와 북한의 올림픽 참가와 관련한 실무회담 개최

(2) 군사적 긴장 완화, 한반도의 평화적 환경 마련, 민족적 화해와 단합을 도모하기 위한 공동 노력
  - 군사적 긴장 상태 해소를 위해 군사 당국 간의 회담 개최

- 다양한 분야에서 접촉과 왕래, 교류와 협력을 활성화

(3) 남북 선언을 존중, 남북 관계의 모든 문제는 우리 민족이 한반도 문제의 당사자로서 대화와 협상을 통해 해결

- 남북 고위급 회담과 함께 각 분야의 회담들도 개최

이 합의 내용에서 보듯이 북한은 선수단 외에도 고위급 대표단, 올림픽위원회 대표단, 응원단, 예술단, 참관단, 태권도 시범단, 기자단 등을 포함한 사상 최대 규모의 사절단을 파견하기로 하였다. 북한은 이전 인천 아시안게임, 부산 아시안게임, 대구 유니버시아드 대회에도 선수단과 응원단이 참가하였으나, 이번과 같이 고위급 대표단과 예술단을 포함한 대규모 방문단을 일시에 파견한 적은 없었다.

그리고 이번 고위급회담을 통해 북한의 평창 대회 참가뿐

2018년 2월 9일 평창동계올림픽 경기를 함께 응원하고 있는 문재인 대통령 내외와 토마스 바흐 IOC위원장, 북한 김영남 최고인민회의 상임위원장, 북한 김여정 노동당 제1부부장

아니라 군사 당국 회담 개최와 다양한 분야의 접촉, 왕래 활성화에도 합의하였다.

고위급회담에 이어서 1월 17일 열린 차관급 실무회담에서 보다 구체적인 추진 방향에 대하여 합의하였다. 남북은 개회식에 한반도기를 앞세워 공동 입장하기로 하였다. 평창 대회 개막 전 북한 금강산 지역에서 남북 합동 문화행사 전야제를 열고, 북한 마식령 스키장에서 남북 스키 선수들이 공동 훈련을 갖기로 하였다. 또한 여자 아이스하키 단일팀을 구성하기로 하였다. 선수단 구성과 관련하여 우리 측은 아이스하키 팀 23인 엔트리에 북한 선수 3명이 합류할 것을 제안하였으며 북측은 부상에 대비하여 배수인 6명을 보내겠다고 반응하였다. 북측은 패럴림픽에 150명의 대표단을 파견하기로 하였다.

북한이 응원단 230명을 파견하여 남측 응원단과 공동 응원하기로 하였다. 북측은 여기에 재일본조선인총연합회 조총련 응원단도 합류할 것이라고 하였다. 북측 대표단은 개성공단 운영에 이용됐던 경의선 육로 개성-도라산 출입국사무소-파주를 거쳐, 예술단은 판문점을 거쳐 오기로 하였다.

북한의 김영남 최고인민회의 상임위원장을 단장으로 하는 평창 동계올림픽 고위급 대표단이 2월 9일부터 11일까지 한국을 방문하였다. 김영남은 북한의 헌법상 국가수반이며 권부 내 명목상 서열 2위이다. 평창 대회에 26개국 정상이 참석하는 가운데 북한도 김영남을 파견하여 정상외교를 한 것이다.

또한 김정은 위원장의 여동생이며 노동당 중앙위원회 제1부부장인 김여정이 특사 자격으로 고위급 대표단에 포함되어 있었다. 김여정은 김정은 위원장의 친서를 문재인 대통령에게 전달하였으며 2박 3일 체재 중 문 대통령과 4차례 회동하였고 이낙연 국무총리, 임종석 대통령비서실장, 정의용 국가안보실장, 서훈 국가정보원장, 조명균 통일부장관, 천해성 통일부차관 등 한국의 외교안보 정책을 다루는 핵심 인사들을 두루 만났다. 여자 아이스하키 단일팀 경기와 삼지연관현악단 서울 공연을 관람하였다.[3]

문재인 대통령은 2월 25일 올림픽 폐막식이 시작되기 전 평창에서 김영철 북한 노동당 중앙위 부위원장과 리선권 조국평화통일위원회 위원장 등과 만났다. 이 자리에서 문 대통령은 "남북 관계 개선과 한반도 문제의 본질적 해결을 위해서라도 북 · 미 대화가 조속히 열려야 한다"고 언급하였고 북측은 "북 · 미 대화를 할 충분한 용의가 있다. 북도 남북 관계

[3] 동아일보, 2018. 2. 12.

와 북·미 관계가 같이 발전해야 한다는 데 생각을 같이 한다"는 반응을 보였다. 문 대통령은 '비핵화'라는 구체적인 표현 대신에 '한반도 문제의 본질적 해결'이라는 완곡한 표현을 택하였으며 북한은 미국과의 대화 필요성을 인정한 것이었다.[4]

평창 올림픽은 세계의 이목이 집중된 가운데 남북이 대화의 창을 다시 여는 외교 무대가 되었다. 한국은 북한을 대화의 장으로 끌어내어 핵 문제 해결의 실마리를 찾고자 하였다. 북한은 비교적 소규모의 선수단22명을 파견하면서도 정상급 고위대표단, 대규모 응원단과 예술단을 이 무대에 올려 국제사회에 자신의 존재를 다시 알리며 외교적 돌파구를 찾고자 하였다.

[4] 조선일보, 2018. 2. 26.

3. 남북정상회담

평창 올림픽을 계기로 활발해진 남북 정부 간의 다각적인 접촉은 남북정상회담으로 이어졌다. 2018년 4월 27일 문재인 대통령과 김정은 위원장이 판문점 남측 지역 평화의 집에서 회담을 갖고 공동선언을 채택하였다. 공동선언의 주요 내용은 다음과 같다.

(1) 남북 관계의 전면적이고 획기적인 개선과 발전

① 이미 채택된 남북 선언들과 모든 합의의 철저한 이행

② 고위급 회담을 비롯한 각 분야별 대화, 협상의 조속한 개최

평창올림픽을 계기로 남북 관계가 급속도로 진전되었다. 문재인 대통령과 김정은 위원장은 2018년 4월 27일 판문점에서 정상회담을 갖고 공동선언을 채택하였다.

③ 개성에 쌍방 당국자가 상주하는 남북공동연락사무소의 설치

④ 협력, 교류 왕래와 접촉의 활성화(6.15를 비롯한 남과 북 기념일에 민족 공동행사 진행, 2018년 자카르타 아시안게임을 비롯한 국제경기에 공동으로 진출)

⑤ 이산가족, 친척 상봉을 비롯한 제반 문제 협의(8.15를 계기로 이산가족, 친척 상봉 진행)

⑥ 10 · 4 남북공동선언(2007)에서 합의된 사업의 적극 추진 및 동해선 및 경의선 철도와 도로들의 우선적 연결

(2) 군사적 긴장 상태 완화

① 일체의 적대 행위 전면 중지. 5월 1일부터 군사분계선 일대에서 확성기 방송과 전단 살포 중지. 비무장지대의 실질적인 평화지대화

② 서해 북방한계선 일대를 평화수역으로 만들어 우발적인 군사적 충돌 방지

③ 남과 북은 상호 협력과 교류, 왕래와 접촉이 활성화되는 데 군사적 보장 대책 마련(5월 중에 먼저 장성급 군사회담 개최)

(3) 정전 상태를 종식시키고 확고한 평화 체제를 수립

① 불가침 합의를 재확인하고 엄격히 준수

② 단계적 군축

③ 종전을 선언하고 정전협정을 평화협정으로 전환.
남북미 3자 혹은 남북미중 4자회담 개최

④ 완전한 비핵화를 통해 핵 없는 한반도를 실현.
문재인 대통령은 올해 가을 평양을 방문[5]

1991년 12월의 한반도의 비핵화에 관한 공동선언이 사실상 무력화된 이후 남북 정부 간의 합의문에 '완전한 비핵화'란 표현이 포함된 것은 이번이 처음이었다. 공동선언의 마지막 부분에 언급되었으나 한국의 입장에서는 가장 중요한 내용이었다.

김정은 위원장은 남북정상회담을 갖기 전 3월 26일부터 2

2017년 4월 6일 강릉하키센터에서 열린 2017 IIHF 여자아이스하키 세계선수권대회에서 남북이 경기를 펼치는 모습. 여자아이스하키는 평창올림픽에서 남북 단일팀이 구성되었다.

[5] 동아일보, 2018. 4. 28.

박 3일간 중국을 방문하여 시진핑 주석과 회담하였다. 평창 올림픽을 계기로 남북한 관계가 개선되는 기운 속에 중국의 북한에 대한 정책도 바뀐 것이었다. 종래 중국은 북한이 핵 보유 정책을 버리지 않는 한 김정은을 맞아들일 수 없다는 태도였다. 그런데 남북한 관계가 개선되며 북 · 미 접촉도 이루어지는 조짐을 보이자 중국도 북한과의 전통적인 관계를 복원하는 방향으로 선회하였다.

이런 중국의 태도 변화는 김정은 위원장의 방문이 '비공식' 인데도 국빈급 환영 의식으로 맞이한 데도 나타났다. 김 위원장은 시 주석과의 면담에서 '단계적, 동시 조치'라는 비핵화 구상을 밝혔으며, 시 주석은 '피로 맺어진 북 · 중 친선'을 강조하였다. 중국이 '완전하고 검증 가능하며 돌이킬 수 없는 비핵화Comlete, Verifiable, Irreversible Denuclearization, CVID'를 피해 가려는 북한의 입장을 이해할 수도 있다는 분위기였다. 이 무렵 북한은 미국과의 정상회담도 추진하고 있었다.[6]

[6] 조선일보, 2018. 3. 30.

4. 남북한 스포츠 교류의 재활성화

평창 동계올림픽은 북한 핵 문제로 남북한 관계가 경직된 가운데도 스포츠 교류가 재활성화되는 계기가 되었다. 2017년 4월 2일 평창 올림픽 테스트 이벤트로 강릉에서 열린 아이스하키 여자선수권대회에 북한 팀이 참가하였다. 북한-호주와의 경기에 남북공동응원단 270명이 북한 팀을 응원하였다. 북한 선수단이 한국을 방문한 것은 2014년 9월 인천 아시안게임 이후 처음이었다.

한편 한국은 이튿날 평양에서 5개국이 참가하는 아시아축구연맹AFC 여자 아시안컵 대회에 참가하였다. 남북 팀이 축구 경기를 갖는 것은 1990년 '남북통일축구' 이후 27년 만이다. 당시는 남북 간의 친선경기였으나 이번은 공식 타이틀 대회에 양 팀이 만난 것이었다.[7]

남북정상회담 이후 스포츠 교류가 더욱 활발해졌다. 2018년 5월 스웨덴 할름스타드에서 열린 세계탁구선수권대회 현장에서 남북 단일팀이 구성되었다. 한국의 탁구 스타 출신인 유승민 국제올림픽위원회IOC 선수위원은 대회가 진행되고

---

[7] 조선일보, 2017. 4. 3.

2018년 5월 스웨덴 할름스타드에서 열린 세계탁구선수권대회에서 남북 여자대표팀은 현장에서 단일팀 구성에 합의했다. 남북은 대회 8강전 맞대결이 예정되어 있었지만 다른 국가들의 협조를 얻어 단일팀을 구성하고 8강전 없이 4강에 진출하여 동메달을 차지했다.

있던 5월 2일 남북한이 시범경기를 갖자고 제안하였다. 이 제안에 따라 시범경기가 화기애애한 분위기 속에서 진행되었다. 이날 시범경기는 마침 남한 여자 대표팀이 북한과 단체전 8강 대결을 앞두고 열렸다. 27년 전에 지바세계선수권대회에 남북 단일팀으로 나가 우승을 따낸 주역 현정화 선수가 여자팀 감독으로 대회에 나와 있었다.

남북한 감독 등 선수단 임원은 이날 나눈 제안을 본국의 관계 당국에 건의했다. 또한 단일팀 참가를 위해서는 8강 진출 국가의 관계자들에게도 사전 동의를 받아야 했다. 어려운 절차였지만 27년 전 단일팀 구성과 참가에 대한 구내외 스포츠 당국의 호감이 바탕이 되어 단일팀 구성이 무난히 허락

되었다. 급조된 단일팀은 8강전 없이 바로 4강전에 진출했고, 대회 규정에 따라 별도의 3-4위전 없이 동메달을 차지했다. 남북은 할름스타드 세계탁구선수권대회에 이어 2018년 7월의 코리아오픈 국제탁구대회에도 단일팀을 구성하여 참가하였다. 이 대회에서는 혼합 복식에서 우승하였다.

2018년 7월 4일 평양 정주영체육관에서 남북 통일농구대회 첫날 행사로 남북 혼합팀 경기가 열렸다. 2003년 동 체육관 개관 기념 친선 경기를 가진 이후 15년 만이었다. 우리 측 선수와 북측 선수를 반씩 섞어 구성한 남북 혼합팀 '평화팀'과 '번영팀'이 대결하는 방식으로 치러졌다. 한 팀당 남북 선수 숫자는 각 6명씩으로 동일하였고 감독과 코치도 나누어 맡았다. 둘째 날은 남녀 선수별로 친선경기를 가졌다.

이 행사에 우리 측에서는 조명균 통일부장관, 노태강 문화체육관광부 제2차관, 이기흥 대한체육회장이, 북측에서는 최휘 노동당 부위원장 겸 국가체육지도위원장, 리선권 조국평화통일위원회 위원장, 전광호 내각 부총리, 김일국 체육상 등이 참석하였다.[8]

이어서 8월에 열린 2018 자카르타-팔렘방 아시안게임에 남북이 카누 단일팀을 구성하여 드래건보트 500m에서 우승

[8] 조선일보, 2018. 7. 5.

2018년 8월 자카르타-팔렘방 아시아경기대회에서 남북은 카누 단일팀으로 참가하여 드래건보트 500m 우승을 차지했다.

하였다. 국제종합대회올림픽 · 아시안게임 우승은 이 아시안게임 드래건보트가 처음이었다. 시상식에선 아리랑이 울려 퍼졌다. 1963년 로잔회담과 1990년 베이징아시안게임 남북단일팀 구성을 위한 회담에서 합의했던 단가였다. 남녀 드래건보트 종목에 출전한 단일팀은 남녀 선수 각각 8명씩 엔트리를 구성해 7월 말부터 충주 탄금호 국제조정경기장에서 합동 훈련을 했다.[9]

[9] 조선일보, 2018. 8. 27.

제10장

민족 통일 체육의 과제

1. 탈정치화의 과제

민족 통일 체육이란 비정치적 문화 영역에 속하는 체육의 고유 기능 구현 활동을 통해 민족공동체 형성을 도모하며 궁극적으로 한반도 평화 통일 실현에 기여함을 목적으로 한다. 이러한 활동이 꾸준히 지속되기 위해서는 남북 체육 교류가 정치 논리로부터 자유로워지는 것이 바람직하다. 그러나 현실적으로 남북한 정부의 정책이 스포츠 교류의 방향에 심대한 영향을 준 것을 우리는 알고 있다. 이러한 사실에 비추어 남북 체육 교류가 정치 논리를 최대한 극복하기 위하여 다음과 같은 방향을 설정할 수 있다.

1) 탈정치화의 의지

남북한 정부가 체육 교류만은 탈정치화하겠다는 의지를 보여야 한다. 1999년 북한은 남측의 전국민주노동조합연맹민노총과 북측의 직업총동맹직총 축구단의 친선 경기를 제안하였고, 이에 따라 같은 해 8월 남북 노동자축구대회가 평

1999년 북한의 제안으로 8월 남북 노동자축구대회가 평양 양각도경기장에서 열렸다. 북한 당국은 연방제 통일 방안을 선전하기 위해 스포츠 행사를 활용하기도 했다.

양의 양각도경기장에서 열렸다. 평양방송은 이 대회가 북한의 연방제 통일을 주장하는 범민족대회 축하행사의 일환으로 열린다고 발표하였다.

북한 당국이 남북 간 스포츠 행사를 연방제 통일 방안을 선전하기 위해 이용한 것이다. 이제 남북한 정부는 이와 같은 전술을 지양하여야 한다. 양측 모두 체육 교류만큼은 이념과 체제를 초월하여 추진한다는 자세가 필요하다.

2) 스포츠 교류 참가자들의 탈정치화 자세

앞에서 언급한 1999년 8월 평양 노동자축구대회에 참가한 남 측의 민노총 축구단 대표는 개회사에서 "우리는 단순히 공을 차기 위해서 온 것이 아니라 통일의 사자로 왔다"면서 "외세의 전쟁 위협이 노골화되고 있는 상황에서 노동자들이 앞장서 자주평화통일을 앞당기자"고 하였다. 민노총 선수단은 평양 만수대의 김일성 동상을 찾아 헌화하기도 하였다. 민노총 대표의 연설 내용은 평양 방송의 반미 선전을 연상케 하였으며 김일성 동상 헌화도 정치적 의미가 있는 행위였다.

남북 체육 교류가 스포츠 고유의 정신으로 봉사하기 위해서는 행사 참가자들의 탈정치화 자세가 요구된다. 남측의 참가자들이 북측에 정치적으로 이용되지 말아야 하며, 또 "남한은 잘 산다", "북한은 왜 이렇게 가난한가" 등의 발언도 자제해야 한다.

3) 탈정치의 제도화

남북한의 체육단체 간에 가칭 '남북 체육 교류의 규칙에 관한 의정서' 등을 체결하는 것이 바람직하다. 1974년 5월 동서독의 체육회 간에 체결된 '스포츠 관계의 규칙에 대한 의정서'를 참고로 할 수 있다.

동서독 간의 스포츠 의정서는 1972년 양독 간 기본합의서가 맺어지고 오랜 기간 사회, 문화, 경제 등이 활발히 진행된 배경에서 체결되었다. 남북한은 각기 IOC에 가입하였고 전국을 아우르는 체육회를 가지고 있으므로 두 단체가 의정서의 주체가 될 수 있을 것이다. 이와 같은 의정서에 탈정치화 조항을 포함시킴으로써 스포츠 교류의 정치적 종속을 어느 정도 예방할 수 있다.

남북한의 체육회 간에 의정서가 체결된다면 이는 체육 교류의 주체가 민간단체가 됨을 의미한다. 물론 북한의 체육 단체가 정권에 예속돼 있고 한국의 체육 단체 또한 정부의 영향력으로부터 자유롭다고 할 수 없지만, 제도적 측면에서 한 걸음 탈정치화로 갈 수 있는 과정이 될 수 있다.

4) 경기 개최의 중립지대화

휴전선의 비무장지대DMZ 내에 남북체육공원이 조성되어

여기서 남북 선수단이 경기를 가진다면 스포츠 교류의 정치 종속성을 줄이는 상징적, 심리적 효과가 기대된다.

물론 DMZ에 체육시설을 건설하는 데는 복잡한 문제가 따른다. DMZ의 자연환경 보존, 정전협정에 따른 주한유엔군사령부의 관할권, 남북한 간의 재원 조달 방식, 역사적 유물 보존 등의 문제가 있다.

5) 민간 체육 교류의 활성화

스포츠 교류가 정치의 영향을 받은 것이 사실이지만, 그래도 스포츠는 다른 어떤 분야보다도 가장 정치성이 옅을 수 있다. 젊음을 발산하며 몸으로 부딪히는 스포츠 게임은 민족적 동질성과 형제애를 나눌 수 있는 기회이다. 이런 의미에서 다양한 민간단체 간, 청년 · 학생 간의 남북 체육 교류는 적극 활성화되어야 한다.[1]

---

[1] 정용석,「남북 체육 교류의 정치적 종속성과 대응 논리」,『남북통일체육의 정치적 과제』, 민족통일체육연구원, 2003, 38-63쪽.

2. 법정책적 과제

남북 스포츠 교류가 지금까지는 엘리트 스포츠 중심으로 이루어졌다. 앞으로 학교 체육과 생활 체육의 영역으로도 교류를 확대해 나가는 것이 바람직하다. 이렇게 민족 통일 체육이 발전해 나갈 수 있도록 관련 법제의 정비가 요구된다. 먼저 남북 체육 교류 관련 법규의 현황을 살펴보고 향후의 정책 방향을 모색한다.

1) 남북 체육 교류 관련 법제 현황

(1) 남북기본합의서

1991년 12월 채택된 남북기본합의서는 남북 스포츠 교류 협력에 있어서도 법적인 바탕이 된다. 첫째 기본합의서는 통일을 하나의 과정으로 전제하고 남북 간의 관계 개선과 평화 공존을 위한 법적·제도적 틀을 제시하고 있다. 둘째 남북 간의 문제는 남북의 당국자들이 자주적으로 해결 방안을 모색한다는 원칙을 확인하였다. 셋째로 기본합의서는 남북 관계의 정상화를 추구하며 화해 · 협력을 통하여 평화통일 기반을 조성한다는 정책의 법제화로 해석할 수 있다. 넷째 '한반도 비핵화 공동선언'을 함께 발효시킴으로써 한반도에서 핵전쟁의 위험을 제거하고 평화로운 통일 환경 조성을 위해 노력하기로 하였다.

기본합의서의 법적 성격에 대해서는 여러 논의와 학설이 있으며 우리 정부 부처 간에도 견해의 차이가 없지 않다. 법무부는 "남북 기본합의서가 국제법적 강제력을 인정할 수 없는 일종의 신사협정에 준하는 성격을 갖는다"고 보았다. 그러나 통일부는 국회에 제출한 자료에서 "기본합의서가 나라와 나라 사이의 관계가 아닌 민족 내부 간의 특수 관계를 규율하는 문서로서 조약이 아니기는 하나 남북 당국 간에 유효하게 체결되어 발효된 합의문서로서 남북한 쌍방이 이에 대한 성실한 이행 준수의 의무를 부담하고 있다는 점에서 국제법상의 신사협정과는 다르다"고 하였다.

남북 기본합의서는 그 형식에 있어 조약으로서의 흠이 없는 것으로 보인다. 그리고 국가 간의 조약 체결 절차에 따라 남북한의 고위급 정부대표가 서명하였다. 또 남북한 당국은 그 내용을 성실히 준수할 것을 약속하였다. 따라서 기본합의서를 단순히 신사협정 혹은 정치적 선언으로만 볼 수 없을 것이다.

(2) 2000 **남북정상회담과 공동선언**

1998년부터 남북 경제협력이 활성화되고 인적, 물적 교류에 대한 제약이 대폭 완화되었다. 이는 남북기본합의서를 구체적으로 실현하려는 노력으로 볼 수 있다. 그리고 2000년 남북정상회담에서 채택된 공동선언에 따라 그 후속적인 정치적, 법적 조치가 단계적으로 추진되었다.

(3) **남북교류협력에 관한 법률**

국내적으로 1990년 8월 1일 '남북교류협력에 관한 법률'이 제정되었다. 그러나 이 법은 스포츠 분야 교류의 활성화를 위하여 다음과 같은 미흡한 점이 보완되어야 한다.

가. 준용 규정의 과다 및 광범위성

준용 대상이 되는 행위의 유형이 추상적이고 법률의 범위가 너무 넓어서 명확성을 기할 수 없다.

나. 위임 규정의 과다

남북교류협력에 관한 법률은 하위 법령에 대한 위임이 너무 포괄적이며 행정부의 업무 집행에 대한 재량 범위가 지나

치게 넓다.

다. 추상적, 일괄적인 규정 내용

남북교류협력에 관한 법률은 규율할 대상의 다양성에 비추어 매우 적은 조문으로 되어 있다. 따라서 실제 행정 처리에 있어서 때로는 법적인 근거가 없는 시행령에 의존하는 경우가 허다하다.

(4) 남북사회문화협력사업 처리에 관한 규정

스포츠 분야의 교류에 있어서는 1997년 6월 제정된 '남북사회문화협력사업 처리에 관한 규정'이 적용된다. 이 규정에서 체육 분야 협력 사업에 관한 실무 지침을 비교적 상세하게 규정하고 있다.

이 규정이 적용되는 사업을 스포츠에 관한 공동 조사와 연구 저작 편찬 및 그 보급에 관한 사항, 스포츠에 관한 영상물 및 방송 프로그램의 공동 제작에 관한 사항, 스포츠 학술 연구 단체 및 청소년 단체의 육성과 체육 진흥을 위한 지원에 관한 사항, 기타 통일부장관이 인정하는 사항 등이라고 정하고 있다.

또 협력 사업자 승인 신청서가 통일부에 접수된 경우, 처리기간은 30일이며 부득이한 사정으로 처리하기 어려울 때에는 그 사유를 명시하여 신청인에게 통보한 후 20일의 범위 내에서 1회 연장할 수 있도록 되어 있다. 협력 사업자의 방북 기간에 대해서는 1년 6개월 이내의 수시 방북을 인정하고 있다.

2) 남북 체육 교류 협력 활성화를 위한 법정책적 방안

(1) 남북교류협력법의 체계 개선

남북교류협력법은 30개 조문으로만 되어 있고 인적, 물적 교류와 협력에 관해 매우 포괄적으로 규정하고 있다. 기본법으로 서장절章節의 체제를 갖추도록 하는 것이 바람직하다. 그리고 하위 법령에 대한 구체적인 위임의 근거를 명시하고, 준용을 최소화하며, 준용될 수 있는 법규를 구체적으로 명시하여 법치행정이 이루어지도록 해야 한다.

(2) 스포츠 인적 교류 활성화를 위한 조치

남북 간 인적 접촉 신청의 간소화와 종국적 폐지가 바람직하다. 북한 주민 접촉 승인 처리 기간은 1주일 정도로 줄일 수 있을 것이다. 또 북한 주민 접촉 승인 기간이 스포츠 교류 협력의 경우 2년으로 제한되어 있는데 이를 3년-5년까지 연장하는 것이 바람직하다. 접촉 승인 시 받는 안내교육의 폐지, 결과보고서 제출의 간소화, 사후 신고제의 완화 등도 고려해야 한다.

한편 남북교류협력법은 그 위반 행위에 대해 과도한 벌칙을 정하고 있다. 이는 인적 교류를 위축시킬 가능성이 있다. 증명서를 발급받지 않고 남북한을 왕래하거나 승인을 받지 않고 접촉한 자에 대하여 3년 이하의 징역 혹은 100만 원 이하의 벌금을 부과하고 있고, 신고하지 않고 북한을 왕래한 재외국민에 대해서도 처벌하도록 되어 있다. 인적 교류를 활성화하면서 행정 처리의 효율성을 높이는 대안을 모색해야 한다.

(3) 스포츠 물적 교류의 활성화 도모

스포츠 산업의 보호 육성을 위한 남북한의 협력이 중요하다. 향후 남북 경제 협력이 정상화될 경우 대북 위탁 가공 교역이 확대될 것이다. 스포츠 분야에서도 이와 같은 협력이 원활해질 수 있도록 법제도적 장치가 마련되어야 한다.

스포츠 산업 용품의 거래와 관련하여 물품 거래 형태, 대금 결재 방법, 지적재산권과 관련한 여러 사항 등을 규정하여 투자와 사업 추진 및 이윤 배분의 안정성이 확보되도록 해야 한다.

(4) 화폐 이용과 보험 관리 체제의 확립

남북 교류 협력 사업이 확대되고 본 궤도에 진입하는 경우 그 과정에서 남북한 화폐 간의 환전이 이루어질 것이므로 이에 대한 기준이 필요하다. 그리고 북한 체류 중 발생하는 교통사고나 산재 등에 우리 보험법이 적용돼야 한다.

남북 간의 경제 교류 협력 관계가 확대 발전할 경우 '남북교류협력 및 투자 등에 관한 화폐관리규정"을 제정 · 실시해야 한다. 그리고 북한에 체류하는 우리 국민과 체육인에 대한 보험의 적용 기준 및 범위, 특례에 관한 법령을 보완할 필요가 있다.

(5) 방송 · 통신의 활성화를 위한 법적 과제

남북 스포츠 교류 협력이 늘어나면 방송 매체를 통한 교류가 함께 이루어질 것을 예상할 수 있다. 따라서 방송 교류의 활성화를 위한 법제도의 정비가 요구된다.

(8) 정책 조정 기구 남북 스포츠 교류협력 추진협의회의 설치

현존 남북교류협력추진협의회는 1989년 3월 31일의 대통령령 제 12670호에 의해 설치되었다. 통일부장관을 위원장으로 하여 15인 이내의 위원으로 구성되는데, 이 협의회의 산하기구로 남북 스포츠 교류협력 추진위원회를 구성하여 실무 추진의 효율성을 높일 수 있다.[2]

3. 남북 체육 학술 교류의 과제

1) 체육 학술 교류의 의의

남북 간 체육 학술 교류는 남북의 체육 연구에 관한 성과를 공유하며 상호 교류 협력의 증진을 도모하는 활동이다. 이를 위하여 남북한 사회의 체육정책, 체육활동, 체육교육, 체육시설, 스포츠산업 등에 관한 기초적 연구를 그 바탕으로

[2] 연기영, 「남북 스포츠 교류의 법정책적 과제」, 『남북통일체육의 법적 과제』, 민족통일체육연구원, 2001, 36-67쪽.

삼게 된다. 지금까지 남북은 주로 엘리트 스포츠를 중심으로 상호간 경기를 개최하고 국제경기에 함께 참가하며 단일팀 구성 등의 교류 협력을 추진하였다. 이와 같은 성과를 바탕으로 이제 민간 차원으로 이와 같은 교류 협력이 확대되는 것이 바람직하다.

남북 체육 학술 교류를 민간의 차원에서 추진하기 위해서는 우선 우리 체육학계 내에서 해당 분야의 체육학술단체를 망라한 대책 기구가 구성되어야 한다. 이런 기구가 남북 체육 학술 교류의 방향을 설정하고 북한 측 교류 파트너와의 연계 방안을 모색하며, 체육 학술 교류의 여건을 조성하기 위한 중장기 계획을 세워나가는 구심체가 될 수 있다.

2) 체육 학술 교류를 위한 역량 강화

남북 체육 학술 교류가 민간 차원에서 지속적으로 발전해 나갈 수 있으려면 교류 사업을 위한 재원을 마련해야 한다. 남북교류협력기금이나 국민체육진흥기금의 사용, 혹은 대한체육회로부터의 지원 등을 생각할 수 있다. 그러나 앞에서 언급한 대책 기구에서 다각적인 재정 확보 방안을 마련해야 한다.

이 대책 기구를 통해 체육계의 자체적인 통일기금을 조성하고 여기에 스포츠산업 관련 기업들이 적극적으로 참여토록 할 수 있다. 이렇게 재정 기반이 마련되면 남북 체육 학술 교류뿐만 아니라 해외 동포들도 참여하는 한민족 체육 학술 교류로 확대 발전시켜 나갈 수 있다.

이와 같이 여건이 무르익게 되면 한민족 체육 교류의 발전을 뒷받침하는 체육 교류 연구 및 정보자료센터 설립, 청소년·학생 층의 남북 체육 교류 추진을 위한 통일체육장 등의 체육 시설 마련, 북한 전 지역을 포함하는 한민족 생활체육 운동의 전개 및 이를 위한 지도자 인력 양성 등 다양한 교류 협력 사업을 추진할 수 있다.

북한의 체육 기구나 단체들도 앞으로는 보다 전향적으로 스스로의 발전을 도모해야 할 것이므로 남북 교류 협력의 확대는 이를 위한 추동력으로도 작용할 수 있을 것으로 기대된다. 이와 같은 관계가 성숙해 나갈 수 있으려면 재정 능력을 포함한 우리 자체의 역량이 강화되어야 한다.[3]

---

3 변진홍,「통일기반 조성과 한민족 체육학술교류의 기본방향」,『남북통일체육의 정치적 과제』, 민족통일체육연구원, 2003, 90-102쪽.

4. 스포츠 시설 교류 협력의 방향

1) 스포츠 시설 교류 협력의 의의

스포츠 시설이라 함은 스포츠 활동에 지속적으로 이용되는 시설과 그 부대시설이라고 정의할 수 있다. 남북 간 스포츠 시설의 교류 협력이란 스포츠 시설을 상호 이용하기 위해 교류하거나 공동으로 건설 관리하기 위해 협력하는 사업을 말한다. 이 정의에 따라 스포츠 시설 교류 협력을 스포츠 시설의 이용 교류와 건설 협력 사업으로 구분할 수 있다. 또 스포츠 시설의 이용 교류 사업은 스포츠 경기 교류에 부수되는 스포츠 시설의 이용 교류와 독자성을 지닌 스포츠 시설의 이용 교류로 나눌 수 있다.

첫째 스포츠 경기 교류에 부수되는 스포츠 시설의 이용 교류란 한국과 북한이 상대방 선수단을 초청하여 경기를 개최함으로써 자신의 스포츠 시설을 상대방과 함께 이용하는 것을 말한다.

둘째 독자성을 지닌 스포츠 시설 이용 교류란 주목적인 스포츠 경기가 전제되지 않은 상대방 스포츠 시설의 이용 교류를 말한다. 남북한 선수단이 상대 지역에서 전지 훈련하는 경우가 이에 해당한다.

셋째 스포츠 시설의 건설 협력은 스포츠 시설을 남북한이 공동 건설하고 사후 관리하며 정기적인 교환경기 등의 개최를 보장하는 사업이다. 자금을 투입하여 대형 시설물을 건설하고 사후 관리하는 사업이므로 사업 기간이 길고 사업 규모가 상대적으로 크다. 이 사업은 한국의 자본이 북한에 투입되어 스포츠 시설을 건설하여 상호 교환경기를 지속적으로 개최하기 위한 것인 만큼 통일기반 조성에 기여하는 의미를 갖는다.

2) 스포츠 시설 교류의 현황과 과제

남북한 간의 교환경기 혹은 초청경기에 따른 스포츠 시설의 이용 교류는 1990년 남북통일축구대회의 경우 평양 5.1경기장과 서울 잠실주경기장에서 치러졌고, 1991년 세계청소년축구선수권대회의 경우 서울 평가전과 강화 훈련은 잠실주경기장에서, 평양 평가전과 강화 훈련은 평양 5.1경기장에서 이루어졌다. 1999년 남북 노동자축구대회의 경우 평양 김일성경기장 및 양각도경기장에서 2회 개최된 바 있다. 그리고 1999년 통일농구경기대회는 평양체육관 및 평양농구관과 서울 잠실실내체육관에서 각각 개최되었다. 이와 같이 남북이 공동 개최한 경기에 부수하여 자연스럽게 상대방 스포츠 시설의 이용 교류가 이루어졌다.

독자성을 지닌 스포츠 시설의 이용 교류는 지금까지 거의 이루어지지 못하였다. 앞으로 스포츠 교류를 활성화하는 방안으로서 상호간의 전지 훈련 프로그램을 추진하며 이와 같은 형태의 스포츠 시설 이용 교류가 가능할 것이다.

지금까지 스포츠 시설의 건설 협력 사업은 평양 실내체육관 건설 사업 1건에 불과하다. 대규모 자본이 소요되며 건설 이후 의 경제성을 예측하기 어려우므로 추진하기 쉽지 않은 문제가 있다. 평양 실내체육관 사업은 남북 간 최초의 스포

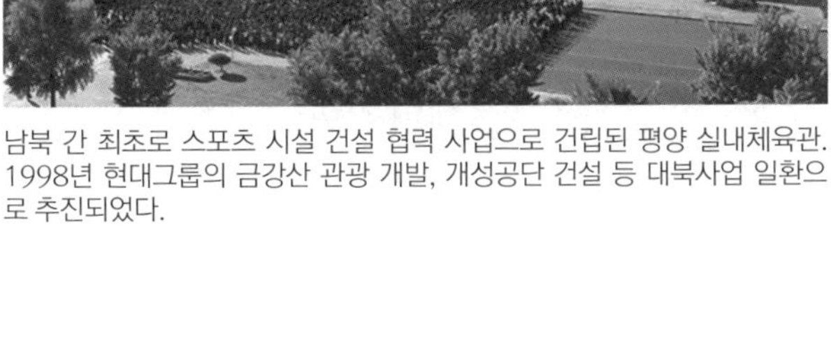

남북 간 최초로 스포츠 시설 건설 협력 사업으로 건립된 평양 실내체육관. 1998년 현대그룹의 금강산 관광 개발, 개성공단 건설 등 대북사업 일환으로 추진되었다.

츠 시설 건설 협력 사업으로서 1998년 현대그룹과 북한의 조선아세아태평양평화위원회 간의 합의에 의해 성사되었다.

현대아산의 평양 실내경기장 건설 협력 사업은 현대그룹의 금강산 관광 개발 사업, 개성 국제자유무역지대 공단 개발 사업 등 일련의 대북 투자 사업의 일환으로 추진되었으며 민간 차원의 대북 지원의 성격이 짙다. 이 사업을 계기로 남북한 간 정기적으로 교환경기를 개최하기로 합의하였다. 체육관 건설 기간 중 6개월마다 교환경기를 갖기로 합의하였으며, 건설 완료 후에는 정례적 교환경기 방법을 협의하기로 하였다.

그 동안 남북한 간의 교환경기, 초청방문경기, 강화훈련 등을 통해 서로 상대방의 스포츠 시설을 이용하였다. 이와 같은 교류를 더욱 활성화하고 정기화할 필요가 있다. 엘리트 스포츠 차원의 교류를 지속적으로 추진하면서 교류의 저변을 넓히는 것이 바람직하다. 시 · 도 · 군 · 구의 지방 대표선수단, 공공단체와 사회단체의 선수단이 참여하여 생활스포츠의 차원으로도 교류의 폭을 넓혀 나가야 한다. 스포츠의 종목도 축구, 농구뿐만 아니라 다양한 분야로 확대될 수 있게 양측이 공동 노력해야 한다.

스포츠 시설의 건설 협력도 가능한 정책적 인센티브와 제도적 개선 방안을 모색하여 활성화함이 바람직하다. 경제성이 양호한 지역을 대상으로 투자의 안정성과 수익성이 보장되는 경우에는 민간 부문의 대북한 진출이 이루어질 수 있도록 정부와 기업이 협력해야 한다.[4]

5. DMZ 내 평화체육공원 조성 구상

1) 민족 문화의 동질성 회복을 위해

DMZ Demilitarized Zone, 비무장지대는 6 · 25 전쟁 후 맺은 정전협정의 산물이다. 임진강 하구부터 강원도 고성군 명호리까지 이어지는 907.3 평방km에 달하는 구역이다. 2018년 4월 27일 DMZ 내 판문점에서 남북정상회담이 열리면서 이 일대에 대한 관심이 높아졌다. 문화재청은 5월 8일 "향후 문화 분야의 남북 협력이 본격적으로 시작되면 DMZ에 있는 '궁예도

4 이상철, 「스포츠시설 분야 교류 협력의 법적 과제」, 『남북통일체육의 법적 과제』, 민족통일체육연구원, 2001, 120-147쪽.

성' 공동 발굴 조사와 크낙새, 장수하늘소 등 멸종위기 천연기념물에 대한 공동연구를 추진할 계획"이라고 밝혔다.

궁예도성은 DMZ의 대표적인 유적지다. 도성의 발굴 조사를 진행하려면 인근에 매설된 지뢰를 제거해야 하므로 남북간 군사적 긴장 완화의 의미도 갖게 될 것이다.[5] 사실 2018년 4월 판문점 정상회담과 9월 평양 정상회담 이후 비무장지대 내의 지뢰 제거 작업을 남북이 공동으로 진행하고 있다. 앞으로 경의선 철도 연결 사업이 구체화되면 DMZ의 평화적 이용에 대한 관심이 더욱 높아질 것이다.

DMZ의 평화적 이용에 대해서는 우리 정부가 1982년 2월 그 기초적인 구상을 밝힌 일이 있다. 당시 손재식 국토통일원장관의 성명을 통해 '민족화합을 위한 20개 시범실천사업'을 제의하면서 "비무장지대 내에 공동 경기장 시설을 마련하고 이를 남북 간의 친선경기에 이용하자"고 북측에 제의하였다. 노태우 대통령은 1988년 10월 18일 유엔총회에서 행한 연설에서 비무장지대 내의 '평화시' 건설 구상을 밝혔다. 이 평화시 안에 민족문화관, 학술교류센터 등을 설치하여 폭넓은 교환, 교류, 교역을 실시할 수 있을 것으로 전망하였다.

이듬해 9월 우리 정부는 '한민족공동체 통일방안'을 발표

---

5 동아일보, 2018. 5. 9.

하였다. 남북한이 통일로 가는 과도 체제인 남북연합의 발족을 계기로 평화와 통일을 지향하는 공동사업을 추진할 것을 제의하였다. 이와 같은 사업의 일환으로 비무장지대 내의 적정 지역을 '평화구역'으로 설정하고 이를 점차 '통일평화시'로 발전시킬 수 있을 것이라고 하였다. 평화구역에는 경의선 철도를 연결하는 통일역사統一驛舍의 건설, 이산가족 만남의 광장, 민족문화관, 남북교류센터 등을 건립하고 '공동경기장'도 건설하자고 제안하였다.

북측은 1990년 5월 31일 '조선반도의 평화를 위한 군축제안'을 발표하였으며, 그 가운데 비무장지대의 평화지대화를 제안하였다. 이와 같이 남북 간에 DMZ의 평화적 이용에 관한 제의와 역제의가 교환되었으나, 사업이 구체화되진 못하였다.

이 사안에 관하여 남북 간 최초의 합의가 이루어진 것은 1991년 12월 채택된 '남북기본합의서'를 통해서였다. 남북기본합의서 제12조에서 "비무장지대의 평화적 이용 문제를 협의 추진한다"고 하였으며, 기본합의서에 따른 '남북교류협력의 이행과 준수를 위한 부속합의서' 제9조에서 남북한이 체육 분야에서 교류와 협력을 실시하는 데 합의하였음을 명시하였다.

이와 같은 합의를 바탕으로 DMZ 내에 체육공원을 조성함이 바람직하다. 이와 같은 체육공원은 특별한 기량이나 지식이나 도구 없이도 활용할 수 있도록 하여 엘리트 스포츠 분야에서 뿐만 아니라 생활 체육의 차원에서도 남북 교류가 이루어지는 장으로 조성함이 바람직하다.

이 공원 내에 다목적 운동장, 테니스장, 수영장, 롤러스케이트장 등의 각종 스포츠 시설, 어린이놀이터와 놀이동산 등 어린이를 위한 시설, 취사야영장과 산책로, 등산로, 사이클도로, 보트장, 낚시터 등의 여가 · 오락 시설도 포함할 수 있을 것이다. 체육공원은 궁예도성 유적지 박물관, 민족문화관, 학술교류센터와 연계하여 공연장, 극장 등의 시설도 포함하는 복합 문화 공간으로도 발전할 수 있을 것이다. 아울러 국제적인 관광 명승지가 될 것으로 기대된다.

DMZ 내 체육공원 조성 사업은 남북 간 군사적 신뢰 구축 및 긴장 완화에 도움이 될 것이다. 그리고 비무장지대의 평화적 이용을 위한 다른 여러 프로젝트에도 긍정적 영향을 미칠 것이다. 전반적으로 민족의 문화적 동질성을 회복하는 미래의 역사를 만들어나가는 과정에 기여할 것이다.

2) 체육공원 조성에 따르는 법적 문제

체육공원 구상을 현실화하는 데는 기대 효과 못지않게 적지 않은 법적 문제들이 따른다. 우선 비무장지대가 현재 군사분계선을 중심으로 남측 지역은 유엔군 사령관이, 북측 지역은 공산측 사령관 실제로는 북한군사령관이 관할하는 지역인 관계로 이들 간의 쌍무적인 합의를 통하여 체육공원의 설치가 가능하도록 현존 정전협정 적용의 예외를 인정해야 한다.

체육공원이 원활히 조성될 수 있기 위해서는 비무장지대의 남측 및 북측 공사 구역을 하나의 특별관리구역 남북공동관리구역으로 설정하여 공사를 진행해야 한다. 우리 측은 남북교류협력법상 필요한 절차에 따라, 그리고 자연환경보전법의 요구에 맞게 건설 사업을 추진할 수 있다. 또한 정부는 체육공원이 들어설 부지의 원소유자에 대하여 합리적인 보상을 지급해야 할 것이다.

체육공원이 완공된 후에는 이용과 관리에 따르는 문제들이 발생할 것이다. 가칭 '평화체육공원 공동관리단'의 구성·운영 문제, 체육공원 왕래에 따르는 절차의 간소화 문제, 수익사업 추진 시 이익의 배분 및 과세 문제, 체육공원 내에서의 질서 유지 및 범죄 사건 처리 문제, 체육공원 내에서의 민사상의 손해 발생 시 그 처리 문제, 체육공원 내 각종 서비스 업체의 설치 및 통용 화폐의 선정 문제, 그리고 환경법상 법적 문제 등이 대표적인 예라고 하겠다. 이러한 문제들에 대한 원만한 해결책을 사전에 마련해 두어야 한다. 심층적인 연구, 검토를 거쳐 면밀한 대비책을 강구해야 한다.[6]

---

[6] 제성호, 「DMZ 내 스포츠공원 설치 이용과 법적 대응」, 『남북통일체육의 법적 과제』, 민족통일체육연구원, 2001, 148-203쪽.

부록

Ⅰ. 남북 체육 교류 연보

Ⅱ. 국제대회 남북단일팀 구성·참가에 관한 합의서

Ⅲ. 남북 정부 간 주요 합의서

Ⅰ. 남북 체육 교류 연보(1947-2018)

1947. 6. 20.	대한올림픽위원회, 제40차 IOC 스톡홀름 총회에서 국제올림픽위원회의 승인을 받음. 
1957. 12. 18.	홍명희 북한올림픽위원회 위원장, 1960 로마올림픽에 남북이 단일팀을 구성하여 출전할 것을 남측에 제의.
1962. 7. 28.	북한올림픽위원회, 1964 도쿄올림픽 남북한 단일팀 구성 · 출전을 토의하기 위한 남북 대표 간의 회의를 제의.
1962, 8. 14.	대한올림픽위원회, 1964 도쿄올림픽에 남북한이 단일팀을 구성하여 참가할 것을 권고한 제59차 IOC 모스크바 총회의 결정에 동의.
1963. 1. 24.	로잔 IOC 본부에서 남북체육회담 진행. 남측 수석대표 김진구 대한체육회 이사, 북측 수석대표 김용황 북한올림픽위원회 부위원장. ① 1964 동계올림픽에 남북 단일팀 구성 · 참가 ② 단가는 아리랑 ③ 동서독의 사례에 준하여 선수 선발 ④ 단기는 IOC 집행위원회에 일임하기로 합의.
1963. 5. 17. ~ 1963. 7. 26.	로잔 체육회담의 후속 회의로 제1차 홍콩 남북체육회담 열림. 1차 회담(5.17.~6.1.)은 본회담 14차례, 연락대표 접촉 2차례. 남측 수석대표 정상윤 대한올림픽위원회 위원, 북측 단장 김기수 북한체육지도위원회 위원장 겸 

	북한올림픽위원회 부위원장. 올림픽경기 전 종목에 걸쳐 선발전을 실시할 것에 합의. 그러나 북측은 단장의 귀환 보고(노동신문 1963.6.13.)를 통해 남측 대표단을 비방. 제2차 홍콩 남북체육회담(7.26.)은 연락대표 접촉 1차례에 그침.
1964. 10. 10.	홍명희 북한올림픽위원회 위원장, 북한의 1964 도쿄올림픽 불참에 관한 담화 발표.
1972. 9. 8.	김택수 대한체육회장과 오현주 북한올림픽위원회 위원장이 "남북 체육 교류 회담을 위하여 남북의 대표가 서울, 평양을 방문하도록 상호 초청하며, 남북조절위원회를 통하여 연락한다"는 공동성명 발표.
1973. 8. 1.	이낙선 대한배구협회장, 서울에서 개최되는 제2회 아시아배구지도자 강습회에 북한이 수강자를 파견하도록 제의.
1973. 3. 10.	북한, 아시아경기연맹(AGF) 가입.
1976. 5. 6.	김윤하 대한축구협회장, 북한 축구팀 서울 초청.
1978. 9. 9.	박종규 대한사격연맹 회장, 서울에서 9월 24일 개최되는 제24회 세계사격선수권대회에 북한 초청.
1979. 2. 20. ~ 1979. 3. 12.	북한 탁구협회장 명의로 평양에서 개최되는 제35회 세계탁구선수권대회 남북한 단일팀 구성 · 출전을 위한 회담 제의. 대한체육회장 및 대한탁구협회장이 이 제의를 수락. 대한탁구협회 채영길 회장과 북한탁구협회 김득준 회장을 단장으로 하는 회담이 판문점에서 4차례에 걸쳐 열렸으나 남측은 회

	담 참가 기득권을 보장할 것을 요구하고, 북측은 단일팀 구성에 먼저 합의할 것을 요구하여 회담의 접점을 찾지 못함.
1979. 2. 24.	이병희 대한농구협회장 서울에서 4월 29일 개최되는 제8회 세계 여자농구선수권대회(4.29.~5.13.)에 북한 선수단 초청.
1979. 12. 27. ~ 1980. 1. 21.	북한올림픽위원회 김유순 위원장은 1980 모스크바올림픽 (7.19.~8.3.에 출전할 남북 단일팀 구성을 제의. 박종규 대한체육회장은 모스크바올림픽에 출전할 단일팀 구성은 시간이 촉박하므로 그 이후의 남북 체육 교류를 위한 회담을 제의.
1981. 6. 19.	조상호 대한올림픽위원장, 1984 로스엔젤레스올림픽 (7.28.~8.12.)에 파견할 남북 단일팀 구성과 참가 등 남북한 체육 교류 협력 제의.
1982. 2. 1.	손재식 국토통일원장관, 남북협력을 위한 20개 시범실천사업을 제의하며 1986 아시안게임 및 1988 서울올림픽에 북한 선수단이 판문점을 통과하여 참가할 것을 제의. 아울러 남북 친선 교환 경기, 국제경기 단일팀 구성 · 참가, 비무장지대 내 공동경기장 마련 및 이용에 관해 협의할 것을 제의.
1984. 3. 30. ~ 1984. 6. 2.	김유순 북한올림픽위원장, 1984 로스엔젤레스올림픽 및 그 이후의 국제경기 남북 단일팀 구성 · 파견에 관한 회담 제의. 정주영 대한체육회장 겸 대한올림픽위원장, 1984 로스엔젤레스올림픽, 1986 서울아시안게임(9.20.~10.5.), 1988 서울올림픽(9.17.~10.2.)에 참가할 남북 단일팀 구성 및 남북 체육 교류를 위한 회담 제의. 이에 따라 4월 9일부터 5월 25일까지 판문점에서 3차례의 회담이 열렸으나 성과 없이 결렬됨. 북한올림픽위원회는 6월 2일 로스엔젤레스올림픽 불참을 선언.

1985. 7. 30. ~ 1988. 1. 12.	정준기 북한 정무원 부총리는 1988 서울올림픽의 남북 공동주최를 주장하는 담화를 발표. 이후 IOC의 중재로 스위스 로잔에서 남측 김종하 대한올림픽위원장과 북측 김유순 북한올림픽위원장을 수석대표로 하는 회담이 열림. 남측은 일부 종목 예선 경기의 북한 지역 배정 가능성을 제시하였으나, 북측은 대회의 명칭을 '조선올림픽경기대회'로 바꾸고 경기 종목을 서울과 평양에 반씩 배분하며, 개・폐막식을 평양과 서울에서 각각 진행할 것을 요구. 회담은 1987년 7월 중순까지 4차에 걸쳐 열렸으나 북한의 비현실적인 요구로 진척이 없었으며, 1988년 1월 북한올림픽위원회는 서울올림픽 불참을 선언.
1988. 12. 21. ~ 1990. 2. 8.	 김유순 북한올림픽위원장, 1990 베이징 아시안게임(9.22.~10.7.)에 파견할 남북한 단일팀 구성을 위한 회담 제의. 김종하 대한올림픽위원장이 이 제의를 수락하여 장충식 대한올림픽위원회 부위원장과 김형진 북한올림픽위원회 부위원장을 수석대표로 하는 회담이 1989년 3월부터 1990년 2월까지 9차에 걸쳐 열림. 베이징 대회 단일팀 구성은 성사되지 않았으나 남북 체육 회담은 베이징 대회 후 다시 열리게 됨.
1990. 9. 28. ~ 10. 25.	남측의 장충식 대한올림픽위원회 부위원장과 북측의 김형진 북한올림픽위원회 부위원장을 수석대표로 베이징에서 열린 남북체육회담에서 분단 이후 최초의 '남북통일축구경기' 개최에 대하여 합의. 이후 10월 11일 남북통일축구 첫 경기가 평양 능라도 5.1 경기장에서 열림. 통일축구 서울경기는 예정대로 10월 23일 잠실올림픽경기장에서 개최.

1990. 10. 24.	정동성 체육부장관과 김유순 북한올림픽위원장은 남북체육회담 개최에 관한 공동성명 발표.
1990. 11. 29. ~ 1991. 2. 12.	장충식 대한올림픽 위원회 부위원장과 김형진 북한올림픽위원회 부위원장을 수석대표로 하는 4차에 걸친 남북 체육 회담이 판문점에서 열림. 주요 의제는 ① 남북통일축구대회의 정례화를 비롯한 체육 교류 실현, ② 국제대회에 남북이 단일팀을 구성 · 참가하는 문제. 제41회 세계탁구선수권대회와 제6회 세계청소년축구선수권대회에 단일팀을 파견하기로 합의함으로써 최초의 남북 단일팀 구성이 성사됨.
1991. 2. 11. ~ 1991. 2. 27.	제41회 세계탁구선수권대회와 제6회 세계청소년축구선수권대회 남북 단일팀 구성 · 파견을 위한 실무위원회 각 2차례 개최.
1991. 4. 24. ~ 5. 6.	 일본 지바현에서 열린 제41회 세계탁구선수권대회(4. 24.~5. 6.)에 남북 단일팀 참가. 단일팀은 여자 단체전에서 우승. 56명의 단일팀 선수단은 금메달 1, 은메달 1, 동메달 2개를 획득하여 종합 3위.
1991. 5. 6. ~ 5. 16.	제6회 세계청소년축구선수권대회에 참가할 남북 단일팀 조직을 위한 평가전을 서울과 평양에서 실시.
1991. 6. 14. ~ 6. 30.	장충식 대한올림픽위원회 부위원장을 단장으로 72명의 남북한 임원들과 선수들이 단일팀을 구성하여 포르투갈 리스본에서 열린 제6회 세계청소년축구선수권대회(6.14.~6.30.)에 참가. 단일팀은 우승 후보인 아르헨티나를 이기고 8강에 진출.
1991. 7. 23.	장충식 남북체육회담 남측 수석대표, 바르셀로나올림픽 등 주요 국제 경기에 남북이 단일팀을 구성 · 파견하는 문제와 통일축구대회 개최 등 남북 체육 교류 협력 문제를 협의하기 위한 제5차

남북체육회담을 제의.

1991. 8. 12. 김유순 북한올림픽위원장, 북한 이창수 유도 선수의 망명과 관련하여 제5차 남북체육회담의 연기를 통보.

1992. 8. 5. 장충식 남북체육회담 남측 수석대표, 김형진 북측 수석대표에게 10월 18일~23일 서울에서 대한체육회와 한양대 체육과학연구원 공동 주최로 열리는 국제체육세미나에의 초청장 전달

1995. 2. 3. 김덕 부총리 겸 통일원장관, 4월 평양에서 개최 예정인 국제체육문화축전에 남쪽의 이산가족들과 해외동포들이 함께 참관할 것을 제안.

1996. 1. 20. 정몽준 대한축구협회장, 북한의 월드컵 공동 개최 제의를 환영한다고 언명.

1996. 2. 2. 김운용 대한올림픽위원장, 서울에서 4월 21일~24일 개최되는 제6차 세계생활체육총회에 북한 초청.

1997. 1. 25. 북한대학생체육협회, 1997 무주 · 전주 동계유니버시아드대회(1.24.~2.2.) 불참을 통보.

1997. 3. 17. 국회, 북한이 동아시아대회에 참가할 것을 촉구하는 결의안 채택.

1998. 6. 12. 한총련 산하 6개 대학 총학생회, 북한 조선학생위원회 산하 김일성대 등 6개 대학으로부터 학술, 문화, 체육 교류를 제안받았다고 발표. 특히 아주대와 경북대는 사리원지질대와 함흥수리동력대학으로부터 통일축구경기를 남북한에서 번갈아 열자는 제안을 받음.

1998. 10. 29.	정주영 현대그룹 명예회장 일행, 북한의 조선아세아태평양평화위원회와 실내종합체육관 건설 및 민간 체육 교류에 관한 합의서 체결.
1998. 11. 6.	고건 서울시장, 서울월드컵경기장 기공식에서 평양시에 경평축구 부활을 공식 제의.
1998. 12. 24.	김운용 대한체육회장 겸 대한올림픽위원장, 용평-무주에서 열리는 동계아시안게임에 북한이 참가할 것을 제의.
1999. 1. 7.	대한펜싱협회, 2월 26일~28일 한국체육대학에서 열릴 '99대우그랑프리에 북한팀이 참가할 것을 제의.
1999. 8. 3.	이진수 북한 직업총동맹 중앙위원회 부위원장, 남북노동자통일축구대회 개최를 제의.
1999. 9. 12. ~ 9. 13.	남북노동자축구대회가 평양 양각도경기장과 김일성경기장에서 열림.
1999. 9. 28.	남북통일농구대회 평양경기 개최.
1999. 12. 23.	남북통일농구대회 서울경기 개최. 평양교예단 공연.
1999. 11. 20. ~ 11. 22.	정몽준 대한축구협회장, 방북 중 북한 체육지도위원장 등과 만나 월드컵을 비롯한 국제축구경기대회에 남북 단일팀을 구성하는데 원칙적으로 합의하였음을 발표 - 그러나 이틀 후 유성일 북한 체육지도위원회 대외사업국장은 2002 월드컵축구 예선 불참을 선언.
2000. 2. 19.	대한아이스하키협회, 남북한 아이스하키 교환경기를 제의.
2000. 7. 3.	금강산 자동차질주경기대회에 남측에서 228명 참가.

2000. 9. 15. 시드니 올림픽(9.15.~10.1.) 개 · 폐회식에 남북한 선수단 동반 입장.

2001. 2. 12. 황봉영 조선태권도위원장, 남북 태권도시범단 교환을 위한 실무 접촉 제의.

2001. 3. 13. 한국 농민회총연맹과 북측의 농근맹 대표, 6.15 남북공동선언 1주년 기념 농민통일토론회와 민족 체육 경기 개최에 대하여 협의.

2001. 3. 14. 김한길 문화관광부장관, 방북 중 북측과 문화, 관광, 체육 분야 교류 협력 방안 협의.
4월 일본 오사카에서 열리는 제46회 세계탁구선수권대회에 남북이 단일팀을 구성하여 참가하기로 합의.

2002. 8. 17. ~ 9. 30. 2002 부산 아시안게임(9.29.~10.14.) 북한 선수단 참가와 남북 동반 입장을 협의하기 위해 실무회담 진행.

2000 시드니 올림픽의 전례에 따라 동반 입장 시 선수단 표지판은 'KOREA'로 하고, 성화를 백두산에서 채화하여 봉송하기로 함.
이후 9월에 열린 대회에 북한은 18개 종목, 318명의 대규모 선수단과 응원단 파견.

2003. 아오모리 동계아시아경기(2.1.~2.8.) 개 · 폐회식에 남북한 선수단 동반 입장

2003. 평양 정주영체육관 개관 기념 남북한 친선 경기.

2003. 8. 21. ~ 8. 31. 대구 하계유니버시아드대회(8.21.~8.31.)에 북한 선수 및 임원 189명과 응원단 303명 참가.

2004. 8. 14.	아테네 올림픽(8.13.~8.29.)에 남북한 선수단 동반 입장.
2007. 3. 20. ~ 4. 20.	북한 청소년 축구팀 23명, 제주와 수원, 전남 순천과 광양, 서울 등에서 8월에 열리는 2007 FIFA 청소년(U-17) 월드컵대회(8.18.~9.9.)에 대비하는 전지훈련 실시.
2007. 4. 6. ~ 4. 9.	북한의 장웅 IOC 위원이 이끄는 북한 태권도 시범단 48명이 방한하여 춘천과 서울에서 2차례의 시범 행사 실시. 
2007. 6. 23. ~ 7. 3. / 11. 3. ~ 11. 14.	한국의 12세 이하 유소년 축구팀, 평양을 방문하여 북한 팀과 친선경기.
2007. 8. 18. ~ 9. 9.	서울 등 8개 도시에서 진행된 2007 FIFA 청소년(U-17) 월드컵대회에 북한 팀 참가.
2007. 10. 2. ~ 10. 4.	남북정상회담에서 2008 베이징 올림픽대회(8.8.~8.24.)에 남북한 응원단이 경의선 열차를 이용하여 참가하기로 합의.
2007. 10. 19.	개성 학생소년궁전체육관에서 남북권투대회 개최.
2014. 9.	인천 아시안게임에 북한 선수단 참가.
2017. 4. 2.	평창 동계올림픽 테스트 이벤트로 강릉에서 열린 아이스하키 여자선수권대회에 북한 팀 참가.
2017. 4. 3.	평양에서 5개국이 참가하는 아시아축구연맹(AFC) 여자 아시안컵 대회에 한국 선수단 참가. 

2018. 2. 9. ~ 2. 25.	 평창 동계올림픽(2.9.~2.25.)에 남북한 선수단 동반 입장 및 여자아이스하키 단일팀 구성 · 출전. 북한은 선수단 외에 고위급 대표단, 올림픽위원회 대표단, 응원단, 예술단, 참관단, 태권도 시범단, 기자단 등 사상 최대 규모의 사절단 파견.
2018. 5.	 스웨덴 할름스타드에서 열린 세계탁구선수권대회(4.29.~5.6.) 현장에서 남북한 단일팀 구성.
2018. 7. 4.	 평양 정주영체육관에서 남북 통일농구대회 개최.
2018. 7. 17. ~ 7. 22.	코리아오픈 국제탁구대회(7.17.~22.)에 남북한 단일팀 구성 · 참가. 단일팀은 혼합복식에서 우승.
2018. 8.	 자카르타-팔렘방 아시안게임(8.18.~9.2.)에 남북이 카누 단일팀을 구성하여 드래건보트 500m에서 우승.

Ⅱ. 국제대회 남북 단일팀 구성·참가에 대한 합의서(1991. 2. 12)

1. 제6회 세계청소년축구선수권대회 남북단일팀 구성·참가에 대한 합의서

대한민국 올림픽위원회와 조선민주주의인민공화국 올림픽위원회는 민족화합과 체육정신에 입각하여 제6회 세계청소년축구선수권대회에 남북이 단일팀을 구성·참가함으로써 남북 체육인들의 단합된 모습과 우수한 기량을 내외에 보여주고 체육분야에서의 교류와 협력을 촉진하는 계기가 될 것을 희망하면서 다음과 같은 사항에 합의하였다.

1) 선수단 호칭

우리말로 '코리아'로, 영어로는 'KOREA' 약자 KOR로 한다.

2) 선수단 단기

가. 흰색 바탕에 하늘색 우리나라 지도를 그려 넣는 것으로 한다.

나. 지도에는 한반도와 제주도를 상징적으로 그려 넣고 독도·마라도·마안도 등 기타 섬들은 생략하기로 한다.

3) 선수단 단가

1920년대에 우리나라에서 부르던 '아리랑'으로 한다.

4) 선수 선발

가. 평가전을 기초로 하여 단일팀 공동추진기구에서 협의 · 결정한다.

나. 평가전은 1991년 4월말부터 5월초 사이에 완료하며 공개적으로 실시한다.

다. 평가전은 서울과 평양 등 남북의 지역에서 각 1회씩 실시함을 원칙으로 한다.

라. 평가전 개최 경비는 단일팀 공동추진기구에서 협의 · 결정한다.

5) 선수단 구성

가. 늦어도 1991년 5월초까지 완료한다.

나. 국제축구연맹 규칙과 제6회 세계청소년축구선수권대회 조직위원회의 관계규정에 따른다.

다. 단장은 남측에서 맡는다.

라. 기타 임원 구성도 단일팀 공동추진기구에서 협의 · 결정한다.

6) 선수 훈련

가. 남북을 왕래하며 1회씩 번갈아 실시한다.

나. 훈련에 참가할 쌍방 선수단의 규모, 훈련기간, 장소, 방법, 경비 등은 단일팀 공동추진기구에서 협의 · 결정한다.

다. 선수단이 구성된 때로부터 대회 참가 시까지 실시한다.

7) 선수단 경비

남북이 공동 부담하는 것을 원칙으로 하되, 세부 사항은 단일팀 공동추진기구에서 협의 · 결정한다.

8) 신변안전보장

훈련과 평가전에 참가하는 선수들과 관계 임원들에 대한 신변안정보장은 남과 북의 관계 당국이 신변안전보장각서를 교환하는 방법으로 보장한다.

9) 단일팀 공동추진기구

가. 단일팀 구성 및 참가 문제에 관한 사항을 구체적으로 협의 · 추진하기 위하여 '축구단일팀실무위원회' 이하 '실무위원회'라 함를 구성 · 운영한다.

나. 실무위원회는 단일팀 구성 · 참가에 대한 기본합의서 서명일로부터 10일 이내에 구성한다.

다. 실무위원회는 쌍방 대표 각기 5명으로 구성하며, 남과 북이 각 1명씩의 공동위원장을 둔다.

라. 실무위원회 회의는 필요 시 수시로 판문점에서 개최한다.

마. 실무위원회는 다음 사항을 협의 · 결정한다.

(1) 선수 선발 및 훈련에 관한 사항

(2) 선수단 구성 및 관리에 관한 사항

(3) 선수단의 남북 왕래와 관련된 사항

(4) 선수단 단복 및 대회 참가에 따른 장비에 관한 사항

(5) 기타 단일팀 구성 및 대회 참가에 따르는 제반 사항

바. 실무위원회의 구성 · 운영에 관한 합의서는 별도로 작성한다.

10) 본 합의서는 서명일로부터 효력을 발생한다.

1991년 2월 12일

대한올림픽위원회	조선올림픽위원회
부위원장 장충식	부위원장 김형진

2. 제41회 세계탁구선수권대회 남북 단일팀 구성 · 참가에 관한 합의서

대한민국 올림픽위원회와 조선민주주의인민공화국 올림픽위원회는 민족화합과 체육정신에 입각하여 제41회 세계탁구선수권대회에 남북이 단일팀을 구성 · 참가함으로써 남북 체육인들의 단합된 모습과 우수한 기량을 내외에 보여주고 체육 분야에서의 교류와 협력을 촉진하는 계기가 될 것을 희망하면서 다음과 같은 사항에 합의하였다.

1) 선수단 호칭

우리말로 '코리아'로, 영어로는 'KOREA' 약자 KOR로 한다.

2) 선수단 단기

가. 흰색 바탕에 하늘색 우리나라 지도를 그려 넣는 것으로 한다.

나. 지도에는 한반도와 제주도를 상징적으로 그려 넣고 독도 · 마라도 · 마안도 등 기타 섬들은 생략하기로 한다.

3) 선수단 단가

1920년대에 우리나라에서 부르던 '아리랑'으로 한다.

4) 선수 선발

단일팀 공동추진기구에서 협의하여 선발한다.

5) 선수단 구성

가. 1991년 3월 초순까지 완료한다.

나. 세계탁구연맹 규칙과 제41회 세계탁구선수권대회 조직위원회

의 관계 규정에 따른다.

다. 단장은 북측에서 맡는다.

라. 기타 임원 구성도 단일팀 공동추진기구에서 협의 · 결정한다.

6) 선수 훈련

가. 대회 현지에서 실시한다.

나. 훈련에 참가할 단일팀의 규모, 훈련 기간, 장소, 방법, 경비 등은 단일팀 공동추진기구에서 협의 · 결정한다.

다. 훈련은 선수단이 구성된 때로부터 대회 참가 시까지 실시한다.

7) 선수단 경비

남북이 공동 부담하는 것을 원칙으로 하되, 세부적인 사항은 단일팀 공동추진기구에서 협의 · 결정한다.

8) 단일팀 공동추진기구

가. 단일팀 구성 및 참가 문제에 관한 사항을 구체적으로 협의 · 추진하기 위하여 '탁구단일팀실무위원회' 이하 '실무위원회'라 함를 구성 · 운영한다.

나. 실무위원회는 단일팀 구성 · 참가에 관한 기본합의서 서명일로부터 10일 이내에 구성한다.

다. 실무위원회는 쌍방 대표 각기 5명으로 구성하며 남과 북이 각각 1명씩의 공동위원장을 둔다.

라. 실무위원회 회의는 수시로 판문점에서 개최한다.

마. 실무위원회는 다음 사항을 협의 · 결정한다.

(1) 선수 선발 및 훈련에 관한

(2) 선수단 구성 및 관리에 관한 사항

(3) 선수단 단복 및 참가에 따른 장비에 관한 사항

(4) 기타 단일팀 구성 및 참가에 따르는 제반 사항

(5) 실무위원회의 구성·운영에 관한 합의서는 별도로 작성한다.

9) 본 합의서는 서명일로부터 효력을 발생한다.

1991월 2월 12일

대한올림픽위원회	조선올림픽위원회
부위원장 장충식	부위원장 김형진

Ⅲ. 남북 정부 간 주요 합의문

1. 남북 사이의 화해와 불가침 및 교류 · 협력에 관한 합의서

남과 북은 분단된 조국의 평화적 통일을 염원하는 온 겨레의 뜻에 따라 7.4 남북공동성명에서 천명된 조국통일 3대 원칙을 재확인하고 정치 군사적 대결 상태를 해소하여 민족적 화해를 이룩하고 무력에 의한 침략과 충돌을 막고 긴장완화와 평화를 보장하며 다각적인 교류 · 협력을 실현하여 민족 공동의 이익과 번영을 도모하며 쌍방 사이의 관계가 나라와 나라사이의 관계가 아닌 통일을 지향하는 과정에서 형성되는 특수관계라는 것을 인정하고 평화통일을 성취하기 위한 공동의 노력을 경주할 것을 다짐하면서 다음과 같이 합의하였다.

제1장 남북화해

제1조 남과 북은 서로 상대방의 체제를 인정하고 존중한다.

제2조 남과 북은 상대방의 내부 문제에 간섭하지 아니한다.

제3조 남과 북은 상대방에 대한 비방 · 중상을 하지 아니한다.

제4조 남과 북은 상대방을 파괴 · 전복하려는 일체 행위를 하지 아니한

다.

제5조 남과 북은 현 정전 상태를 남북 사이의 공고한 평화 상태로 전환시키기 위하여 공동으로 노력하며, 이러한 평화 상태가 이룩될 때까지 현 군사정전협정을 준수한다.

제6조 남과 북은 국제무대에서 대결과 경쟁을 중지하고 서로 협력하며 민족의 존엄과 이익을 위하여 공동으로 노력한다.

제7조 남과 북은 서로의 긴밀한 연락과 협의를 위하여 이 합의서 발효 후 3개월 안에 판문점에 남북연락사무소를 설치 · 운영한다.

제2장 남북불가침

제9조 남과 북은 상대방에 대하여 무력을 사용하지 않으며 상대방을 무력으로 침략하지 아니한다.

제10조 남과 북은 의견 대립과 분쟁 문제들을 대화와 협상을 통하여 평화적으로 해결한다.

제11조 남과 북의 경계선과 구역은 1953년 7월 27자 군사정전에 관한 협정에 규정된 군사분계선과 지금까지 쌍방이 관할하여 온 구역으로 한다.

제12조 남과 북은 불가침의 이행과 보장을 위하여 이 합의서 발효 후 3개월 안에 남북군사공동위원회를 구성 · 운영한다. 남북군사공동위원회에서는 대규모 부대 이동과 군사 연습의 통보 및 통제 문제, 비무장지대의 평화적 이용 문제, 군 인사 교류 및 정보 교환 문제, 대량 파괴 무기와 공격 능력의 제거를 비롯한 단계적 군축 실현 문제,

검증 문제 등 군사적 신뢰 조성과 군축을 실현하기 위한 문제를 협의 · 추진한다.

제13조 남과 북은 우발적인 무력충돌과 그 확대를 방지하기 위하여 쌍방 군사 당국자 사이에 직통전화를 설치 · 운영한다.

제14조 남과 북은 이 합의서 발효 후 1개월 안에 본 회담 테두리 안에서 남북군사분과위원회를 구성하며 불가침에 관한 합의서 이행과 준수 및 군사적 대결 상태를 해소하기 위한 구체적 대책을 협의한다.

제3장 남북교류협력

제15조 남과 북은 민족경제의 통일적이며 균형적인 발전과 민족 전체의 복리 향상을 도모하기 위하여 자원의 공동개발, 민족 내부 교류로서의 물자 교류, 합작투자 등 경제 교류와 협력을 실시한다.

제16조 남과 북은 과학 · 기술, 교육, 문화 · 예술, 보건, 체육, 환경과 신문, 라디오, 텔레비전 및 출판물을 비롯한 출판 · 보도 등 여러 분야에서 교류와 협력을 실시한다.

제17조 남과 북은 민족 구성원들의 자유로운 왕래와 접촉을 실현한다.

제18조 남과 북은 흩어진 가족 · 친척들의 자유로운 서신 거래와 왕래와 상봉 및 방문을 실시하고 자유의사에 의한 재결합을 실현하며, 기타 인도적으로 해결할 문제에 대한 대책을 강구한다.

제19조 남과 북은 끊어진 철도와 도로를 연결하고 해로, 항로를 개설한다.

제20조 남과 북은 우편과 전기통신 교류에 필요한 시설을 설치 · 연결하

며, 우편 · 전기통신 교류의 비밀을 보장한다.

第21조 남과 북은 국제무대에서 경제와 문화 등 여러 분야에서 서로 협력하며 대외에 공동으로 진출한다.

第22조 남과 북은 경제와 문화 등 각 분야의 교류와 협력을 실현하기 위한 합의의 이행을 위하여 이 합의서 발효 후 3개월 안에 남북경제교류협력공동위원회를 비롯한 부문별 공동위원회를 구성 · 운영한다.

第23조 남과 북은 이 합의서 1개월 안에 본 회담 테두리 안에서 남북교류협력분과위원회를 구성하여 남북교류협력에 관한 협의의 이행과 준수를 위한 구체적 대책을 협의한다.

1991년 12월 13일

대한민국	조선민주주의인민공화국
국무총리 수상	수상
정원식	연형묵

2. 6 · 15 남북공동선언

조국의 평화적 통일을 염원하는 온 겨레의 숭고한 뜻에 따라 대한민국 김대중 대통령과 조선민주주의인민공화국 김정일 국방위원장은 2000년 6월 13일부터 6월 15일까지 평양에서 역사적인 상봉을 하였으며 정상회담을 가졌다.

남북 정상들은 분단 역사상 처음으로 열린 이번 상봉과 회담이 서로 이해를 증진시키고 남북관계를 발전시키며 평화통일을 실현하는 데 중대한 의의를 가진다고 평가하고 다음과 같이 선언한다.

1) 남과 북은 나라의 통일 문제를 그 주인인 우리 민족끼리 서로 힘을 합쳐 자주적으로 해결해 나가기로 하였다.
2) 남과 북은 나라의 통일을 위한 남측의 연합제 안과 북측의 낮은 단계의 연방제 안이 서로 공통성이 있다고 인정하고 앞으로 이 방향에서 통일을 지향시켜 나가기로 하였다.
3) 남과 북은 올해 8.15에 즈음하여 흩어진 가족, 친척 방문단을 교환하며, 비전향 장기수 문제를 해결하는 등 인도적 문제를 조속히 풀어 나가기로 하였다.
4) 남과 북은 경제협력을 통하여 민족 경제를 균형적으로 발전시키고, 사회, 문화, 체육, 보건, 환경 등 제반 분야의 협력과 교류를 활성화하여 서로의 신뢰를 다져 나가기로 하였다.
5) 남과 북은 이상과 같은 합의 사항을 조속히 실천에 옮기기 위하여

빠른 시일 안에 당국 사이의 대화를 개최하기로 하였다.

김대중 대통령은 김정일 국방위원장이 서울을 방문하도록 정중히 초청하였으며, 김정일 국방위원장은 앞으로 적절한 시기에 서울을 방문하기로 하였다.

2000년 6월 15일

대한민국	조선민주주의인민공화국
대통령	국방위원장
김대중	김정일

참고 문헌

저서 · 논문

김달우, 「해방 이후 학교 체육의 재편 및 정착 과정에 관한 연구-1945-1955년을 중심으로」, 서울대 박사학위논문, 1992.

김성철, 『주체사상의 이론적 변화』, 민족통일연구원, 1993.

김택수, 「스포츠대중화의 전기로-제13회 체육주간을 맞으며」, 『체육』 101, 1975, 4-5월호.

김주호, 「2018 평창 동계올림픽 결산」, 『평창 동계올림픽의 성과와 향후 과제』, 한국체육학회, 2018. 공보처, 제6공화국 실록 4, 1992.

민족통일체육연구원 편, 『남북통일체육의 법적 과제』, 사람과 사람, 2001.

민족통일체육연구원 편, 『북한체육자료해제집』, 단국대학교출판부, 2002.

민족통일체육연구원 편, 『남북통일체육의 정치적 과제』, 사람과 사람, 2003.

민족통일체육연구원 편, 『스포츠 교류와 한반도 평화』, 사람과 사람, 2003.

민족통일체육연구원 편, 『남북통일기반 조성과 민족전통체육』, 사람과 사람, 2004.
민족통일체육연구원 편,『남북한 체육정책 비교연구』, 민족통일체육연구원, 2005.
민족통일체육연구원 편,『남북 학자들이 함께 쓴 민족의 체육발전 연구』, 사람과 사람, 2005.
박주한,『남북한 스포츠 교류의 사적 고찰과 전망』, 한국체육대 박사학위논문, 1997.
박혜란,「김영삼 정권의 체육정책에 관한 연구」, 한양대 박사학위논문, 2005.
변진홍,「통일기반 조성과 한민족 체육학술교류의 기본방향」,『남북통일체육의 정치적 과제』, 민족통일체육연구원, 2003.
안재홍,「체육문화와 민족문화」,『체육문화』 창간호, 1948.
연기영,「남북 스포츠 교류의 법정책적 과제」,『남북통일체육의 법적 과제』, 민족통일체육연구원, 2001.
이강우,「한국 스포츠의 지배 이데올로기적 기능에 고나한 연구」, 성균관대 박사학위논문, 1994.
이병학,『체육 민주화의 근본이념』, 새교육 1-3, 1948.
이상철,「스포츠시설 분야 교류 협력의 법적 과제」,『남북통일체육의 법적 과제』, 민족통일체육연구원, 2001.
이종원,「제5공화국의 체육정책」, 서울대 박사학위논문, 2002.
이학래,『한국근대체육사연구』, 지식산업사, 1990.
이학래,「한민족 화합을 위한 남북체육교류의 진전과 전망」,『남북체육교류 국제학술대회 보고서』, 1992.

이학래,『한국 체육사 연구』, 국학자료원, 2003.

이학래,『북한 체육사 연구』, 민족통일체육연구원, 2004.

이학래,『한국현대체육사』, 단국대학교출판부, 2008.

이학래,「평창 동계올림픽을 통한 남북 스포츠 발전 전략」,『학술대회 〈동계스포츠 확산 및 지속적 발전 방안〉 발제문』, 대한체육학회, 2010.

이학래 외,『현대사회와 스포츠』, 사람과 사람, 1998.

이학래 · 김동선,『북한의 체육』, 사람과 사람, 1995.

장충식,『시대를 넘어 미래를 열다』, 노스보스, 2011.

정동성,「남북한 체육교류의 종합 기능에 관한 연구」, 경희대 박사학위 논문, 1997.

정용석,「한민족 화합을 위한 남북 체육교류의 정치적 기능」,『남북체육교류 국제학술대회 보고서』, 1992.

정용석,「남북 체육 교류의 정치적 종속성과 대응 논리」,『남북통일체육의 정치적 과제』, 민족통일체육연구원, 2003.

정홍진,「5공의 체육정책 공과」, 동아일보사, 1993.

제성호,「DMZ 내 스포츠공원 설치이용과 법적 대응 - 제도적 측면과 환경친화적 관점에서」,『남북통일체육의 법적 과제』, 민족통일체육연구원, 2001.

조남훈,『조선체육사』2, 금성청년출판사, 1992.

Fischer, Herbert M., "The West-East Sports Exchanges' Influence on Reunifying Germany,"『남북체육교류 국제학술대회 보고서』, 1992.

정부 및 공공기관 간행물

국토통일원, 「북경아시아경기대회」, 『제1차 남북체육회담 회의록』, 1989.

국토통일원, 「북경아시아경기대회」, 『제2차 남북체육회담 회의록』, 1989.

국토통일원, 「북경아시아경기대회」, 『제3차 남북체육회담 회의록』, 1989.

국토통일원, 「북경아시아경기대회」, 『제4차 남북체육회담 회의록』, 1989.

국토통일원, 「북경아시아경기대회」, 『제5차 남북체육회담 회의록』, 1989.

국토통일원, 「북경아시아경기대회」, 『제6차 남북체육회담 회의록』, 1989.

국토통일원, 「북경아시아경기대회」, 『제7차 남북체육회담 회의록』, 1990.

국토통일원, 「북경아시아경기대회」, 『제8차 남북체육회담 회의록』, 1990.

국토통일원, 「베이징아시아경기대회」, 『제9차 남북체육회담 회의록』, 1990.

국토통일원, 「남북체육교류 및 단일팀구성」, 『제1차 체육회담』, 1990.

국토통일원, 「남북체육교류 및 단일팀구성」, 『제2차 체육회담』, 1991.

대구 하계유니버시아드대회 조직위원회, 『2003 대구 제22회 하계유니버시아드대회 공식보고서』, 2004.

대한올림픽위원회,『남북체육교류 자료집』, 1992.
대한올림픽위원회,『로잔남북체육회담백서』.
대한체육회,『대한체육회사』, 1965.
대한체육회,『체육백서』, 1972.
대한체육회,『체육청서』, 1973.
대한체육회,『대한체육회 70년사』, 1990.
문화관광부,『국민체육진흥5개년계획』, 1998.
문화관광부,『2002 체육백서』.
서울올림픽대회조직위원회,『제24회 서울올림픽대회 요강』.
서울올림픽대회조직위원회 · 대한올림픽위원회,『로잔느 남북체육회담 백서』, 1988.
제14회 부산아시아경기대회 조직위원회,『공식보고서』, 2003.
통일원 남북대화사무국,「남북체육교류 및 단일팀구성」,『제3차 체육회담』, 1991.
통일원 남북대화사무국,「남북체육교류 및 단일팀구성」,『제4차 체육회담』, 1991.
통일원,『남북 단일팀 구성 관련 1984-1991 남북체육회담 결과보고 종합』, 1993.
한국법제연구원,『대한민국법률연혁집』 13, 2004.
한국체육대학교,『한국체육대학교20년사』, 1997.
체육부,『제5차 경제사회개발5개년계획 체육부문 수정계획 1984-1986』, 1983.
체육청소년부,『남북체육교류에 대한 국민의식 조사』, 1991.

체육청소년부,『체육청소년행정10년사』, 1992.

체육청소년부,『제7차 경제사회개발5개년계획-체육부문계획 1992-1996』.

『김일성저작집』2, 24.

『김정일선집』2, 8, 9.

연감

연합뉴스,『2004 북한연감』.

조선중앙통신사,『조선중앙연감』, 1949/1964.

정기 간행물

동아일보, 연합뉴스, 조선일보, 체육, 로동신문

이학래
한양대학교 경제학과 · 체육학과 졸업
프랑스 뚤루스대학교 체육학 D.E.S.
동국대 대학원 사학과(문학박사)
한양대학교 체육학과 교수(체육대학장, 학생처장, 교육대학원장 역임)
KOC상임위원 겸 남북체육회담 차석대표, 한국체육학회 회장, 아시아체육학회 회장,
대한체육회 부회장 겸 남북체육교류협력위원장 등 역임
대한민국체육상(연구부문), 대한민국체육훈장(백마장), 서울특별시문화상(체육부문) 등 수상

주요 저서
『한국유도발달사』, 『한국근대체육사연구』, 『북한의 체육』(공저), 『북한체육자료집』(공저),
『스포츠와 인간승리』, 『한국체육백년사』, 『한국체육사연구』, 『북한체육사연구』 등

남북 체육 교류와 한반도 평화

2020년 1월 5일 초판 인쇄
2020년 1월 15일 초판 발행

지은이 _ 이학래
펴낸이 _ 김수복
기 획 _ 김남필
편 집 _ 성두현
마케팅 _ 김민배
펴낸곳 _ 단국대학교출판부
등 록 _ 1968.2.27 : No. 제03-00095호
주 소 _ 경기도 용인시 수지구 죽전로 152
전 화 _ 031-8005-2405
팩 스 _ 031-8021-7154

값 18,000원

ISBN 978-89-7092-735-0 93690